VIAGENS VINHOS HISTÓRIA

VIAGENS VINHOS HISTÓRIA

M.BOOKS

M.Books do Brasil Editora Ltda.
Rua Jorge Americano, 61
05083-130 • São Paulo • SP
(11) 3645-0409 • www.mbooks.com.br

Barolo, Italia.

PREFÁCIO

O inglês Michael Broadbent é um dos mais importantes estudiosos de vinho em todo o mundo. É dele uma frase que uso sempre:

"Vinho não foi feito para ser analisado, e sim para ser compreendido". De minha parte acredito que é essencial ir aos locais onde nasceram os vinhos, conhecer a região e a história de cada um no próprio berço. Só assim se atinge a compreensão total. O Milton Assumpção há muito pratica esse ato de amor ao vinho. Vai ao "terroir". Compreende a terra, o clima e os seres humanos que plantam, colhem e produzem vinho. Compreende as cidades que cercam os vinhedos. É um sacerdote na arte de compreender.

O livro **"Viagens, Vinhos, História"** é o resultado de muitos anos de pesquisa convertida em um guia repleto de informações detalhadas de viagem. Mas é muito mais que um guia... É um trabalho rico em histórias, curiosidades e fotos. Um estímulo às viagens não só para os aficionados do vinho, mas para todos aqueles que têm sensibilidade para um turismo com maior conteúdo e profundidade. Como um bom vinho, o livro atende a todos os nossos sentidos e tem uma longa permanência em nossa memória.

O Milton Assumpção é o "expert" que eu mais admiro no Brasil. Ele não brinca em serviço e nem usa os jargões do vinho como substituto ao conhecimento. Ele vai ao âmago da questão. Seu blog é incrível. E este livro é uma dádiva do autor para os seus leitores. Convido a todos para acompanhá-lo nessas deliciosas e sedutoras viagens. Parabéns, Milton.

José Bonifácio de Oliveira Sobrinho (Boni)

SUMÁRIO

TRIBUTOS AO VINHO

Toma conselhos com o vinho, mas toma decisões com a água.
Benjamin Franklin

A juventude é a embriaguez sem vinho.
Johann Goethe

Nas vitórias é merecido, nas derrotas é necessário.
Napoleão Bonaparte

Ouço dizer que os amantes do vinho serão castigados no inferno. Se os que amam o vinho e o amor vão para o inferno, o Paraíso deve estar vazio.
Omar Khayyam, *poeta, matemático e astrônomo persa, 1130*

Uma valsa e um vinho sempre pedem bis.
Johann Strauss

Cristo não consagrou a água, o leite ou a Coca-Cola. Consagrou o pão e vinho, como alimentos do corpo e do espírito.
Fernando Sabino

Quando convidar um amigo para jantar, sirva-lhe seu melhor vinho. Se convidar dois, seu segundo melhor vinho já está bom.
Henry Wadsworth Longfellow

Uma barrica de vinho produz mais milagres que uma igreja cheia de Santos.
Provérbio Italiano

O bom vinho é um camarada bondoso e de confiança, quando tomado com sabedoria.
William Shakespeare

Não fico surpreso que as pessoas não identifiquem estes aromas todos nos vinhos que compram. Eu mesmo não sou capaz de reconhecê-los. Aliás, acho muito aborrecido. Não estou interessado nisso, e sim na personalidade do vinho.
Aubert de Villaine, *proprietário da Domaine de Romaneé-Conti*

Deus apenas fez a água, mas o homem fez o vinho.
Victor Hugo

Os franceses são tão orgulhosos de seus vinhos que eles deram a algumas de suas cidades o nome de Grand Cru.
Oscar Wilde

Os vinhos são como os homens: com o tempo os maus azedam e os bons apuram.
Cícero

Quem sabe degustação nunca mais bebe um vinho, mas experimenta seus segredos.
Salvador Dalí

O vinho alegra o coração do homem; e a alegria é a mãe de todas as virtudes.
Goethe

O vinho inspira e contribui grandemente para a alegria de viver.
Napoleão Bonaparte

Não sei se meus vinhos devem sua reputação aos meus livros e meus livros aos meus vinhos.
Montesquieu

Boa comida e bom vinho são o Paraíso na Terra.
Henrique IV

Eu considero a amizade igual ao vinho. Bruta no início, e então amadurecendo com os anos.
Thomas Jefferson

Montepulciano, Itália.

APRESENTAÇÃO

Como programar e visitar regiões vinícolas, mesmo não sendo um grande especialista em vinhos

O conceito básico deste guia é oferecer ao leitor recomendações e sugestões para que possa programar melhor suas viagens para regiões vinícolas em vários países, mesmo sendo um simples apreciador de vinhos.

Hoje há um novo consumidor, que não tem necessidade de saber tudo sobre vinhos. Só precisa saber o suficiente para poder escolher e apreciar um bom vinho.

Para mim, ***O BOM VINHO É AQUELE QUE SABE BEM NA SUA BOCA E CABE NO SEU BOLSO!***

Teoricamente, os vinhos mais caros são melhores, porque na maioria das vezes são produzidos com uma seleção especial de uvas e levam um tempo maior na maturação.

Um vinho que fica em uma barrica de carvalho 24 meses tende a ser melhor do que um vinho jovem, que foi engarrafado quase diretamente após a fermentação.

Mas isso não significa que esse vinho jovem não seja bom. Aliás, a percepção da qualidade do vinho é muito subjetiva e leva em consideração diversos fatores, inclusive emocionais.

No Brasil, escolhemos o

vinho pela casta da uva, tanto é que costumo dizer: ***O BRASILEIRO NÃO BEBE VINHO; ELE BEBE A UVA!***

Aqui escolhemos um Cabernet Sauvignon ou um Carménère do Chile, ou um Malbec ou Cabernet Franc da Argentina, ou mesmo um Tannat do Uruguai.

Em outros países, como França, Portugal e Itália, a vinícola é fundamental.

Na Côte-D'Or da Borgonha, na França, onde a Pinot Noir é a única uva utilizada na produção, a escolha é feita com base na vinícola. O mesmo acontece com o Barolo, em Montalcino e no Douro.

Escolhemos o vinho pela uva e também pelo bolso. Mas há algumas regras a serem observadas.

Há uma regra que diz que, para degustar bem um bom vinho, é preciso de bons tira-gostos, boa companhia e bom papo.

Faço outra recomendação. Com alimentação, no almoço ou no jantar, não há necessidade de tomar um vinho muito especial, um grand crus ou de reserva especial. A prioridade é o sabor do alimento, e o vinho entra como complemento. Pode ser um vinho jovem, um reserva, um colheita, um vinho de boa qualidade.

Se você for beber um vinho mais caro, de reserva especial ou reserva de família, quando o sabor do vinho deve prevalecer, recomendo que o saboreie com bons tira-gostos, como embutidos, queijos, patês, sardela e um bom pão italiano. Priorizando a degustação, você pode aproveitar e sentir com mais prazer o sabor do vinho.

Se possível, deguste uma garrafa deste vinho especial com um só amigo, se for dois amigos, melhor abrir um outro vinho.

Por último, não espere um momento especial para abrir um bom vinho, pois abrir um bom vinho já é, por si, um momento especial.

DESCRIÇÃO DO CONTEÚDO DO GUIA

Um dos objetivos do guia é responder a diversas questões:

- **Como escolher a região a ser visitada**

- **Como programar a melhor época para viajar**

- **Como escolher a vinícola a ser visitada**

- **Como contatar e marcar as visitas às vinícolas**

- **Como escolher entre visitas privadas ou em grupo**

• Quantas visitas ou degustações você deve ou pode fazer por dia

Como escolher a região a ser visitada

Isso vai depender do interesse e das condições financeiras de cada um.

O guia aborda as principais regiões que os brasileiros têm visitado.

Na América do Sul, além das regiões do Rio Grande do Sul, que inclui Garibaldi e Bento Gonçalves, os brasileiros têm visitado áreas da Argentina e do Chile.

Em Portugal, as regiões mais visitadas são as do Alentejo, Dão e Douro.

Na França, são as regiões de Bordeaux, Provence, Borgonha, Champagne e, mais recentemente, a lindíssima Alsácia-Lorena.

Na Itália, o foco tem sido o Piemonte, a região do Barolo e, na Toscana, Florença, Siena, Montepulciano e Montalcino do famoso Brunello.

Como programar a melhor época para viajar

Vai depender do foco da sua viagem. Se o seu objetivo for principalmente visitar vinícolas, é importante prestar atenção às estações do ano.

Normalmente, no meio da primavera e início do verão, aparecem as folhas e os cachos de uva.

No fim do verão e início do outono, é o período da colheita e da produção do vinho.

No fim do outono e início do inverno, os vinhedos adquirem tonalidades avermelhadas, de uma beleza incrível.

Como as estações do ano são diferentes nos hemisférios Norte e Sul, a programação vai depender do destino da sua viagem.

Na América do Sul, que inclui o Brasil, a Argentina e o Chile, os vinhedos estão verdejantes e soltando os cachos de uvas a partir de outubro. A colheita ocorre durante os meses de fevereiro e março. A produção do vinho acontece logo em seguida.

Na Europa, incluindo Portugal, França e Itália, mencionados neste guia, as folhas e os cachos de uvas começam aparecer em fins de abril, a colheita é realizada em setembro e a produção de vinhos ocorre em seguida.

No Piemonte, na região do Barolo, o clima mais frio leva as colheitas mais para o mês de outubro.

As vinícolas atendem turistas o ano todo.

Em alguns lugares há tours que possibilitam ao visitante

participar da colheita e da pisa da uva em lagares.

Na região do Alentejo, algumas vinícolas construíram lagares de mármores justamente para proporcionar a turistas a experiência de pisar as uvas. Há informações em seus sites.

Como escolher a vinícola a ser visitada

Em cada país ou região há um grupo de vinícolas mais conhecidas e mais visitadas.

Normalmente, as programações são para visitar as mais importantes e reconhecidas.

O atendimento é bastante profissional.

Hoje em dia, os grandes produtores utilizam a visita e a degustação como um negócio complementar e rentável. Mas recomendo fortemente que você inclua em sua programação a visita a algumas vinícolas pequenas e familiares, onde terá a oportunidade de conversar diretamente com o proprietário ou com a pessoa que trabalha nos vinhedos e na produção do seu vinho.

No Brasil, na Argentina e no Chile é mais fácil saber quais vinícolas visitar. Já na Europa há a necessidade de conhecer um pouco mais.

Além disso, algumas não recebem visitantes, como vinícolas importantes da região de Bordeaux, a Gaja (no Piemonte) e Romanée-Conti (na Borgonha). Outras, durante a colheita e a produção do vinho, não recebem visitantes, como a Biondi-Santi (em Montalcino).

Como contatar e marcar as visitas às vinícolas

Em muitos lugares não há necessidade de marcar visitas com antecedência. Há um atendimento permanente para degustações.

O agendamento com antecedência é ideal para visitas privadas, ou aquelas que incluam conhecer os vinhedos e as instalações.

A maioria das vinícolas tem seu próprio site, e neles há campos específicos para agendar as visitas.

O ideal é que você faça sempre a marcação antecipada, pois isso vai ajudar na programação do seu dia.

Em alguns lugares é possível fazer marcações diretas, mas em outros eu recomendo fortemente que você contate uma agência de turismo local, ou um guia , para efetuar a programação e a marcação das vinícolas a ser visitadas.

Em vários lugares, a agência ou os guias buscam os turistas no hotel e os acompanham o tempo todo.

São várias as vantagens. Ganha-se tempo de locomoção, pois eles conhecem todos os caminhos e o pessoal das vinícolas e muitas vezes conseguem prioridade na visita.

Nas viagens fora do Brasil, sempre utilizamos marcações e transportes de guias especializados.

Como passamos praticamente o dia inteiro com eles, podemos conversar à vontade, obtendo várias informações. E são sempre ótimos papos.

Como escolher entre visitas privadas ou em grupo

De novo, tudo vai depender do foco, do interesse e das condições financeiras de cada um.

Em grupo, as visitas ocorrem com a participação de muitas pessoas, geralmente com um guia conduzindo o tour e dando as explicações, complementando com a degustação.

Há a possiblidade de fazer perguntas específicas, mas com certa limitação.

O foco das visitas em grupo normalmente é a degustação.

As visitas privadas para um casal, ou alguns casais, com um guia dedicado tornam o roteiro mais objetivo. Há a possiblidade de fazer mais perguntas sobre as vinícolas e os vinhos. A atenção é mais concentrada.

A degustação também é diferenciada. Normalmente, é em um local especial, com vinhos especiais.

Custa mais caro, mas é mais completa.

As agências e os guias fazem o agendamento. Caso opte por uma visita privada, recomendo que isso seja muito bem explicitado na contratação do guia ou da agência.

Quantas visitas ou degustações você deve ou pode fazer por dia

Depende da programação e da localização das vinícolas.

O ideal é que você programe as visitas a vinícolas localizadas na mesma região.

Ao redor de Santiago, no Chile, por exemplo, há várias vinícolas, algumas próximas uma das outras. O ideal é que você programe as visitas para esse grupo de vinícolas.

Se forem relativamente próximas, é possível fazer quatro visitas em um dia, com a possiblidade de almoçar em uma delas.

Os grupos cumprem programações específicas das agências e, como envolvem várias pessoas, a programação se torna um pouco mais lenta.

Em alguns lugares, quando o almoço é combinado com a degustação dos vinhos, o ideal é programar três visitas, e curtir ao máximo o almoço, como na La Azul e no El Enemigo, em Mendoza, na Argentina.

O NOVO APRECIADOR DE VINHOS

Há hoje um grande número de pessoas em todo o mundo que descobriu o prazer do vinho sem que haja necessidade de saber tudo.

Essas pessoas não precisam ter o conhecimento dos experts, o saber dos enólogos, a especialização dos sommeliers e a verborragia daqueles que se dizem conhecedores de vinhos.

Elas devem ter simplesmente o prazer de beber e saber um pouco, sim, do vinho e da sua história.

Este guia responde a várias perguntas de novos e antigos apreciadores, como:

Castas

Do mesmo modo que outras frutas são denominadas por suas características (a manga, por exemplo, pode ser Bourbon Rosa, Espada, Haden, Manteiga etc.), as uvas também são denominadas por suas características, como Izabel, Cabernet Sauvignon, Trincadeira, Merlot, Touriga Nacional ou Chardonnay.

As uvas são identificadas pelas castas.

Cabernet Sauvignon, por exemplo, é uma casta de uva. Merlot é também uma casta de uva.

Como as outras frutas, cada casta de uva produz uma qualidade melhor quando é plantada em um lugar onde melhor se adapta. Com isso, o vinho proveniente dessa uva, tende a produzir um vinho de qualidade superior.

Terroir

É a combinação do local, do terreno onde estão plantados os vinhedos, com os fatores da natureza, como condições e qualidade do solo, chuva, sol, umidade, vento, temperatura e outros aspectos.

A principal característica de todas as regiões vinícolas no mundo é a combinação perfeita desses elementos para o plantio e a colheita das melhores uvas para a produção do vinho.

As condições do solo podem ser uma combinação de argila e pedras, ou pedregulhos, como em Châteauneuf-du-Pape, na França, ou ainda xisto, na região do Douro, em Portugal.

Podem também ser a de umidade e calor, como no Vale dos Vinhedos, de frio intenso, como em Chablis, e de vento Mistral, na Provence.

A qualidade e as condições dos terroirs é que definem a melhor uva para ser plantada e cultivada em cada local.

Assim, a uva mais bem adaptada vai produzir vinhos de melhor qualidade.

Na **AMÉRICA DO SUL**, as castas que melhor se adaptaram são:

BRASIL:
Merlot, Cabernet Sauvignon, Malbec e outras

ARGENTINA – Mendoza:
Malbec e Cabernet Franc

CHILE – Santiago/Colchágua:
Cabernet Sauvignon, Camérnère
Na **EUROPA**:
FRANÇA – Bordeaux:
Merlot, Cabernet Sauvignon
Provence/ Châteauneuf-du-Pape: Grenache
L'Hermitage: Syrah
Borgonha/Beaune: Pinot Noir
Alsácia-Lorena: Riesling
Champagne: Chardonnay

ITÁLIA – Toscana e região do Chianti: Sangiovese

PORTUGAL – Alentejo, Dão e Douro: Touriga Nacional, Trincadeira e muitas outras

O vinho hoje vive um momento de pesquisas e experimentações. Com isso, os enólogos têm promovido a produção de vinhos com a combinação de várias castas, o que chamamos de BLEND.

BLEND é a combinação de castas diferentes de uvas na produção de um vinho. O enólogo, em função da qualidade da uva colhida em um determinado ano, decide juntar duas ou três castas em um mesmo vinho. A proporção é definida pelo profissional. Assim, um vinho pode ter 60% de uvas Cabernet Sauvignon, 20% de Merlot e 20% de Pinot Noir. Isso é um blend.

Monocasta são os vinhos produzidos com uma só casta de uva.

Assemblage ou blend são os vinhos produzidos com duas, ou mais castas.

No texto do guia, à medida que são apresentadas as regiões, você também terá explicações sobre termos técnicos utilizados normalmente em cada região.

COMO O GUIA É ORGANIZADO

O guia é dividido em duas partes, a primeira parte Regiões Vinícolas, e a segunda parte Outros Destinos.

A apresentação das regiões começa sempre pela HISTÓRIA, desde a implantação e o desenvolvimento dos vinhedos e da produção do vinho até os dias de hoje.

O vinho, que é produzido há milhares de séculos, chegou e foi implantado em situações e épocas diferentes.

Consideramos que o conhecimento histórico da região vai agregar valor e tornar a viagem mais atraente e completa.

Posteriormente, mas não em uma ordem rígida, são apresentados:

Os terroirs de cada região, as castas de uvas dominantes, a descrição das visitas às vinícolas, como programar as visitas, vinhos das regiões, onde se hospedar e outras recomendações.

CIDADES HISTÓRICAS E MEDIEVAIS

O guia inclui cidades históricas e medievais nas regiões da Patagônia Argentina, Aquitânia/Bordeaux, Borgonha/Beaune e Alsácia-Lorena.

Ushuaia e El Calafate, duas ótimas recomendações de viagem que podem ser combinadas. Ushuaia, a "Cidade do Fim do Mundo", às margens do Estreito de Beagle, e El Calafate, cidade dos glaciares, como o Perito Moreno.

Nas regiões da Aquitânia, Borgonha e Alsácia/Lorena estão pequenas cidades e vilas medievais consideradas as mais bonitas da França e de toda a Europa.

Estão todas muito próximas das regiões vinícolas, e nossa recomendação é que, em sua programação de viagem, considere visitar algumas delas.

Além de lindas, essas cidades trazem histórias e lendas incríveis, muitas delas conhecidas mundialmente.

Na abertura dos capítulos, você pode conferir no mapa as localizações dessas cidades, para melhor programar sua viagem.

OUTROS ROTEIROS DE VIAGEM

Nesta segunda parte do guia incluímos regiões e cidades que podem fazer parte de uma viagem mais ampla.

Estrada Romântica e Munique, na Alemanha Inclui menções e informações de tours e passeios interessantes sobre a Segunda Guerra Mundial e Adolf Hitler.
Munique é famosa pela Oktoberfest e por muitas outras atrações históricas e culturais.

Budapeste e Praga – duas belíssimas cidades, completamente diferentes, marcadas por registros históricos importantes, que merecem ser visitadas.

Machu Picchu, Cuzco, Urubamba, Ollantaytambo, Aguas Calientes e Lima, no Peru. O livro traz recomendações para o planejamento mais racional da viagem, levando em consideração as dificuldades encontras no ar rarefeito.
Inclui um relato da história épica do povo inca.

CONCLUSÃO

Um dos maiores valores deste guia é ter sido fruto de viagens que empreendemos para todas essas regiões.
Foram viagens que nos obrigaram a planejar com antecedência buscando aproveitar o máximo os roteiros.
Todas vezes que voltamos para a mesma região, buscamos melhorar e otimizar a programação.
Assim, o leitor, o apreciador de vinhos, poderá utilizar e desfrutar de forma objetiva, de informações, recomendações e sugestões, que colhemos.
Minha esposa Ruth Assumpção esteve sempre comigo e divido com ela este guia.

Deixamos como encerramento, o lema da *Confraria dos Cavaleiros Degustadores de Vinhos, de Clos de Vouget, na Côte D'Or, na Borgonha*: **"Procure sempre beber um ótimo vinho, e nunca deixe vazio o copo do companheiro"**

Milton Mira de Assumpção

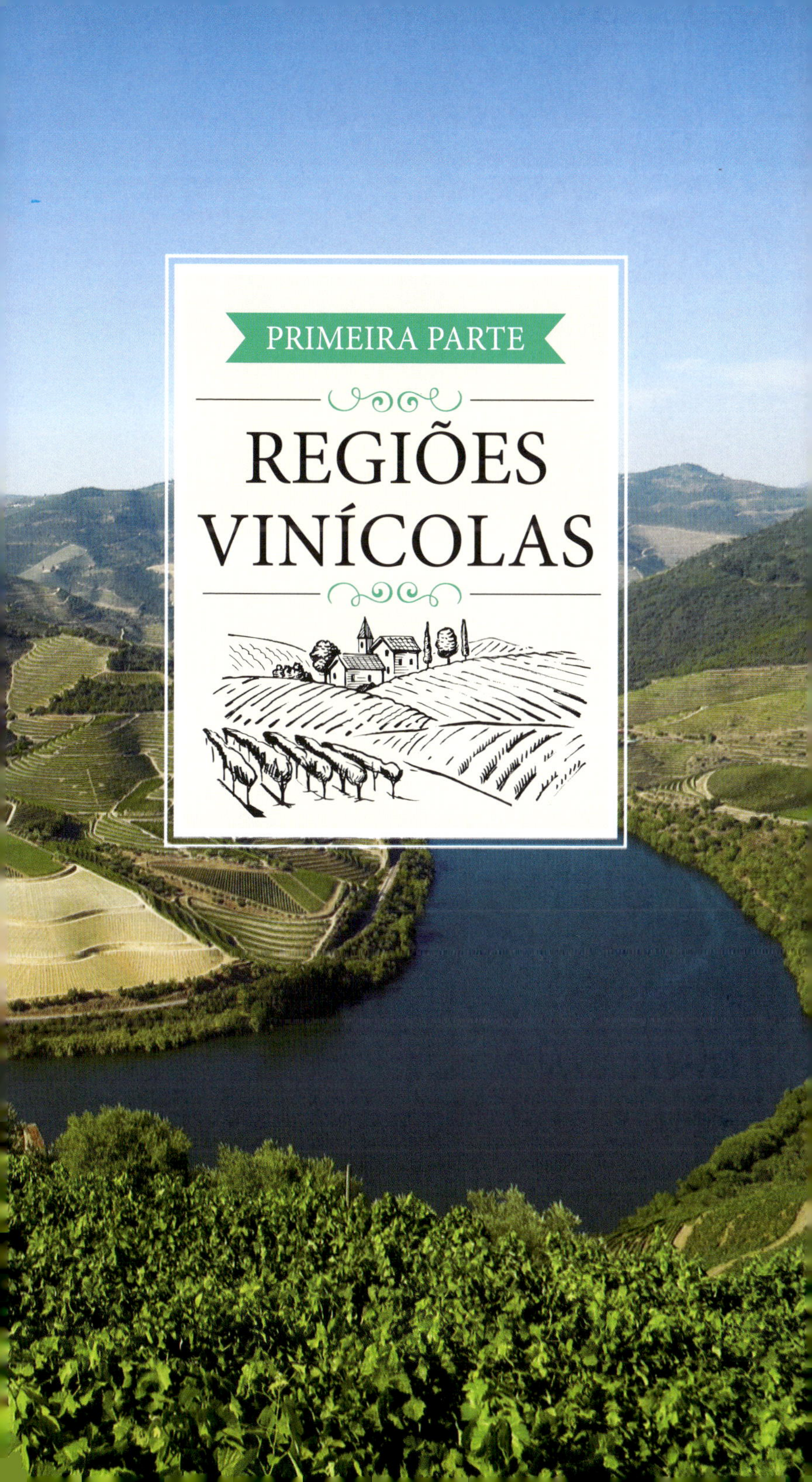

PRIMEIRA PARTE

REGIÕES VINÍCOLAS

Argentina

Mendoza • Ushuaia • Terra do Fogo • El Calafate • Patagônia

149
ARGENTINA
ÁREA
AMPLIADA
7
7
7
Rio
del Plomo
Cerro
El Plomo
CHILE
Laguna
Negra
Rio de
las Tunas

52
52
40
13
34
24
52
40
13
28
27
MENDOZA
7
82
Embalse
Potrerillos
7
MAIPU
33
40
LUJAN DE CUYO
50
41
7
7
60
82
50
7
Rio Mendoza
Rio Mendoza
89
7
14
84
61
71
86
62
16
89
40
Embalse
El Carrizal
99
88
89
96
VALE DE UCO
40
94
Rio
Tunuyán
92
40

MENDOZA

Uvas Cabernet Franc no Vale de Uco.

Santiago del Estero, capital da província de mesmo nome, foi fundada em 1553 pelo espanhol Francisco de Aguirre. Está localizada no centro-norte e é considerada a primeira cidade da Argentina, sendo por isso conhecida como a Madre de Ciudades.

Entre 1550 e 1560, trazidos por padres mexicanos, foram plantados os primeiros vinhedos em solo argentino.

O vinho produzido tinha como destino principal a utilização nas missas e o consumo dos religiosos.

Com o objetivo de estabelecer uma ligação para o Oceano Pacífico, em 2 de março de 1561, o espanhol *Pedro de Castilho* fundou Mendoza.

Mendoza estava subordinada ao comando espanhol de Santiago, no Chile.

Na região, já havia uma povoação e era habitada pelos índios *huarpes*, de natureza pacífica, que tinham absorvido cultura e conhecimentos dos *incas*.

Os *huarpes* haviam construído quilômetros de canais de irrigação, a partir de um rio formado por águas de degelo dos Andes.

A região era um oásis na imensidão do deserto.

Como os *incas* no Peru, quando os espanhóis chegaram com suas armaduras e espadas, os índios pensaram que eram deuses e facilitaram a conquista.

A cidade foi sendo construída acompanhando o traçado dos canais de irrigação dos *huarpes*.

Os primeiros vinhedos em *Mendoza* foram plantados também pelos padres.

Como utilizavam sementes para o plantio, a cepa que nascia nem sempre era a mesma casta da planta-mãe.

Isso deu origem a várias castas *criollas*.

Trezentos anos depois, em 20 de março de 1861, um terremoto destruiu a cidade inteira.

A cidade foi reconstruída ao lado da cidade velha, a partir de 1863, dentro de um planejamento urbano bem rigoroso, seguindo ainda os traçados dos canais de irrigação.

Tendo ao centro um grande jardim, a Praça da Independência, foi a primeira cidade da América Latina a ser desenhada com o sistema métrico decimal.

Mendoza está no meio do deserto e é ainda hoje um oásis, graças aos canais de irrigação.

Ao caminhar pela cidade, no

que seria a sarjeta, na beira das calçadas, estão os canais conduzindo a água do degelo.

O sistema de esgoto é todo canalizado. A água que corre é limpa.

A cidade tem milhares de árvores, que usufruem dessa irrigação e têm a finalidade de tornar a temperatura mais agradável.

É uma cidade bonita, muito arborizada, com ótimos restaurantes, lojas e passeios.

Mendoza está distante 369 quilômetros de Santiago e 1.050 de Buenos Aires.

Além das razões históricas, a proximidade faz com que os *mendocinos* estejam mais ligados a Santiago que a Buenos Aires.

É mais conveniente e prático atravessar a Cordilheira dos Andes para passeios e compras no Chile.

A economia da Província de Mendoza é baseada principalmente em petróleo, vinhos, frutas e turismo.

TERRA DO FOGO E PATAGÔNIA

O nome *Terra do Fogo* foi criado pela expedição do português *Fernão de Magalhães* em 1520.

Ao chegar com suas caravelas a essa região, ficaram surpresos com o fogo que viam ao longe,

Canais de irrigação conduzindo a água limpa do degelo.

Paisagem da Patagônia.

no meio da neve e do gelo.

Eram as fogueiras que os índios *tehuelches/onas*, habitantes dessa região, acendiam para se aquecer.

Os *Tehuelches* eram altos e grandes. As marcas de seus pés na praia e na neve chamaram a atenção dos navegadores, que passaram a chamá-los de os patas grandes.

Mais tarde, os espanhóis passaram a se referir a eles, também, como *los patagones*.

Os espanhóis se fixaram em Mendoza e pouco exploraram o sul da Argentina.

Algumas vezes que tentaram, tiveram de enfrentar índios mais violentos, que os desencorajaram.

Na região sul, não havia nada que fosse de seu interesse.

Na época do frio, principalmente, mais ao sul, de longe eles viam as fogueiras que os índios faziam e se referiam, também, àquela região como *La Tierra Del Fuego*.

Com o tempo, passaram a se referir à região como *Patagonia, tierra de los patagones*.

Durante o tempo em que estiveram nessa região, os espanhóis pouco a exploraram, porque não havia ouro e prata. A estadia foi, na verdade, logística de dominação. Tanto é que, quando das Guerras da Independência da Argentina, não ofereceram muita oposição, concentrando a resistência no Chile.

SAN MARTIN

Em 1814, o general *San Martin* foi nomeado governador da província de Mendoza, com o objetivo de criar um exército.

General San Martin.

Como a capital do domínio espanhol era Lima, no Peru, seria pelos Andes que poderiam tentar voltar.

San Martin montou um exército de aproximadamente 5.000 homens, convocados e voluntários.

Desse total, 800 eram negros, a quem ofereceu a liberdade em caso de vitória.

Em 1817, *Bernardo O'Higgins*, após ter sido derrotado pelos espanhóis, atravessou os Andes e veio a Mendoza pedir a San Martin que o ajudasse na independência do Chile.

Juntos, em um local chamado *La Consulta*, no Vale de Uco, desenvolveram as estratégias para chegar com os 5.000 homens no Chile.

San Martin pediu autorização aos índios para passar com seu exército por suas terras.

Para confundir os espanhóis, dividiu a travessia em seis diferentes lugares, o que surpreendeu os espanhóis.

O'Higgins comandou um desses pelotões. Juntos derrotaram e expulsaram os espanhóis.

O'Higgins assumiu a presidência do Chile e San Martin seguiu para o Peru para completar a expulsão dos espanhóis na América do Sul.

No texto sobre o Chile, abordo esse tema em detalhes.

Completando a informação sobre *San Martin*, do Peru, retornou a Mendoza, principalmente porque sua jovem esposa havia morrido e ele queria participar diretamente da educação da sua filha única.

Vinhedos e a Cordilheira dos Andes.

Após pressões dos partidos políticos vindos de Buenos Aires, ele decidiu abster-se da política local e foi viver na Europa.

Ele nunca voltou à Argentina. Uma só vez esteve na América do Sul, no Rio de Janeiro, para encontrar velhos camaradas e saber notícias da sua pátria.

Não há *tour* para visitar os lugares relacionados com a história de *San Martin* em Mendoza, mas algumas agências de turismo têm guias especializados e conhecedores, que podem programar especificamente esses passeios.

Uma opção é solicitar para seus passeios um guia com conhecimentos de história.

O PROGRESSO

Em 1880, chegou a Mendoza a ferrovia, o trem. Com ele, chegaram os imigrantes italianos, franceses e espanhóis. Chegaram as mudas de uva, que iriam mudar e definir a economia da cidade e da região.

Rutini, Trapiche, Luigi Bosca, Pulenta e outros imigrantes chegaram nessa época.

Com a ferrovia em 1895, veio o engenheiro inglês *Sir*

Edmund James Palmer Norton, que começou importando vinhos da França e depois fundou a *Bodega Norton*, utilizando uvas de castas francesas.

Hoje, a Norton pertence a empresários austríacos, segundo dizem, da família proprietária da *Swarovski*.

De 1900 a 1970, o vinho era de baixa qualidade, produzido para consumo próprio, vendas locais e para Buenos Aires.

A opção era o tinto e o branco, em garrafões.

A qualidade era definida como "aqueles que dão dor de cabeça, e os que não".

CHARLES DARWIN

No diário de *Charles Darwin*, há registros de que, em março de 1835, quando seu navio de expedição H.M.S.Beagle ancorou no porto de Valparaiso, no Chile, ele atravessou a Cordilheira dos Andes até o *Valle de Uspallata* para estudos geológicos e biológicos.

Nesse vale, está localizada a primeira floresta fossilizada da América do Sul.

O *Valle de Uspallata* fica próximo de Mendoza, no caminho para o Aconcágua.

Charles Darwin.

AS CRISES DE 1970 e 1980

Nessa época, os habitantes de Mendoza consumiam 90 litros de vinho *per capita*.

Com a chegada da cerveja e dos refrigerantes, principalmente a Coca-Cola, o consumo *per capita* caiu para 83 litros em 1980, e para 55 litros per capita em 1990.

Várias vinícolas fecharam suas portas nesse período.

Com a queda do consumo, a partir de 1980, os proprietários já em 2ª e 3ª gerações, com mais conhecimentos, iniciaram uma pequena produção de vinhos em garrafas, com uma preocupação maior com a qualidade.

É quando, entre 1983 e 1984, um banco aparece comprando e financiando propriedades e produções de vinhos, e acaba dando um tombo geral na economia dos produtores, provocando um *crash*.

Novamente, vários produtores vão à falência.

Nos anos seguintes até 1990, a produção sofre um grande baque.

1990 – O RENASCIMENTO

Em Mendoza, dizem que o grande propulsor da produção

de qualidade e do sucesso do vinho foi *Nicolas Catena*, herdeiro da Catena-Zapata.

Doutor em economia, deixou os negócios da família para trabalhar em Buenos Aires e depois nos Estados Unidos. Quando era professor na Universidade de Berkeley, se aproximou dos produtores de vinhos do Vale de Napa e aprendeu técnicas de plantio, administração e produção de vinhos que o entusiasmaram.

Por razões de família, regressou a Mendoza e decidiu assumir a vinícola, dando uma guinada na produção que estimulou os outros produtores locais.

Segundo dizem em Mendoza, os produtores, apesar de concorrentes, sempre que precisam decidir para o bem comum, se unem.

Além disso, são sócios entre si em várias vinícolas.

Mendoza tem hoje aproximadamente 920 vinícolas produzindo vinho, e um número grande de agricultores que só plantam e vendem suas uvas.

Duzentas estão preparadas para receber visitantes e turistas.

ÁREAS VINÍCOLAS

A região tem cinco áreas bem definidas.

Na cidade de Mendoza e arredores estão: Maipu, Guaymallén e Luján de Cuyo.

Produzem vinhos tintos com uvas *Malbec, Cabernet Franc, Petit Verdot* e *Cabernet Sauvignon*.

Ao norte Salta e ao sul o Vale de Uco.

Uco produz vinhos tintos com as mesmas castas de Mendoza.

Salta produz brancos com

Áreas vinícolas de Mendoza.

Torrontés, *Chardonnay* e *Pinot meunier*.

O *terroir* de todas é muito parecido.

São solos de pedras e areia, e algumas áreas próximas de Mendoza apresentam um pouco de argila e pedregulhos.

Há uma variação de temperatura grande entre o dia e a noite. Os dias são claros, ensolarados e secos, o que potencializa o açúcar. A queda brusca de temperatura à noite potencializa o tanino.

A irrigação é feita no processo de gotejamento, com água armazenada do degelo.

O Departamento de Controle de Armazenamento de Água libera de maneira gradativa e proporcional água para todos os produtores.

Dependendo da altitude que estão plantados os vinhedos, há uma diferença significativa no *terroir*.

Em *Maipu*, *Guaymallén* e *Luján de Cuyo*, os vinhedos estão plantados a 1.000 metros de altitude. Em *Salta* e *Vale de Uco* acima de 1.300 metros, chegando até 1.600 metros de altitude.

Chove muito pouco na região, e às vezes a chuva cai em forma de granizo. Para proteger os vinhedos mais importantes, as vinícolas colocam telas, no sentido vertical, nas cepas.

Chamam de "*varietal*" o vinho produzido com apenas uma casta de uva, e *blend* o que utiliza uma combinação de várias castas.

Castas e Classificação dos Vinhos

Os vinhos tintos de Mendoza são identificados sempre com a uva *Malbec*. É onde melhor se adaptou.

Há uma tendência na região de investir no *Cabernet Franc*.

Seria uma nova bandeira, com intuito de não depender só da força do *Malbec*.

Muitas vinícolas estão produzindo seus vinhos "*varietais*" e *blends* focalizando o Cabernet Franc.

Alguns produtores disseram que é modismo, mas eu acredito que seja uma estra-

Riacho de água do degelo para irrigação.

tégia de negócios.

Foi o que aconteceu no Chile, onde o *Cabernet Sauvignon* era *ícone*, e hoje tem também e já consolidada a uva *Carménère* como uma grande opção.

A região de *Salta*, ao norte, por sua altitude, *terroir*, solo e clima, é propícia às castas destinadas ao vinho branco.

Torrontés é uma casta de uva "*criolla*", ou seja, nativa. É a mais utilizada na produção do vinho branco.

Na apresentação que fazem desse vinho, chamam a uva de "mentirosa", ou o vinho produzido por essa uva de "vinho mentiroso".

Isso porque o aroma é doce e suave, e ao beber é seco e levemente encorpado.

A maioria das vinícolas que produzem vinhos brancos

Solo de argila e pedregulho em Maipu.

utiliza a *Torrontés*.

O *Chardonnay* é utilizado principalmente em espumantes, muitas vezes compondo um *blend* com *Petit meneur*.

Não há um padrão estabelecido para classificar nos rótulos um vinho Reserva ou Reserva Especial.

A identificação é sempre pelas castas utilizadas, e o nome da vinícola.

Há vinícolas que também identificam o local do vinhedo.

Mendoza é responsável por 70% da produção de vinhos na Argentina. Exporta para o mundo todo, principalmente para Estados Unidos, Europa e Brasil.

Por serem vinhos encorpados, com altos taninos e vermelhos intensos, têm recebido notas altas na pontuação *Parker*.

É sabido que *Robert Parker* aprecia mais os vinhos encorpados com altos taninos.

A distribuição no Brasil é muito boa e é fácil encontrar bons vinhos nos supermercados e nas lojas especializadas. São normalmente mais baratos pelo Mercosul.

Se puder sugerir, ao comprar um vinho argentino, escolha um *Malbec* ou *Cabernet Franc*, ou ainda um *blend* produzido com essas uvas.

A UVA MALBEC E MIGUEL AIMÉ POUGET

O agrônomo francês *Miguel Aimé Pouget* imigrou para o Chile, onde desenvolveu importantes projetos nas áreas de horticultura, jardinagem e arborização.

Introduziu a cultura do mel, com abelhas trazidas de Milão, e uvas francesas para produção de vinho.

Em 1852, o governador da

Solos de argila e pedras.

Vinhedos e flores.

província de Mendoza, *Pedro Pascual Segura*, contratou-o para desenvolver seus projetos agrícolas na região.

Ele introduziu e instruiu técnicas de plantio e cultivo aos agricultores.

Iniciou um projeto de apicultura, complementado com a plantação de muitas árvores frutíferas e flores, como as acácias.

Plantou vinhedos com diversas castas francesas.

Malbec foi a que melhor se adaptou ao *terroir* local.

Historiadores do Chile dizem que os governantes da época erraram ao deixar *Miguel Pouget* ir para Mendoza e levar consigo todo seu conhecimento, suas técnicas, seu dinamismo e a uva *Malbec*.

Mendoza deve a *Pouget* muito do sucesso das culturas de uvas, frutas e mel.

No início do século XX, no entanto, vários vinhedos de uvas francesas foram substituídos por castas *criollas* por apresentarem melhores rendimentos nos vinhos de baixa qualidade que se faziam na época.

A partir de 1980, com o início da produção do vinho de mais qualidade, a casta *Malbec* foi escolhida pelos novos produtores para ser a uva principal dos novos vinhos.

Os vinhedos foram replantados e há hoje cerca de 30.000

Tanques de inox.

Vinho para degustação direto do barril.

hectares dessa uva.

Por essa razão, os vinhos de Mendoza são reconhecidos e identificados com a *Malbec*.

Quando *Miguel Pouget* trouxe as primeiras cepas de *Malbec* para Mendoza, não havia acontecido ainda a *Filoxera*, na França.

Os enxertos que os franceses tiveram de fazer para recuperar suas uvas provocaram mudança nas características da *Malbec*. Por isso a uva *Malbec* da Argentina, ainda original, apresenta algumas características melhores do que as plantadas hoje na França.

PROGRAMANDO UMA VIAGEM A MENDOZA

Mendoza é um destino importante para turistas brasileiros.

Há várias agências de turismo tanto no Brasil como em Mendoza muito bem estruturadas para programar os passeios e atender os visitantes.

A grande maioria das pessoas vai para visitar vinícolas e, principalmente, degustar vinhos.

Os brasileiros representam 70% desse turismo.

AVIÃO

Atualmente há dois voos diretos por semana, às quartas-feiras e aos sábados, e leva cerca de quatro horas.

Há opções de voos com escala em Buenos Aires ou Santiago, que leva aproximadamente sete horas, incluindo a parada.

A decisão pode estar no preço, ou na possibilidade de ficar alguns dias nessas duas cidades.

Na penúltima viagem, fui via Buenos Aires e, na volta, aproveitei para curtir a cidade. Em fevereiro compensou ir por Santiago.

Alguns brasileiros vão de carro. A viagem leva cerca de três dias. Muitos aproveitam e atravessam a Cordilheira até Santiago. De lá, podem voltar por uma rodovia que atravessa os Andes mais ao sul, ou pelo Deserto de Atacama, através da Bolívia.

Essa rota do Atacama é muito utilizada pelos motoqueiros.

HOTÉIS

Há uma oferta boa de hotéis, com destaque para *Park Hyatt,*

© Hotel Park Hyatt/Divulgação

Hotel Park Hyatt.

Diplomatic, Mod Motel, Entre Cielos, Villaggio Aconcagua, todos dentro da cidade, e Hotel Intercontinental, fora da cidade.

O *Hyatt* fica em frente à Praça da Independência, na região central. Próximo de vários restaurantes, das principais ruas de comércio, da Avenida San Martin, do Mercado Central e de alguns museus. Tem três restaurantes e o cassino.

Todos os outros hotéis ficam

Uvas Malbec.

O hotel Intercontinental.

também no centro, próximos dos restaurantes, e muito bem avaliados no *TripAdvisor*.

Como a cidade é pequena, e não há problemas de trânsito, é rápido sair dos hotéis para os passeios.

O *Intercontinental* fica fora da cidade, ao lado de um shopping center. Tem também restaurantes e Cassino.

Como fica na rodovia, a poucos quilômetros da entrada da cidade, ganha-se algum tempo para sair para os passeios.

Por outro lado, se quiser sair para jantar fora do hotel poderá tomar táxi para levá-lo à cidade.

O prédio é alto, e há quartos com uma vista linda para as Cordilheiras.

Os preços são condizentes com o que oferecem.

Minha sugestão é fazer a programação por meio de uma agência de viagens ou de turismo.

Em agências que operam com *pacotes* é possível negociar preços e prazos.

PROGRAMAÇÃO E OBJETIVO DOS PASSEIOS

A grande maioria dos turistas de Mendoza não tem conhecimentos específicos de vinhos e vai despreocupada para curtir os passeios, as visitas às vinícolas e, principalmente, a degustação dos vinhos.

Alguns poucos vão para aprender e apreciar.

É muito comum, ao visitar uma vinícola, principalmente as mais conhecidas, ver grupos de 15 a 20 pessoas fazendo *tour* com um guia.

Há, no entanto, em muitas vinícolas *tours* privados para até duas pessoas, e específicos para *profissionais*.

Por isso é muito importante, ao programar os passeios, especificar o que você deseja fazer.

Além disso, em algumas vinícolas o lugar da degustação para um grupo de 15 pessoas é uma sala grande, ampla, ou uma espécie de bar com balcão, com o guia explicando em voz alta para que todos possam ouvir.

Em um *tour* privado, ou específico, a degustação ocorre em um lugar mais atraente, um sofá, uma mesa debaixo de uma árvore ou um caramanchão.

Por tudo isso é MUITO IMPORTANTE, ao contratar uma agência em Mendoza, que isso seja bem especificado, POR ESCRITO.

Outra recomendação é que, ao contratar um tour privado, você pode solicitar um guia com conhecimentos específicos de vinhos, vinícolas ou história.

Como você vai ficar com ele o dia inteiro, pode conversar e aprender muito.

Outra recomendação é exigir do guia que não seja só um motorista. Ao chegar a uma vinícola, ele tem de conduzir e apresentar o visitante e verificar se as condições tratadas serão observadas.

Nessa última viagem, contatei a agência NOSSA MENDOZA. Solicitei para o primeiro dia um guia com conhecimentos de história e, no seguinte, um *expert* em vinhos e vinícolas.

Não tenho dúvida em indicar

Áreas vinícolas de Mendoza.

a NOSSA MENDOZA. Mas recomendo que deixe bem claro os objetivos da sua visita.

PARQUE NACIONAL DO ACONCÁGUA E A PUENTE DEL INCA

O Aconcágua é a mais alta montanha das Américas, com 6.962 metros.

O Parque Nacional fica a 191 quilômetros de Mendoza, na estrada que atravessa os Andes em direção a Santiago, no Chile.

Na entrada do parque há um edifício para recepção dos turistas, com um mural de fotos da região.

A montanha fica a cerca de 30 quilômetros dali.

Os turistas podem passear até um mirante, de onde se vê a montanha ao longe.

Há uma agência que oferece um *tour* para chegar até o pé da montanha.

E há também assistência profissional com especialistas para programar e conduzir quem deseja escalar a montanha

Próximas ao parque estão as ruínas da *Puente del Inca*, e do vilarejo que compunha a estação do Trem Transandino, desativado há muito anos.

Durante as obras da ferrovia transandina, foi construída nesse lugar uma estação com pátios de movimentação, manutenção e parada dos trens que faziam a rota Mendoza-Santiago.

Em volta da estação, cresceu um vilarejo.

Aconcágua, 6.962 metros de altitude.

O *Rio Cuevas*, com suas águas medicinais, já atraía pessoas para virem se banhar e tratar suas doenças.

O nome *Puente del Inca* deve-se à lenda de um jovem rei *inca* que se curou de uma enfermidade ao banhar-se no rio.

Durante a implantação da estação do trem, foi construído um hotel com termas.

Era regularmente frequentado por personalidades da Argentina e do Chile.

Hoje só há ruínas.

© Mario R. D. Ortiz/Wikipedia

A ferrovia foi desativada há muitos anos, e um terremoto destruiu o vilarejo e o hotel à beira do rio.

Sobrou em pé somente a igrejinha.

Como atração há no local uma colorida feira de artesanato dos Andes.

Há *tours* regulares programados pelas agências e levam cerca de três horas.

Com transporte privado, um *remís/táxi*, há a vantagem de poder parar no caminho, para fotografar.

Parque Provincial Aconcágua.

Se contratar um motorista bom de papo, com conhecimentos de história, melhor ainda.

No caminho há a opção de

Puente del Inca.

Ferrovia transandina.

conhecer o belo vilarejo de *Uspallata*, com lojas e um bom comércio. É ali que fica a última bomba de gasolina antes de atravessar os Andes.

Esse passeio é bom para quebrar um pouco a programação de vinícolas.

PROGRAMANDO AS VISITAS ÀS VINÍCOLAS

São cinco as regiões em Mendoza que devem ser visitadas: *Maipu, Guaymallén, Luján de Cuyo, Vale de Uco* e *Salta*.

Maipu, Guaymallén e *Luján de Cuyo* ficam praticamente dentro do município de Mendoza. Estão muito próximas umas das outras.

É uma questão, pura e sim-

© Hugo Brizard/Shutterstock

plesmente, de escolha.

Normalmente o tour é composto de uma visita às instalações industriais, barris de inox, barris de carvalho e passeio pelas instalações, terminando com a degustação.

Não há qualquer contato com vinhedos. Uma ou outra tem uma espécie de "mostruário de cepas" plantado ao lado.

A escolha das vinícolas a serem visitadas geralmente é feita pela agência e obedece a seus interesses de logística e acertos com os produtores.

Na maioria das vezes, programam aquelas mais conhecidas, *Catena-Zapata, Zuccardi, Trapiche, Pulenta, Salentien...*

Vale a pena visitá-las, sem dúvida, mas o visitante pode escolher as vinícolas que gostaria de conhecer.

© JopsStock/Shutterstock

Feira de artesanato.

A fachada da Luigi Bosca.

Decoração na Luigi Bosca.

Nas primeiras vezes, conheci as mais importantes.

Depois, solicitei que marcassem em vinícolas menores, mais familiares.

Se for viajar para lá pela primeira vez, eu recomendaria visitar as mais importantes.

Esta é a relação das vinícolas mais importantes da região de *Maipu, Guaymallén e Luján de Cuyo: Catena-Zapata, Pulenta, Norton, El Enemigo, Trapiche, Carinae, Cepas Elegidas, Finca Agostino, Don Manuel Villafañe, Trivento, Cecchin, Altavista, Chandon, Luigi Bosca, Tapiz, Ruca Malen, Neto Senetier, Cruzat, Viña Cobos.*

Há muitas outras que recebem turistas e que também vale a pena conhecer.

Um referência especial à Vinícola Luigi Bosca, um italiano de Piemonte, na Itália, terra do Barolo, que chegou a Mendoza com os imigrantes no século XIX.

O tour teve uma excelente apresentação de história e das características das uvas e de seus vinhos. Experimente o

tinto *Pinot Noir*, que não deve nada a um Borgonha.

ALMOÇO GOURMET

Algumas vinícolas oferecem um almoço *gourmet* com degustação de vinhos simultânea.

Geralmente, são cinco pratos e cinco vinhos diferentes, sendo brancos nas entradas e tintos para os pratos quentes.

À medida que vão servindo a comida, um *sommelier* vai apresentando os vinhos.

É muito agradável, a comida é sempre muito boa, e os vinhos, de alta qualidade. Os pratos e os vinhos vão sendo servidos gradativamente e um almoço leva de duas horas e meia a três horas.

É não se preocupar com o tempo, aproveitar e desfrutar o momento.

Importante também é checar antes o preço para ver se cabe no seu bolso.

Nessa última viagem, almoçamos nesse formato em duas vinícolas, *El Enemigo, em Maipu*, e *La Azul, no Vale de Uco*.

Vulcão Tupungato, 6.650 metros.

Vou dedicar um texto específico a essas duas vinícolas.

Minha programação diária incluía três vinícolas. A primeira visita às 10h30, a segunda às 11h30 e a terceira com o almoço *gourmet* às 13h30.

Após o almoço, às 15h30 ou 16 horas, voltava para o hotel.

Esta programação é sem correria.

Sem grandes paradas para almoço, dá para visitar quatro vinícolas por dia.

Algumas vinícolas têm almoço *à la carte*. Você escolhe o prato e a garrafa de vinho que vai beber. É como se fosse um restaurante normal.

As agências podem recomendar, programar e reservar o local do almoço.

VALE DE UCO

O *Vale de Uco* fica a 80 quilômetros ao sul de *Mendoza, Tunuyan, Tupungato* e *San Carlos*.

Do hotel até a primeira vinícola a ser visitada leva cerca de uma hora e meia. A estrada vai na direção sul e, se o tempo estiver claro, vê-se à direita o vulcão *Tupungato*, com 6.560 metros de altitude e neve perene, muito lindo.

Lá também o ideal é programar de três a quatro visitas, com um tempo para o almoço.

O *Vale de Uco* é o futuro de Mendoza. Os grandes produtores estão plantando seus novos vinhedos nessa área. Com isso, o preço do hectare disparou.

Vinícola Alta Vista.

É uma região muito bonita, com várias plantações de frutas, muito próxima da Cordilheira dos Andes, com *terroir*, solo, clima e altitude melhores que Mendoza.

É aqui que as vinícolas estão plantando mais *Cabernet Franc*.

Pelo fato de estar a uma hora e meia de Mendoza, há a opção de dormir aqui por um ou dois dias.

Algumas vinícolas já oferecem hospedagem, com restaurante de alto nível.

A desvantagem é não ter

outras opções de restaurantes na região.

Aqui as principais vinícolas a serem visitadas são: *Pulenta Estate, Salentein, La Azul, Domaine Bousquet, Andeluna, O.Fournier, Gimenez Riili, Atamisque, Ojo de Vino, Diamandes, Rutini.*

As agências podem sugerir outras a serem visitadas.

VINÍCOLA LA AZUL – EZEQUIEL FADEL

De propriedade da família Fadel Hinojosa, a *La Azul* é pequena, simples e despojada.

É comandada por um dos herdeiros, Ezequiel Fadel Hinojosa, que, por sua simpatia e comunicação, faz com que os visitantes se sintam no quintal da sua casa.

Ezequiel é formado em veterinária. Quando voltou para casa e teve de assumir a vinícola, aprendeu na raça tudo sobre vinhos.

O almoço *gourmet* com degustação de vinhos ocorre em um ambiente quase rural. Um galpão aberto e chão de terra.

A comida é excelente, e os

vinhos melhores ainda.

Ezequiel comanda diretamente o almoço recepcionando, servindo, conversando com os clientes e explicando sobre o vinho.

Um lugar pequeno muito disputado, e que precisa ser reservado com muita antecedência.

Na primavera e no verão, aos domingos o almoço é ao som de *cuyana*, música caipira autêntica da região, tocada em uma guitarra *criolla*, pelo próprio Ezequiel.

Foto da garrafa La Azul.

Seu irmão mais velho, Alejandro Fadel, é diretor, escritor e roteirista de cinema.

O caçula, Tomas Fadel, é poeta e dono de editora em Buenos Aires.

Além da vinícola e do restaurante, sua mãe Shirley Hinojosa tem ali na propriedade uma Casa de Hóspedes, de alto nível, para receber turistas que queiram se hospedar na região.

No ano passado, fui sem reserva e não consegui almoçar. O lugar é pequeno e estava cheio.

Neste ano, solicitei à agência e reservamos com antecedência.

Alguns turistas que chegaram disseram que tentaram reservar pela internet e não conseguiram. Ficaram sem almoço.

EL ENEMIGO – ALEJANDRO VIGIL

Esta vinícola é claramente "de

Degustando vinhos na La Azul, com Ezequiel Fade.

Almoço na La Azul.

enólogo", apesar de o *Alejandro* se considerar mais um viticultor.

Alejandro Vigil, reconhecido mundialmente, é também o chefe do departamento de enologia da Catena-Zapata há uma década, com resultados magníficos.

Alejandro viaja frequentemente e está em sintonia permanente com o que está acontecendo no mundo dos vinhos.

Segundo me disse, os vértices de seu "*Triângulo das Bermudas*" são *Borgonha, Barolo* e *Bairrada* (*Portugal*).

Há alguns anos, em sociedade com *Adrianna*, filha mais nova de Nicolas Zapata, montou a vinícola *Aleanna*, com o objetivo de produzir vinhos de alta qualidade.

Uma espécie de *boutique* de bons vinhos.

Uvas Cabernet Franc no Vale de Uco.

A visita à vinícola foge dos padrões. O local é muito bonito, com alamedas, um grande pomar de frutas, e um pequeno *tour* contando um pouco da história.

O foco da visita é mesmo o almoço *gourmet*, com a degustação dos vinhos.

Há um restaurante principal pequeno, com ar-condicionado e

Com o enólogo Alejandro Vigil.

algumas mesas fora, ao ar livre.

Há mais dois pequenos espaços envidraçados, com algumas mesas e ar-condicionado, no meio do pomar.

O *menu* é único e são servidos cinco pratos.

Para os pratos de entrada servem vinhos brancos, e tintos para os pratos quentes.

O ideal é reservar esse almoço para as 13h30 ou 14 horas. Leva cerca de duas horas e meia a três horas e, depois de tanto vinho, é prazeroso voltar para o hotel.

Um dos pontos altos é quando o *Alejandro* circula pelas mesas, conversando com os visitantes, trazendo sempre nas mãos um novo vinho para ser apreciado.

Nesse almoço, além dos vinhos programados, ele nos ofereceu um Catena-Zapata *varietal Malbec 2006*, que obteve excelentes 97 pontos Parker, e um *blend da El Enemigo – 85% Cabernet Franc* e *15% Malbec*, também 97 pontos.

O que comprova o *jogo de cintura* do enólogo, excelentes resultados tanto com um *monocasta* como um *blend*.

A comida estava excelente: salada, petiscos, empanadas, um ótimo bife de *chorizo* e uma sobremesa para encerrar.

Eu recomendo fortemente almoçar na *La Azul* e no *El Enemigo*.

Mendoza é um destino internacional próximo e que você pode combinar com alguns dias a mais em Buenos Aires ou Santiago. Além disso, por ter várias agências de turismo que operam nessas cidades, é possível obter e negociar preços e prazos. Muito importante é definir o objetivo da sua viagem.

OUTRAS ATRAÇÕES EM MENDOZA

As atrações mais curtidas pelos turistas brasileiros são as visitas às vinícolas, ao Parque do Aconcágua e jantar em restaurantes badalados. Inclusive há disponível um *tour* gastronômico.

Fósseis em Uspallata.

Mas a cidade oferece outros passeios superinteressantes.

- *Bike Tour*, visita a vinícolas no Vale de Uco e Luján de Cuyo, com direito a almoço e degustação de vinhos.

- *Horse Riding*, passeios a cavalo por caminhos e trilhas especiais.

- *Trekking*, caminhadas pelas montanhas e lagos próximos.

- *Rafting* em rio de águas do degelo.

- Um passeio até a *Laguna de La Niña Encantada* no caminho de *Las Leñas*, com águas de um azul tão claro que é possível ver os peixes no fundo do lago.

- Visita ao vilarejo de *Uspallata* no caminho do Aconcágua, para conhecer a floresta fossilizada mais antiga da América do Sul.

- *Escalada ao topo do Aconcágua*, somente para quem já pratica alpinismo.

Há agências especializadas e muito bem preparadas para todas essas atividades. O ideal é incluir esses passeios na sua programação de viagem.

Patagônia.
USHUAIA

Ushuaia – Terra do Fogo

A cidade está localizada ao sul do Parque Nacional da Terra do Fogo, às margens do Canal de Beagle, a última cidade ao sul das Américas, considerada a "Cidade do Fim do Mundo".

Terra do Fogo e Patagônia

Este nome foi dado à região pelo navegador português Fernão de Magalhães, em sua expedição com o objetivo de dar a volta ao mundo, em 1519-1522.

Naquela época, os navegadores levavam seus barcos em direção ao leste pelo Cabo da Boa Esperança, na África do Sul.

Magalhães decidiu dar a volta ao mundo pelo oeste, cruzando o sul do continente americano.

Quando chegaram a um estreito que ligava os dois oceanos, Atlântico e Pacífico, ao ancorar em uma praia para buscar suprimentos e água doce, viram muita fumaça e fogo que vinham do meio da neve.

Eram os índios tehuelches com suas fogueiras para se aquecerem. Eram índios pacíficos. Fernão de Magalhães referiu-se primeiro a esse lugar como a Terra da Fumaça e, posteriormente, a chamou de Terra do Fogo.

Os tehuelches eram relativamente grandes, vestiam-se com peles de guanacos, uma espécie menor de lhamas, e utilizavam proteções nos pés para caminhar na neve.

Índios Tehuelches da Patagônia e da Terra do Fogo.

A marca dos pés na neve e na areia da praia deixava pegadas grandes. Os portugueses passaram a se referir a eles como os Pés Grandes.

Mais tarde, quando chegaram, os espanhóis passaram a chamá-los de os patagones, "pés grandes" em espanhol. Patagônia é a terra dos patagones.

Fundação de Ushuaia

Em 1884, o Exército argentino, para marcar posição e tomar posse efetiva daquela região da Terra do Fogo, decidiu criar um posto avançado na Baía de Ushuaia, no Canal de Beagle.

Mapa da Patagônia, com o Estreito de Magalhães em Punta Arenas e o Canal de Beagle em Ushuaia.

Ushuaia, na língua dos yamanas, índios que habitavam a região, significa Baía no Pôr do Sol, ou do Poente.

Já com a base instalada, o governo argentino decidiu construir no local um presídio de segurança máxima.

Com a construção do presídio, a cidade começou a se formar ao seu redor. A maioria das ruas e casas foi erguida pelos presos.

Foi construída também uma ferrovia de 10 quilômetros em direção a uma floresta. O objetivo era cortar e trazer lenha para o aquecimento do presídio e dos poucos habitantes da cidade.

Os presos faziam vários trabalhos pela cidade. Para eles, era uma oportunidade de sair

Canal de Beagle e Ushuaia.

das celas. Fugir era impossível. A cidade estava isolada do mundo, além do frio intenso. Os que tentaram fugir retornaram por vontade própria ou morreram de frio.

A cidade cresceu e, em 1948, o presídio foi desativado pelo presidente Juan Perón, sob a alegação das condições subumanas em que viviam os presos, por causa do frio e da umidade.

Até 1991, o Farol do Fim do Mundo ficava em Ushuaia. Hoje está no Cabo de Hornos, que pertence ao Chile.

Turismo

O turismo cresceu a partir de 1995, com a chegada principalmente de visitantes brasileiros e argentinos.

A partir do ano 2000, começaram a chegar turistas dos Estados Unidos, do Canadá e da Europa. Recentemente começaram a aportar grandes navios de cruzeiros, com um número grande de visitantes.

A temporada vai do meio de setembro até meados de abril. A temperatura nesse período varia de 5 a 12 graus, em média. Depende muito do vento que vem da Antártida. Quando chega esse vento, a temperatura pode cair em

Farol do Fim do Mundo até 1991. Hoje é no Cabo de Hornos.

Canal de Beagle e montanhas nevadas do Chile.

minutos de 5 a 10 graus. Nesse período é possível perceber, em um único dia, a passagem das quatro estações do ano.

No resto do ano, de abril a setembro, vários passeios são suspensos, e restaurantes e pequenos hotéis fecham suas portas.

Segundo os moradores, o lugar fica muito bonito, com tudo branco, mas com um frio muito mais intenso, descendo a vários graus negativos.

Nesse período do outono e inverno, cai bastante o movimento na cidade. Os dias ficam mais curtos, com pouco tempo de sol, e mais escuro também. As pessoas sentem uma espécie de solidão, nostalgia, e isso influencia muito a qualidade de vida. Quem pode viaja para o norte da Patagônia, para Buenos Aires ou para o Brasil. Aproveitam para tomar um pouco de sol e absorver vitamina D3.

Programação da viagem — Hotéis

Hoje a cidade está bem estruturada para receber visitantes. Há voos diários de Buenos Aires e El Calafate, em aviões grandes.

Há opções de hotéis e pousadas de diversos níveis. Os hotéis melhores estão fora da cidade e oferecem transporte de vans para o porto e para

Ilha dos Pinguins.

o centro. Há bons hotéis na região central.

A rua principal – onde estão as lojas, alguns restaurantes e bancos – é a Av. San Martin. Há três hotéis de categoria média nessa rua. A escolha depende da opção e do bolso de cada um. Os hotéis fora da cidade são mais caros, oferecem muito mais conforto, mas você fica dependendo da van para se deslocar até a cidade. Ficar em um hotel de menor categoria no centro tem a vantagem de você não depender da condução para ir e vir.

Normalmente, quem fica nesses hotéis fora da cidade já tem seus tours programados, e cabe à agência de turismo fazer o transporte.

Ficamos hospedados no hotel Los Cauquenes, que fica fora da cidade e é bem recomendado pelas agências de turismo. É de bom nível, os quartos são amplos, tem um spa com sau-

RESTAURANTES E LOJAS

Na Avenida San Martin, no centro da cidade, estão concentradas o maior número de lojas, e ótimas opções de restaurantes, lanchonetes, hotéis e dois cassinos.

Na Avenida Maipu, em frente ao porto, de onde saem os barcos de turismo, há dois ótimos restaurantes especializados em frutos do mar, *Tia Elvira* e *El Viejo Marino*.

As maiores atrações são as *centollas*. Um crustáceo que chega a pesar dois quilos e que é pescado em águas muito frias e profundas.

Nos restaurantes ensinam como retirar as carnes das patas, com uma tesoura. Peça de entrada uma sopa de marisco ou camarões e, para o prato principal, uma centoia para dois.

Harmoniza com um bom vinho branco.

Prato de Centolla.

na, piscina e uma jacuzzi ao ar livre. Como fiz todas as reservas antecipadamente, todas as manhãs, a agência de turismo nos buscava para os passeios.

O ideal é ir com os tours já contratados. Mas, se quiser ir e se hospedar em uma pousada e contratar os tours localmente, também é possível. Só há um problema: em janeiro e fevereiro, principalmente, a disponibilidade é limitada. O turista pode chegar e não encontrar lugar disponível no tour que desejar.

Ilha dos Lobos-Marinhos.

Tours e passeios

Há várias opções de tours pelos arredores da cidade. Se você contratar uma agência de turismo, ela pode enviar todas as opções, com a descrição de cada um. Você pode também entrar na internet e no TripAdvisor e ver os mais interessantes, com avaliações de quem já os fez.

O tour clássico é o passeio de barco pelo Canal de Beagle, passando por ilhas com pinguins e lobos-marinhos, e terminando na Estância Harberton.

Ali, algumas pessoas descem para visitar, almoçar e voltar

Museus de fósseis marinhos, Estância Harberton.

© Autor desconhecido/Wikipedia

Os índios yamanas andavam nus e dominavam o fogo.

de ônibus. Quem não optar por visitar a estância volta de barco. O passeio todo é longo. Você sai às 9 horas e volta às 16 horas.

Estância Harberton

Foi fundada em 1886 por Thomas Bridges, missionário inglês que havia chegado ao local alguns anos antes para a catequização dos índios yamanas. O trabalho dele foi importante para a tomada de posse da região pelo Exército argentino, pois não houve conflito. Em reconhecimento, o governo cedeu-lhe vários hectares de terras para a criação de ovelhas e extração da lã.

Bridges desenvolveu um dicionário da língua yamana, o que facilitou a sua comunicação e aceitação pelos índios.

Fim da Rota 3 – Alasca a Ushuaia.

Quando o Exército argentino chegou para fundar a cidade, em 1884, o fato de ter alguém que dialogasse com os índios foi de grande ajuda.

Com a queda do preço da lã, toda a atividade econômica foi desativada. Hoje, é uma estância histórica e turística.

O passeio inclui visitar as anti-

Raposa cinza, introduzida na região pelo homem.

Refúgio compartilhado na floresta.

gas instalações, com as máquinas de tosquiar as ovelhas e um museu com esqueletos de diversos mamíferos marinhos da região. O almoço é bem simples.

Índios Yamanas

Esta tribo vivia na região sul da Terra do Fogo há milhares de anos. Os índios andavam nus, viviam da pesca e caça, principalmente de lobos-marinhos e pequenas baleias. Dominavam o fogo para se aquecer, habitavam pequenas tendas feitas de casca de árvores.

Aos poucos, a população indígena foi sendo dizimada, primeiro pelo sarampo e depois por outras enfermidades trazidas pelos novos habitantes.

Quando Thomas Bridges chegou à região, havia cerca de 2.000 índios. Vinte anos depois, restavam 20%. Em 2017, havia somente uma mulher yamana, de 65 anos, a última dessa tribo. Seus filhos já são mestiços.

Os índios yamanas andavam nus e dominavam o fogo. Foram dizimados com a chegada do europeu.

Outros passeios

Há passeios para todos os gostos e condições físicas. Por isso, é muito importante verificar a descrição de cada um para poder escolher um que seja mais adequado para você.

Há várias caminhadas com graus de dificuldade diferentes. Nós, por exemplo, fizemos uma trilha de 6 quilômetros em 3 horas com um alto grau de dificuldade, beirando o Lago Lapataia. A caminhada tem várias subidas e decidas pelo meio da floresta que circunda o rio. Há, no entanto, trilhas mais planas, mais curtas com menor grau de dificuldade.

Fizemos uma canoagem de 6 quilômetros pelo rio e Lago Lapataia, com um grau de dificuldade médio. Foi muito gratificante. A água do lago estava a 6 graus de temperatura.

Há passeios com jipes 4x4 para lugares exóticos, complementados com trilha e almoço preparado pelo guia em uma cabana no meio da mata.

Quando fizemos esse passeio, o cheiro da comida atraiu uma raposa cinzenta. Não é permitido alimentar os animais na mata.

O Trem do Fim do Mundo é um passeio pela ferrovia construída pelos presidiários e que hoje se tornou uma atração turística.

Durante o trajeto, você vai ouvindo toda a história da construção da ferrovia. Esse passeio é complementado por uma trilha e visita ao Parque Nacional da Terra do Fogo.

Nesse local termina a Rota 3, que liga o Alasca a Ushuaia. São 17.848 quilômetros de extensão, passando por diversos países do continente americano.

Há várias as opções de tours, e é importante que você leia com atenção a descrição de cada um, para escolher conforme os seus gostos e condições físicas.

Uma opção no inverno é a Estação de Esqui da Serra do Castor. Fica muito próxima da cidade de Ushuaia, no caminho

Canoagem pelo Lago Lapataia, temperatura da água a 6 graus.

Trilha de 6 quilômetros, na floresta.

Trem do Fim do Mundo.

do Lago Escondido.

O hotel fica bem próximo da estrada, e há um teleférico para levar os esquiadores até as pistas na montanha. Há opções para principiantes e experientes.

Castores e raposas

Devido às condições climáticas, não há praticamente nenhum grande mamífero terrestre original nessa região.

Foram introduzidos castores, raposas e coelhos.

Os castores vieram do Canadá para a indústria de roupas de pele. No entanto, na adaptação ao meio ambiente sofreram uma transformação na qualidade dos pelos, inviabilizando sua utilização na produção dos vestuários. Essa indústria foi então desativada, e os castores foram deixados vivendo na região.

Como não há predadores, a população cresceu assustadoramente e tem causado um dano terrível para o meio ambiente, destruindo grande parte da floresta da região. É proibido caçar a tiros, só com armadilhas.

Os castores se reproduzem rapidamente e têm sido uma

praga que precisa ser resolvida com rapidez. Hoje se estima que haja 250.000 castores na região.

As raposas-vermelhas e as cinzentas foram introduzidas há vários anos. Aqui são chamadas de zorro. As vermelhas foram muito caçadas para a indústria de peles e mantêm esse medo dos humanos no DNA. São ariscas e fogem de qualquer contato. Já as raposas-cinzentas não são dóceis, mas se aproximam um pouco.

No nosso passeio 4x4, quando estávamos preparando a comida no meio da floresta, o cheiro da carne na brasa atraiu uma raposa-cinzenta, que ficou rondando por perto.

Os coelhos foram trazidos da Espanha e estão espalhados por toda a região.

Na Terra do Fogo não há puma, a onça da Patagônia. O clima frio e a pequena oferta de alimentos não atraiu esse predador.

Há várias aves marinhas, e algumas nas florestas, como o carpinteiro, uma espécie de pica-pau, mais colorido e bonito.

As aves migram durante o inverno.

Floresta derrubada por castores.

Glaciar Perito Moreno.

El Calafate – cidade dos glaciares

Não há uma data específica de fundação da cidade. O lugar era um ponto de parada e pernoite dos criadores de ovelha e viajantes em direção ao porto de Rio Gallegos, no Atlântico.

Há 20 anos, a cidade tinha 3.000 habitantes. Hoje, com o crescimento do turismo, tem cerca de 20.000 moradores.

El Calafate está localizada na margem sul do lago Argentino, formado por águas de cor turquesa, de glaciares da Cordilheira dos Andes.

O lago tem cerca de 120 quilômetros de comprimento e 20 quilômetros de largura, em média. Em alguns pontos, a profundidade chega a 750 metros.

A cidade fica a 80 quilômetros da Cordilheira do Andes.

É uma cidade pequena, bonita, bem arborizada, com uma avenida central, El Libertador, onde estão as lojas, agências de turismo, bancos e restaurantes.

Turismo

O período de turismo também vai de meados de setembro a meados de abril. A temperatura média na primavera e no verão varia de 5 a 14 graus. Quando venta, e venta muito, a temperatura cai bastante. De manhã, às vezes, amanhece com uma chuva fina, fria, e, antes do meio-dia, o sol brilha forte. O tempo muda muito rapidamente no mesmo dia. Por isso, recomendo que se vista adequadamente sempre.

Outra recomendação é consultar todos os dias a previsão do tempo. O clima é elemento fundamental para aproveitar os passeios na região.

Todas as principais atrações de El Calafate ficam a vários quilômetros de distância. Ou seja, você sempre vai ter de subir em uma van ou ônibus e viajar algumas horas para chegar ao destino. Todos os passeios demandam um tempo. A programação da saída dos tours é fundamental.

Perito Moreno

Francisco Moreno foi apelidado de Perito Moreno por sua perícia no trabalho que executava.

Cientista, naturalista e explorador argentino, foi responsável pela marcação das divisas territoriais com o Chile na Cordilheira dos Andes.

Foi o descobridor das geleiras, montanhas, rios e lagos dessa região da Patagônia. Coube a ele dar nome à maioria desses lugares.

Reverenciado como herói

Lago Argentino.

nacional, foi homenageado ao dar o nome ao glaciar mais importante – Perito Moreno.

É o glaciar mais perto de El Calafate e fica a 80 quilômetros. O tour pega você no hotel às 9h e retorna às 17h.

Perito Moreno é a maior atração da região. É um glaciar que termina em uma ponta de terra, diferentemente de todos outros que terminam em um lago. O tour inclui um passeio de barco bem próximo do paredão de gelo. Depois, você pode caminhar por uma extensa passarela, muito perto da parede de gelo. Este é um passeio obrigatório.

Glaciar Perito Moreno.

El Chaltén, Lago e Glaciar Viedma

O tour para El Chaltén leva o dia inteiro. Sai do hotel às 7h e retorna às 20h30. No trajeto, que leva cerca de três horas, há uma parada no Hotel La Leona. Todo o tempo que ficamos dentro do ônibus é compensado pela beleza do passeio.

El Chaltén fica a 220 quilômetros de El Calafate e é considerada a capital argentina

Monte Fitz Roy, o maior da região

Uma das maiores atrações é o Monte Fitz Roy. Com uma altitude de 3.375 metros, relativamente pequena para os Andes, tem sido um desafio para os alpinistas. Suas paredes verticais exigem técnicas perfeitas para a escalada. Somente profissionais têm conseguido atingir o cume.

Em dias claros o monte é visto de muito longe, destacando-se no horizonte.

Perito Moreno colocou esse nome em homenagem a Robert Fitz Roy, capitão do navio HSM Beagle, da expedição de Charles Darwin.

do trekking. A opção de caminhadas e trilhas nessa região atrai um número muito grande de caminhantes.

A atração maior do tour é o passeio de barco pelo lago até o glaciar Viedma. É simplesmente maravilhoso. O barco navega

Paredão do glaciar Perito Moreno.

por entre pedras enormes de gelo, brancas e azuis.

Perito Moreno colocou no lago e glaciar o nome de Viedma em homenagem ao espanhol Antonio de Viedma, que, em 1782, descobriu esse lugar.

Lagos e rios

Para quem aprecia, é muito interessante identificar os rios e lagos.

O Lago Argentino é formado por diversos glaciares, incluindo o Perito Moreno, e com a contribuição de pequenos rios, incluindo o rio Caterina, caminho dos salmões.

O Lago Viedma é formado por águas provenientes dos glaciares e por rios, entre eles, principalmente, o rio La Vuelta.

Do Lago Viedma sai o Rio Leona, que desemboca no Lago Argentino, próximo de El Calafate.

Do Lago Argentino sai, então, o Rio Santa Cruz, que percorre 383 quilômetros e deságua no Oceano Atlântico.

Durante os tours é possível identificar bem os cursos dos rios e os lagos. O que surpreende é a cor azul-turquesa das águas vindas dos glaciares.

Monte Fitz Roy em El Chatén.

Hotel La Leona – Butch Cassidy e Sundance Kid

Foram dois famosos bandidos americanos que estavam sendo procurados nos Estados Unidos por roubo a bancos e decidiram fugir e se esconder na América do Sul.

Há um ótimo filme com Paul Newman e Robert Redford, com o nome de Butch Cassidy e que conta a história dos dois bandidos.

Como tinham amigos em Buenos Aires, foram primeiro para lá. Preocupados que notícias mundiais chegassem

© Steve Bennett/Wikipedia

Glaciar Viedma, El Chatén.

até lá, decidiram, por sugestão do amigo, se esconder na Patagônia. Compraram uma pequena estância e se apresentaram como negociadores de ovelhas e gado.

Depois de algum tempo, decidiram voltar à ativa e assaltar o Banco de Londres e Tarapacá em Rio Gallegos, que fica a 200 quilômetros do hotel La Leona, onde pretendiam se esconder por alguns dias.

O planejamento do assalto incluía trocar de cavalos várias vezes durante a fuga, já que a polícia não estaria preparada para isso e não os alcançaria.

No caminho de Rio Gallegos,

foram negociando com alguns estancieiros a troca de cavalos, sem detalhar a finalidade.

Chegaram a Rio Gallegos e abriram uma conta no banco. Durante uma semana foram todos os dias ao banco e saíam de cavalo em disparada.

No dia do assalto, saíram em disparada com seus cavalos e as pessoas não ficaram surpresas, pois tinham feito isso todos os dias.

Cartaz americando de "Procura-se".

Quadrilha de Butch Cassidy e Sundance Kidd.

No caminho, foram trocando de cavalos, abrindo uma distância grande da polícia, e se hospedaram no hotel La Leona.

Quando a polícia chegou e mostrou as fotos dos bandidos, os donos do hotel reconheceram que eles haviam se hospedado ali, mas já tinham ido embora.

Dali, foram para a Bolívia. Há três versões para o que aconteceu com eles depois.

Assaltaram um banco e foram cercados em um rancho pelo Exército boliviano, que os matou.

Outra versão diz que, cercados, cometeram suicídio, atirando nas próprias cabeças.

E uma terceira, segundo a qual eles voltaram para os Estados Unidos, se entregaram e passaram a colaborar com a polícia para prender assaltantes de bancos.

Glaciar Upsala

O passeio a esse glaciar faz parte do tour da Estância Cristina. Foi para mim o melhor de todos.

O barco atravessa uma grande parte do Lago Argentino, cercado de montanhas com picos nevados, e vai direto para a frente do Upsala.

Pelo meio dos blocos de gelo brancos e azuis, o barco se aproxima do paredão do glaciar. É indescritível a beleza que podemos ver. As fotos que tiramos não reproduzem o que os olhos registram.

De lá seguimos para a Estância Cristina, que foi também durante muitos anos criadora de ovelhas e produtora de lã.

Os novos tecidos criados pela indústria jogaram para baixo o preço da lã, desestimulando o investimento. Hoje são poucas as estâncias que continuam criando ovelhas para extração de lã.

Caminhando, o guia conta a história do lugar enquanto visitamos as antigas instalações de tosquia das ovelhas.

Uma atração especial é o Rio Caterina, de onde tiram a água doce para o lugar. No século passado era uma roda d'água, ainda preservada no local. Hoje há um motor elétrico.

Rio Caterina e Lago Pearson

O Rio Caterina, de tom azul-turquesa, tem no máximo 3 quilômetros. Nasce no Lago Pearson, mais acima, que é formado pelas águas dos glaciares. Caudaloso, deságua no Lago Argentino, ainda dentro da Estância. Mede cerca de 15 metros de largura e tem uma profundidade variável de 2 metros.

O Lago Pearson é o lugar escolhido pelos salmões para desova. Os salmões sobem 383 quilômetros, do Oceano Atlântico, pelo rio Santa Cruz, até o Lago Argentino. Atravessam os 120 quilômetros do lago, entram no rio Caterina e chegam ao Lago Pearson para desova.

Glaciar Upsala.

Isso ocorre de janeiro a abril. São salmões de 80 centímetros a 1 metro de comprimento. A fêmea desova e morre. O macho choca as ovas e também morre.

Em abril, os moradores não podem apanhar água do Rio Caterina, de tanto salmões mortos que descem a correnteza. De lá, os novos fazem o trajeto, 506 quilômetros de volta para o Oceano Atlântico.

Como as tartarugas-marinhas, eles voltam para desova no lugar onde nasceram.

Glaciar Upsala visto de cima

Depois de um ótimo almoço – cordeiro ensopado com um bom copo de vinho tinto –, seguimos para um passeio muito especial.

De 4x4 subimos a Cordilheira dos Andes por uma estrada estreita, sem guard rails, confiando na perícia do motorista.

Os jipes chegam até uma determinada altura e depois subimos a pé montanha acima.

É impressionante o impacto que causa ao atingirmos o topo e ver o glaciar Upsala de cima da montanha. Dali é possível observar dois outros glaciares que alimentam o Upsala.

Eu tirei várias fotografias

Glaciar Upsala e lago no topo dos Andes.

Estância Cristina.

e filmei, mas é impossível, de novo, registrar o que os olhos veem.

É uma sensação gratificante de ter força para ter subido a montanha e poder apreciar essa maravilha da natureza.

Quando o guia diz que vamos descer, dá uma vontade de ficar mais um pouco, apreciando toda aquela beleza.

Glaciar Upsala visto de cima da montanha.

Sítio arqueológico de Leona

Pelas dificuldades, esse é o tour escolhido por poucas pessoas.

De van você vai até o Hotel La Leona e dali entra em uma estância, onde está esse sítio arqueológico com fósseis de dinossauro, de outros animais e uma floresta petrificada.

Durante três horas você caminha por uma trilha sinuosa, estreita, com muitas subidas íngremes.

Há uma parada para que possamos descansar e comer

Fósseis de árvores petrificadas.

Trilha estreita nos Andes.

Sítio arqueológico La Leona.

um lanche que os guias trazem.

A maioria dos fósseis está em uma grande depressão do local.

A volta é por uma trilha muito íngreme, que, se a pessoa não tiver um preparo físico adequado, não consegue subir. É preciso muito cuidado, porque do lado está o barranco da depressão e, se escorregar, atrás estão outras pessoas. É preciso subir bem devagar e com atenção.

Eu só recomendo este passeio para quem aprecia muito o tema, e que esteja com o preparo físico em dia.

Eu e minha esposa, Ruth, apesar da idade, conseguimos fazer, e bem, porque nos preparamos fisicamente nos dois meses que antecederam esta viagem.

Há muitas opções de passeios, trekkings, a cavalo, canoagem e caminhadas sobre o gelo.

Em Ushuaia e El Calafate, as agências de turismo fazem recomendações dos graus de dificuldades e, logicamente, das restrições pela idade.

É uma viagem dos sonhos e que deve ser muito bem programada. O período ideal é de meados de setembro a meados de abril. O ideal é que já tenham os tours contratados.

É possível ir direto e contratar os tours no local. Mas, atenção, em janeiro e fevereiro a maioria das agências está com a lotação dos tours esgotada.

Nos outros meses, sempre haverá muitos turistas, mas dá tranquilamente para ir. As cidades estão muito bem

Trilha no alto dos Andes.

estruturadas para atender 3.000 turistas por dia.

Levar roupas de frio intenso, principalmente a utilíssima segunda pele. O gorro é essencial e há várias opções nas lojas de Ushuaia e El Calafate.

Uma bota antiderrapante também é fundamental. Antes de ir, compramos botas da Timberland que nos ajudaram muito, principalmente nas trilhas e subidas das montanhas.

Outras recomendações são levar alguns óculos de sol, protetor solar e labial e máquina fotográfica.

Com um smartphone dá para tirar ótimas fotografias. Próximo das geleiras e nas regiões mais frias, é preciso mudar para HDR. O modo automático não funciona.

Os hotéis têm ótimo sistema de calefação. Você pode levar peças leves para dormir.

Tanto em Ushuaia como em El Calafate, o atendimento ao turista é de alto nível e profissional.

Uma recomendação final e importante: eles dão uma ênfase muito grande ao meio ambiente e ao descarte correto de resíduos.

Brasil

Garibaldi • Bento Gonçalves

Rio das Antas
RS-448
TUYUTY
PINTO BANDEIRA
470
RS-44
470
BENTO GONÇALVES
RS-444
RS-448
453
453
453
Estrada Morro do Macaco
GARIBALDI
470
453
RS-446
470

BRASIL
ÁREA
AMPLIADA
116
453
RS-122
CAXIAS DO SUL
453
116
453
Estrada
da Uva
RS-122
Estrada Mun.
dos Imigrantes
116
RS-452

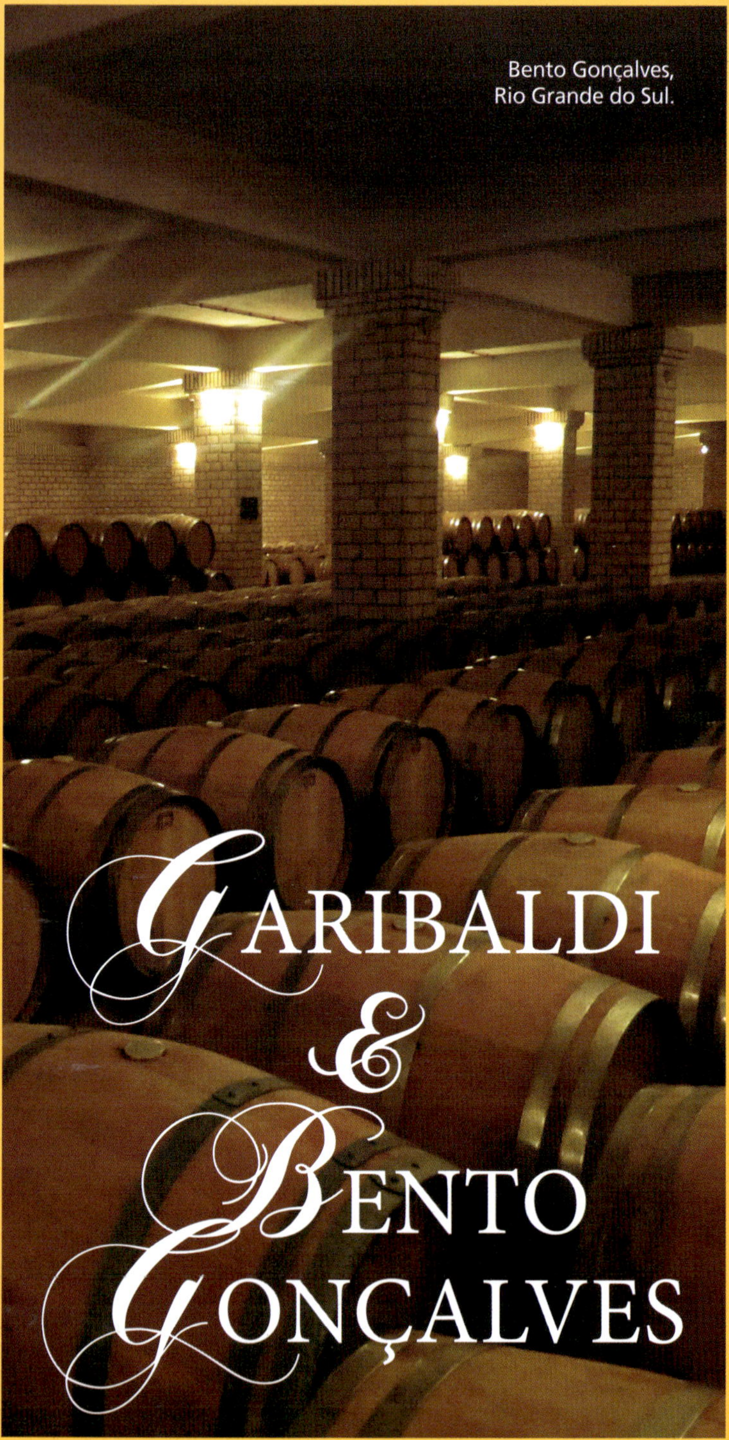
Bento Gonçalves,
Rio Grande do Sul.
GARIBALDI
&
BENTO
GONÇALVES

A região de maior produção de vinhos no Brasil está situada no Rio Grande do Sul e tem como cidades mais importantes ***Bento Gonçalves, Garibaldi, Caxias do Sul, Farroupilha, Pinto Bandeira e Monte Belo do Sul.***

Além do ***Vale dos Vinhedos,*** *onde se concentram importantes vinícolas, ou Cantinas, como dizem por lá, outras cidades e regiões participam da produção do vinho, como a Campanha Gaúcha, a Serra do Sudeste e os Campos de Cima da Serra.*

O Rio Grande do Sul contribui com 90% da produção de vinhos do Brasil.

No século XIX, durante o Segundo Império, o sul do Brasil teve intensa movimentação política, que influenciou e determinou o desenvolvimento da região.

Em 1828, com a *Guerra da Cisplatina*, o Uruguai, território que pertencia ao Brasil, proclamou sua independência, com a ajuda da Argentina e da Inglaterra.

Incentivados pelos gritos de liberdade dos uruguaios, em 1835, a província de São Pedro do Rio Grande do Sul proclamou sua independência, criando a República Rio-Grandense.

A província de São Pedro do Rio Grande do Sul era formada por donatários, com vínculos não tão próximos com a Coroa brasileira sediada no Rio de Janeiro e era muito influenciada pela proximidade das regiões dominadas pelos hispânicos.

A Guerra Farroupilha ou dos Farrapos durou dez anos, foi dominada pela intervenção militar do Exército comandado pelo Duque de Caxias e deixou marcas profundas e sentimentos de nacionalidade no povo gaúcho, que persistem até hoje.

Nos anos seguintes, entre 1864 e 1870, o Brasil, a Argentina e o Uruguai firmaram a Tríplice Aliança, para combater Solano Lopez na Guerra do Paraguai.

Pela proximidade regional, o Rio Grande do Sul teve participação estratégica importante. Foi nessa época que a Coroa brasileira consolidou e estabeleceu sua atenção e controle sobre essa região.

O Rio Grande do Sul sempre foi um grande produtor de grãos e criador de gado.

Para promover o desenvolvimento da região, o governo do estado criou algumas colônias com o objetivo de assentar famílias e

© RFarkas/Ricardo A. Frantz/Wikipedia

Giuseppe Garibaldi e Bento Gonçalves.

estimular a produção de bens.

Em 1870, foram criadas a colônia Dona Isabel, em homenagem à filha de D. Pedro II, a colônia Conde D'Eu, herói da Guerra do Paraguai, e a colônia Santa Tereza de Caxias.

A colônia Dona Isabel foi depois rebatizada com o nome do herói da Guerra Farroupilha, Bento Gonçalves.

Conde D'Eu teve seu nome alterado para Garibaldi, também importante participante da Guerra dos Farrapos.

Santa Tereza de Caxias tornou-se Caxias do Sul, em homenagem ao Duque de Caxias.

Os imigrantes e as primeiras uvas

Sete Povos das Missões eram sete aldeamentos indígenas fundados por jesuítas espanhóis à margem leste do Rio Uruguai.

Em 1626, o jesuíta espanhol Roque Gonzáles de Santa Cruz plantou, na aldeia São Nicolau, os primeiros vinhedos para produzir vinho para as cerimônias religiosas.

Os jesuítas espanhóis trouxeram as sementes do México e já haviam desenvolvido, em 1553, os primeiros vinhedos da Argentina, próximo dali, em *Santiago del Estero*.

Em 1737, portugueses das Ilhas do Açores, fundadores de Porto Alegre, plantaram vinhedos com cepas trazidas de Portugal, para utilização própria, sem disseminação dessa cultura.

Para estimular o desenvolvimento do estado, o governo iniciou uma propaganda na Europa para atrair imigrantes.

Os primeiros a chegar foram os alemães, poloneses e austríacos, por volta de 1824, para as regiões de São Leopoldo e São Marcos.

A uva americana Isabel, trazida de Washington, chegou à Serra Gaúcha em 1839.

Os primeiros imigrantes italianos vindos das regiões

italianas do Vêneto e Tirol austríaco chegaram em 1875.

Conta a história que a propaganda para atraí-los dizia que iriam encontrar ótimas condições de moradia e plantio, e ao chegar foram surpreendidos.

A região era totalmente selvagem e precisava ser desbravada. Moradias teriam de ser construídas e campos teriam de ser abertos para plantio.

Além disso, havia na região alguns índios bugres, o que dificultou um pouco a fixação.

A terra e o clima, no entanto, eram muito bons e lhes deu muita esperança e confiança.

Muitos dos imigrantes chegaram com algumas profissões, como marceneiros, ferreiros, sapateiros, carpinteiros e alfaiates, o que ajudou na formação das comunidades.

O governo dividiu a região em linhas e lotes.

À medida que os lotes foram sendo distribuídos e as famílias, assentadas, eram construídas igrejinhas para integração e socialização.

Ainda hoje as linhas e as capelas são referências para a identificação, como em Bento Gonçalves, com as linhas de Santo Antão, Salsedo, Pradel e Barracão.

No Vale dos Vinhedos, as linhas Graciema, Leopoldina, Zemith, e as capelas de N. Sª das Neves, N. Sª das Almas e N. Sª da Glória.

Em Garibaldi, as linhas Garibaldina, Graciema, Araripe,

Entrada em Bento Gonçalves.

e as capelas São Roque, São Miguel, São Gabriel.

Em Farroupilha, a capela de N. Sª de Caravaggio tornou-se um santuário religioso.

Os imigrantes italianos, no início, criavam ovelhas, porcos e vacas, produziam queijo e plantavam feijão e trigo.

Não trouxeram da Itália cepas de uvas.

Quando desceram a serra para fazer as trocas de suas produções por outros mantimentos, tomaram contato com a uva Isabel, que estava sendo plantada pelos alemães.

A uva se adaptou muito bem no alto da serra.

Em 1890, o vinho estava sendo produzido em larga escala. Já era um importante produto de troca para a obtenção de mantimentos, ferramentas agrícolas, querosene, tecido, café e açúcar.

Os pioneiros

Em 1898, o imigrante italiano da cidade de Luca, Antonio Pieruccini, empreendeu uma verdadeira aventura e levou algumas barricas de vinho em lombos de burros até São Simão, no interior do estado de São Paulo.

São Simão é uma pequena cidade perto de Ribeirão Preto que recebeu, na mesma época, imigrantes italianos para trabalhar nas lavouras de café.

É bem provável que a escolha da cidade por Antonio Pieruccini esteja ligada ao reencontro de pessoas da família ou da mesma região de origem.

Minha avó paterna, Maria de Jesus Mira, imigrante do Vêneto, chegou a São Simão em 1880 para trabalhar na lavoura de café, e deve ter sido contemporânea desse fato.

Em 1900, foi a vez de Abramo Eberle, imigrante de Vicenza,

Entrada da cidade de Garibaldi.

Santa Ceia na Salton.

chegar com o primeiro carregamento de vinhos da Serra Gaúcha à capital de São Paulo.

Em 1910, com a instalação de um ramal de trem em Caxias do Sul, o vinho dos imigrantes passou a chegar com assiduidade em Porto Alegre.

Em 1919, o trem chegou a Bento Gonçalves. Na época, o vinho era comercializado em barricas e depois em garrafões.

Primeiros grandes produtores

PETERLONGO

Em 1899, chegou ao Brasil o imigrante italiano, engenheiro e agrimensor Manoel PETERLONGO, contratado para trabalhar no traçado da cidade de Garibaldi.

Em 1915, produziu-se o primeiro *champagne* no Brasil.

Na época, a região demarcada de Champagne, na França, não havia ainda questionado no comércio internacional a Denominação de Origem para os espumantes.

Anos mais tarde, o Supremo Tribunal Federal outorgou a Peterlongo o direito de utilizar a denominação *Champagne*, sob a justificativa de que essa titulação estava ligada ao método Champenoise, e não à origem.

A partir de 1930, o *CHAMPAGNE PETERLONGO* tornou-se reconhecido nacionalmente. O presidente Getúlio Vargas, amigo pessoal da família Peterlongo, passou a utilizá-lo em cerimônias políticas.

O champagne passou a ser obrigatório em festas, casamentos e outras celebrações, como batismos de aviões e navios.

Em 1942, PETERLONGO realizou a primeira exportação para a loja de departamentos

© Vinícola Peterlongo/Divulgação

Edifício da Peterlongo.

Macy's, em Nova York.

Em 1968, quando da visita da rainha Elizabeth II da Inglaterra e de seu esposo príncipe Philip a São Paulo, o governador Abreu Sodré ofereceu um jantar regado ao *champagne Peterlongo*.

Consta que os convidados apreciaram muito sua qualidade.

A Peterlongo continua sendo muito bem-sucedida na produção e venda desta bebida e tem utilizado a denominação de *Espumante* para algumas variedades.

COOPERATIVA AURORA

Em 1931, 16 famílias de imigrantes uniram-se para fundar a COOPERATIVA AURORA, para a produção e venda de vinhos.

Além das uvas fornecidas pelas famílias, abriram a possibilidade de compra da safra de outros imigrantes. A certeza da venda incentivou o plantio e o cultivo de vinhedos.

Em 1980, atendendo às tendências do mercado e do turismo, a vinícola Aurora abriu suas instalações à visitação.

Ela é hoje uma das mais importantes produtoras de vinhos do Brasil. Continua comprando a produção de vários produtores individuais para fazer seu vinho. Seu portfólio de produtos conta com mais de 200 itens.

Em 2016, celebrou 85 anos de existência, e acumula dezenas de premiaçõcs, de ouro e prata, em concursos de vinhos ligeiros e espumantes.

Foi e tem sido uma das maiores responsáveis pela disseminação do consumo de vinho no Brasil.

VINÍCOLA SALTON

Em 1878, chegou ao Brasil o imigrante italiano Antonio Domênico SALTON, da cidade Cison di Valmarino, no Vêneto.

Em 1910, seus sete filhos, Paulo, Ângelo, João, José, Cezar, Luiz e Antonio, iniciaram juntos um negócio de "secos e molhados", sob a denominação de *Paulo Salton Irmãos*.

Com a expansão dos negócios, mudaram, em 1922, a razão social para Paulo Salton Armazéns Gerais.

Até então, a venda de vinhos era uma parte dos negócios.

A partir de 1933, quando produziram seu primeiro vinho espumante, o foco dos negócios foi sendo alterado para a produção e a comercialização de vinhos.

A produção de tintos veio logo a seguir.

Em 1948, estrategicamente, abriram uma filial na cidade de São Paulo, o que facilitou a distribuição e a consolidação da liderança.

A SALTON tornou-se uma referência do vinho tinto no Brasil a partir de 1950. Seus garrafões eram reconhecidos e vendidos em todo o território nacional.

O conhaque Presidente, lançado no final da década de 1950, ampliou sua rede de negócios.

Em 1990, com o início da consolidação do vinho como um produto de consumo de alta qualidade, a vinícola promoveu uma total reestruturação em seus vinhedos e na produção industrial.

Em 2004, inaugurou o novo e lindo edifício no Distrito de

Prédio da Salton em Tuiuty.

Vinhos da Salton servidos aos Papas.

Cálice do Papa Bento XVI.

Cálice do Papa Francisco.

Tuiuty, no Vale do Rio das Antas.

Mas as consagrações definitivas vieram a seguir.

Em 2007, quando da visita do papa Bento XVI para a Conferência Episcopal Latino-Americana em Aparecida do Norte, o vinho servido foi o tinto *Salton Talento 2004*.

Em 2013, quando da visita do papa Francisco para a Jornada Mundial da Juventude, no Rio de Janeiro, o vinho servido foi o tinto *Salton Talento 2007*.

Os dois cálices utilizados pelos papas estão à exposição no edifício novo.

O terroir e as uvas

Uma dúvida que sempre tive em relação à produção do vinho da Serra Gaúcha foi o fato de utilizarem diversas castas de uvas, independentemente do *terroir*.

Há várias opções de vinhos *varietais* (casta única), com uvas como Cabernet Sauvignon, Pinot Noir, Cabernet

Franc, Merlot, Tannat, Touriga Nacional e muitas outras.

Há uma regra que diz que o *terroir* determina a melhor uva, para o melhor vinho.

Na Borgonha, todos os vinhos são produzidos com a uva *Pinot Noir*. É obrigatório. Ou seja, é a uva que melhor se adaptou ao seu *terroir*.

No Barolo, são as uvas *Nebbiolo e Barbera*.

Na Toscana, Itália, utiliza-se a Sangiovese, tanto para o Brunello di Montalcino como o Vino Nobile di Montepulciano.

Em Montalcino, você escolhe um *Biondi-Santi* ou *Castelo de Banfi*, e a uva será sempre a *Sangiovese*.

Nas outras regiões vinícolas acontece o mesmo, ou seja, a escolha é pela vinícola.

Há duas explicações simples para a grande variedade de castas nos vinhos gaúchos.

A primeira é uma explicação técnica. O solo, em sua maioria, é composto de argila, e em alguns lugares há um pouco de pedra e cascalho.

Toda a Serra Gaúcha é ainda muito arborizada, com matas preservadas e muitos riachos.

O clima é úmido, temperado e quente, com noites temperadas, o que dá uma característica própria aos vinhos da região. Diferentemente da Argentina e do Chile, onde a umidade é muito baixa.

Na Serra, a umidade chega a 78%.

Os vinhedos estão em sua maioria a 400 e 600 metros de altitude.

Essas características oferecem possibilidades para plantar várias uvas, com vantagem um pouco maior para os Merlot e Pinot Noir, espumantes e vinhos mais leves.

A segunda explicação é de marketing. "*O brasileiro não bebe vinho; ele bebe a uva!*"

O brasileiro escolhe o vinho pela casta da uva.

Como o *terroir* não é determinante para definir a melhor casta, e os produtores têm obtido bons resultados com várias delas, é estratégico produzir várias opções para atingir um público consumidor maior. Ou seja, atender a todos os gostos.

Eu concordo plenamente com isso. Tenho consumido regularmente vinhos das vinícolas *Don Laurindo* e *Pizzato*. Seus Merlot, Tannat e Cabernet são de muita qualidade.

Isso é plenamente possível. Em Mendoza, na Vinícola Luigi Bosca, provei um *Pinot Noir* que não deve nada a um Borgonha.

Do mesmo modo que em Santa Cruz, no Chile, na vinícola Viu Manent, bebi um *Malbec* tão bom quanto o de Mendoza.

A verdade é que o *terroir* da Serra Gaúcha é peculiar e único. Muito diferente de Argentina, Chile, Espanha, Austrália e África do Sul.

E os produtores entenderam

Vinhedos e rosas.

e estão tirando de lá o melhor. Estão cada vez mais investindo em espumantes, com excelentes resultados. Coisas do *terroir*!

Os novos vinhedos

Com a escassez de espaço disponível e preços altos, em Bento Gonçalves, Garibaldi e toda a região do Vale do Rio das Antas, um grande número de produtores está adquirindo propriedades e plantando seus novos vinhedos na Campanha Gaúcha, na Serra do Sudeste e nos Campos de Cima da Serra.

Campanha Gaúcha

É a região mais ao sul do Rio Grande, que se limita com o Uruguai e um pequeno pedaço da Argentina.

São os *Pampas*, segundo os gaúchos, onde se produz a melhor carne do mundo. É uma combinação perfeita de produção de carnes e vinhos.

A altitude média é de 100 a 300 metros do nível do mar. O clima tem ótima amplitude térmica, muito propícia ao plantio de uvas. Os dias são quentes e secos; e as noites, mais frias.

O solo é arenoso e com ótima drenagem.

Um dado muito interessante é que a região se situa próxima ao paralelo 31, o mesmo das regiões vinícolas da África do Sul e da Austrália.

Não é uma região nova de vinhos. A primeira vinícola, a Quinta do Seival, foi fundada em 1888.

Hoje são mais de 200 produtores.

As cidades mais importantes são *Candiota, Bagé, Don Pedrito, Santana do Livramento, Rosário do Sul, Uruguaiana, Itaqui* e *Macambará*, entre outras.

A região foi escolhida pelos produtores da Serra Gaúcha para suas expansões, por várias razões.

Já estavam lá outros produtores, obtendo vinhos de muito boa qualidade.

O preço das terras ainda era acessível.

E, tecnicamente, porque o *terroir*, além de ser propício a várias castas, tanto para tintos como para brancos, proporciona alto rendimento.

Muitos produtores que visitei já compraram terras nessa região. O preço das terras hoje já é muito alto.

A princípio, o planejamento é colher as uvas e processar o vinho na Serra Gaúcha, onde estão suas indústrias. No entanto, alguns produtores já estão fixando operações naquela região.

A Campanha Gaúcha já é uma atração de turismo. Além de visitar Bento Gonçalves, Garibaldi e Vale dos Vinhedos, os amantes de vinhos têm esta nova opção na região mais ao sul.

É ótimo, porque está muito perto de Montevidéu e Buenos Aires.

Serra do Sudeste

A região Sudeste, na latitude de 29 graus, tem sido também uma opção para os novos vinhedos.

Vinhedos no Vale.

Alguns produtores importantes, como Casa Valduga e Chandon, estão plantando seus novos vinhedos nessa região.

A Serra do Sudeste fica entre a Lagoa dos Patos e o leste da Campanha Gaúcha.

A serra tem topografia ondulada, solo granítico e altitude média de 600 metros do nível do mar. O clima é seco, com pouca umidade e noites mais frias.

Aqui estão sendo plantadas castas europeias, objetivando vinhos tintos e espumantes de alta qualidade.

As duas cidades de referência dessa região são Encruzilhada do Sul e Pinheiro Machado.

Campos de Cima da Serra

É também conhecida como Campos de Vacaria. Está localizada na divisa com Santa Catarina e engloba, entre outras cidades, Cambará do Sul, Bom Jesus, São Francisco de Paula e Vacaria.

A área é propícia aos vinhedos. Está a uma altitude média acima de 900 metros. O solo é calcário e argiloso. Tem ventos constantes que ajudam a reduzir a umidade. Os verões são relativamente secos, com calor de dia e noites amenas, propício a uma lenta maturação das uvas. O que é muito bom para a qualidade do vinho.

Na região já existiam algumas vinícolas, mas principalmente produtores de frutas, sobretudo de maçãs.

Atualmente há uma migração de produtores de vinhos, que estão adquirindo propriedades e plantando novos vinhedos.

Tanto na Campanha Gaúcha como em Campos de Cima da Serra e Serra do Sudeste, as uvas plantadas são das mesmas variedades da região da Serra Gaúcha.

As castas de uvas

O Vale dos Vinhedos foi a primeira região do Brasil que obteve a Indicação de Procedência, podendo colocar nas garrafas de seus vinhos tintos e espumantes o Selo de Controle.

O reconhecimento geográfico foi outorgado pelo Instituto Nacional da Propriedade Industrial (Inpi) em 2002.

O trabalho de demarcação foi efetuado pela Universidade de Caxias do Sul e por técnicos da Embrapa.

A Denominação de Origem do Vale dos Vinhedos estabeleceu normas para cultivo e processamento das bebidas.

Só poderão colocar o Selo de Procedência os vinhos produzidos dentro das especificações abaixo:

TINTOS – Merlot, como uva principal, mínimo de 85%.
As uvas Cabernet Sauvignon, Cabernet Franc e Tannat como variedades para corte ou *blend.*

BRANCOS – Chardonnay como uva principal, mínimo de 85%. A Riesling Itálico como variedade para corte ou *blend.*

ESPUMANTES – Chardonnay ou Pinot Noir como uvas principais, mínimo 85%. Riesling

Vinhedos no Vale.

Sistema de espaldeiras.

Sistema de parreirais.

Itálico para corte ou *blend*.

É obrigatória a utilização do método *Champenoise* na produção dos espumantes.

Somente vinhos dentro dessas composições podem aplicar o Selo nas garrafas.

Em todo o Rio Grande do Sul é cultivado um número grande de castas de uvas.

As vinícolas, em sua maioria, têm em seus catálogos vinhos produzidos com uma variedade de uvas que o produtor ou o enólogo pensam ser mais convenientes.

A maioria dos produtores tem um vinho *varietal* com a uva Merlot, que é a casta reconhecida. Produzem outros varietais com uvas que pensam ser melhores para seus negócios, e vários vinhos com *cortes* ou *blends* bem variados.

Como expliquei anteriormente, o *terroir* da região não reconhece uma casta específica. A uva *Merlot* foi escolhida para o Selo de Origem, de comum acordo entre os produtores.

A Merlot é uma casta importante, mas não a mais importante para muitos.

A escolha da uva a ser cultivada e do vinho a ser produzido está mais ligada a marketing e

HOTÉIS

Spa do Vinho.

Hotel Casacurta.

Para escolher o hotel é importante definir em que cidade você quer ficar.

Tanto em Bento Gonçalves como em Garibaldi, entrar e sair da cidade com o carro não é grande problema.

Há também opções de hotéis no Vale dos Vinhedos e no entorno das duas cidades.

Nas duas últimas viagens, em uma delas fiquei no Laghetto Viverone, em Bento Gonçalves, e na outra no Hotel Casacurta de Garibaldi.

O Laghetto é moderno, um ótimo atendimento, quartos confortáveis, mas fica na esquina de duas avenidas relativamente movimentadas e dá para ouvir um pouco de barulho nos quartos.

O Casacurta é antigo, tradicional, reformado, ótimo atendimento e muito tranquilo. O restaurante no térreo é considerado um dos melhores de Garibaldi. Oferece uma combinação de culinária francesa e a tradicional italiana, com uma ótima carta de vinhos.

Em Bento Gonçalves, há também as opções do Dall'Onder Grande Hotel e do Dall'Onder Vittoria Hotel.

Em Garibaldi, a segunda opção é o Hotel Mosteiro São José.

No Vale dos Vinhedos, há dois hotéis conhecidos, o Spa do Vinho, em frente à Vinícola Miolo, e o Hotel Villa Michelon, atrás do restaurante Mamma Gema.

No entorno, as opções são o Castelo Benvenutti, na Rodovia 470, e o Farina Park Hotel, na Rodovia 453, ambos muito próximos das duas cidades.

A opção de hotel é muito particular e depende da programação e do bolso de cada um. Tenho por hábito consultar no TripAdvisor a avaliação de outros hóspedes.

No Vale dos Vinhedos, há várias opções de restaurantes: Mamma Gema Trattoria, Casa da Madeira, Churrascaria Zandonai, Maria Valduga, Primo Camilo, Valle Rústico e outros. Recomendo pedir sugestão no hotel.

vendas. A estratégia é oferecer ao cliente várias opções que atendam a suas preferências e gostos.

O brasileiro bebe a uva!

Relação de castas para os tintos que pude anotar: Merlot, Tannat, Cabernet Sauvignon, Cabernet Franc, Pinot Noir, Pinotage, Touriga Nacional, Barbera, Tempranillo, Malbec e Alfrocheiro.

Para os vinhos brancos: Chardonnay, Riesling Itálico, Pinot Grigio, Sauvignon Blanc, Sémillon, Trebbiano, Malvasia, Peverella, Vernaccia e Gewürztraminer.

Uma mudança que fizeram há algum tempo foi utilizar os sistemas de *espaldeira* nos vinhedos. Esse sistema é utilizado em praticamente todo o mundo e proporciona melhor ventilação, insolação e facilidade de circulação pelos carreadores.

Até então o sistema era de parreiral, ainda utilizado em vinhedos com castas destinadas aos sucos e vinhos a granel.

A uva Isabel é ainda muito plantada na Serra Gaúcha, principalmente pelos agricultores que vendem suas colheitas para os grandes produtores. É uma uva de alto rendimento e que requer menos cuidados do que as castas mais nobres.

Alguns viticultores dizem que há vinhedos de Isabel em terrenos de alta qualidade, que poderiam estar cultivando uvas europeias.

Para quem conhece outras regiões onde há uma seleção mais específica de castas, a Serra Gaúcha é uma verdadeira fonte de inovação e criatividade.

Programando a viagem

Uma das opções é ir de avião direto até Caxias do Sul, e lá seguir de carro até Bento Gonçalves ou Garibaldi.

O voo, saindo de São Paulo, leva cerca de 1 hora e 20 minutos, e de Caxias a Bento Gonçalves, de carro no máximo mais 45 minutos.

A estrada, movimentada, mas relativamente tranquila, passa por Farroupilha.

Esta opção é muito boa porque leva pouco tempo. O único senão, dizem por lá, é que o Aeroporto de Caxias fecha às vezes com nevoeiro. Sugiro então viajar durante o dia. A chance de nevoeiro é menor.

Outra opção é ir via Porto Alegre, que tem mais opções de voos e um aeroporto com mais condições de pouso e decolagem.

De Porto Alegre a Bento Gonçalves são cerca de duas horas, passando por cidades periféricas grandes e movimentadas como Canoas e São Leopoldo. O trânsito é intenso, com grande circulação de caminhões.

Já fiz a viagem nas duas opções e penso que direto a

Espaço nobre para degustações na Miolo.

Caxias é mais tranquilo.

Em ambos os casos recomendo alugar um carro, mesmo porque vai ser fundamental para sua circulação pelos passeios.

O ideal é retirar e devolver o carro no aeroporto.

Outra opção é ir de carro direto. Vai levar uns dois dias, parando para dormir e descansar em algum ponto do trajeto. Vale pelo passeio, mas o grande inconveniente é que as estradas para o sul são muito movimentadas, com uma circulação muito grande de caminhões. Mas não deixa de ser uma opção.

Visitas às vinícolas

Minha sugestão é, antes de viajar, fazer uma programação das visitas.

A vinícola Miolo.

As vinícolas, no Vale dos Vinhedos, ficam em uma sequência na Rodovia 444, o que torna muito fácil programar.

Na internet, você encontra o mapa do Vale com a indicação das localizações.

Há também vinícolas, como a Salton na estrada para Veranópolis, Rodovia 470, não longe de Bento Gonçalves.

Vinhos na Miolo.

Se tiver dois dias, programe um dia inteiro para o Vale e outro dia para a região da Salton.

Há também outras boas vinícolas na região de Pinto Bandeira.

Normalmente, antes de viajar faço contato através dos sites para marcar as visitas.

A maioria das vinícolas tem em seus sites um campo específico para esse fim.

MIOLO – Vale dos Vinhedos

Fui recepcionado pelo enólogo Daniel Siqueira, que fez uma detalhada apresentação da história da Miolo. Em seguida nos conduziu para uma visita mais técnica às instalações e a um canteiro de vinhedo, onde estão diversas castas.

Um dos temas mais abordados foi justamente o fato de as vinícolas produzirem vinhos com diversas castas, independentemente do *terroir*. Fiquei bem satisfeito com sua explicação.

Em 1897, quando o imigrante italiano Giuseppe Miolo chegou à região da Serra Gaúcha, foi lhe conferido o lote 43.

Tão logo assumiu a propriedade, iniciou o plantio de vinhedos.

Durante muitos anos, as uvas colhidas eram vendidas para os grandes produtores da época.

Foi somente em 1989 que familiares na 3ª geração fundaram a Vinícola Miolo.

O primeiro vinho produzido foi um Reserva Merlot, safra 1990.

A partir daí, a vinícola ganhou grande impulso.

Até então, na região Sudeste e Sul do Brasil, principalmente nos estados de São Paulo, Rio de Janeiro e Paraná, os vinhos tintos conhecidos e respeitados eram os europeus, os chilenos e os argentinos.

Os tintos Miolo foram os primeiros vinhos brasileiros, produzidos na Serra Gaúcha, que ganharam respeito e admiração dos amantes do vinho.

Passaram a fazer parte das cartas de vinhos de muitos bons restaurantes das grandes cidades, com uma boa vantagem no preço.

O vinho Miolo conquistou em pouco tempo uma imagem de qualidade.

Com o passar do tempo, várias outras vinícolas empreenderam ações de marketing e distribuição para colocar seus vinhos no maior mercado consumidor.

Algumas conseguiram um bom espaço, mas outras estão ainda buscando.

A Miolo está consolidada e tem seus produtos na maioria dos supermercados, em lojas e pontos de vendas e revendas de vinhos.

Possui vinhedos no próprio Vale, no icônico Lote 43, na Campanha Gaúcha, Campos de Cima da Serra e no Vale do São Francisco.

Tem também joint-ventures em vários países.

Classifica seus vinhos como Premium – Miolo Reserva; como Básico Luxo – Miolo Seleção; e como Básico Semiluxo – Almadén.

Almadén

A Almadén foi adquirida pela Miolo há pouco tempo.

Os vinhos Almadén estiveram relativamente bem posicionados no mercado, mas perderam espaço.

O Almadén Rose era bem conhecido 20 anos atrás.

Estão trabalhando forte no marketing para a recuperação desta marca, focando os espumantes.

Aliás, há um movimento forte em direção à produção de espumantes.

Isso porque há um reconhecimento estabelecido em todo o Brasil de que o espumante brasileiro é muito bom e não deve nada aos chilenos e, principalmente, aos argentinos.

Para produzir o espumante top de linha Miolo Premium Vale dos Vinhedos, é utilizado o método Champenoise.

Para os espumantes produzidos na Campanha Gaúcha e no Vale do São Francisco, é utilizado o método Charmat.

Produz também vários vinhos tintos varietais, ou seja, de casta única.

O tinto Miolo Reserva existe nas opções Cabernet Sauvignon, Tempranillo, Merlot, Tannat e Pinot Noir.

O tinto Miolo Seleção já vem

em forma de blend, Cabernet Sauvignon/Merlot; Tempranillo/Touriga.

Os espumantes e brancos utilizam as uvas Chardonnay, Pinot Grigio, Riesling, Sauvignon Blanc e Gewürztraminer.

Produz também vinhos frisantes, sucos de uva e destilados.

Exporta para mais de 30 países.

Oferece uma variedade grande de opções em seu portfólio, incluindo alguns vinhos importados do Chile, da Argentina, da Espanha e da Itália.

É o maior produtor de vinhos do Brasil.

Pela importância, recomendo incluir na sua programação de visitas.

DON LAURINDO – Vale dos Vinhedos

Há 15 anos, quando fui a Gramado com minha família, no jantar em um restaurante de muito bom nível, perguntei ao *garçom* que nos atendia qual era o melhor vinho para me recomendar.

Na época não havia ainda o conceito de *sommelier*.

"Sem dúvida, o *Don Laurindo*!"

Devia ser mesmo o melhor.

O preço era o dobro de todos os outros vinhos.

"É que eles produzem vinho com uvas do próprio vinhedo."

Com um *fondue* de carne, em uma noite muito fria, o vinho combinou muito bem.

No dia seguinte, fizemos um passeio até o Vale dos Vinhedos, e a primeira vinícola que fiz questão de visitar foi a Don Laurindo.

Aproveitei e fiz a encomenda de várias garrafas, com várias opções de castas, para entrega em São Paulo. O frete ficou por conta da vinícola.

A partir daí passei a receber as malas diretas e comprar diretamente.

Todos os anos, recebo e-mails no dia do meu aniversário e no Natal.

A Vinícola Don Laurindo foi fundada em 1991 por Ademir Brandelli.

O nome da vinícola é uma homenagem a seu pai, Laurindo Brandelli.

Em 1887, o imigrante Marcelino Brandelli, oriundo de Zevio, pequeno povoado da região de Verona, chegou à Serra Gaúcha e iniciou o plantio de vinhedos com o objetivo de produzir vinhos para o consumo da família.

Em 1946, seu filho Cezar Brandelli adquiriu terras em Oito de Graciema e expandiu os vinhedos.

As uvas produzidas eram vendidas para os grandes produtores da região e uma parte se destinava à produção do vinho da família, sempre muito elogiado.

Laurindo Brandelli, filho de Cezar, deu continuidade ao cuidado com os vinhedos com seus irmãos.

Com Ademir Brandelli e seus filhos.

Texto na Don Laurindo.

Vinhedos na Don Laurindo.

Em 1991, Ademir Brandelli, filho de Laurindo que havia se formado em Enologia, decidiu fundar sua vinícola.

Ademir vinha de uma bem-sucedida experiência como enólogo no Vale do São Francisco e havia também trabalhado em vinícolas da própria região.

Seguro de sua competência, adquiriu parte das terras de seus tios, que preferiram continuar fornecendo uvas para os grandes produtores, e fundou a Don Laurindo.

O objetivo era produzir um vinho de alta qualidade com uvas dos próprios vinhedos.

E tem conseguido com muito sucesso. Os vinhos Don Laurindo têm um reconhecimento nacional de alta qualidade.

Como estratégia de negócios, oferece diversos vinhos monocastas: Merlot, Cabernet Sauvignon, Tannat, Malbec e Ancellotta, entre outras.

O Merlot leva o Selo de Origem.

Há alguns anos lançou seu

espumante produzido pelo método *Champenoise*.

Atualmente, Ademir conta com a colaboração e participação de seus dois filhos no negócio. O filho mais velho, Lucas, é agrônomo, enquanto o Moisés é enólogo. Uma sucessão familiar bem planejada.

Na minha visita, fui muito bem recepcionado pelo Ademir, e tivemos um longo papo sobre vinhos e sobre a região. Muito atencioso, visitamos as instalações e parte dos vinhedos.

Após a degustação fiz o pedido de algumas garrafas para ser entregues em São Paulo.

Don Laurindo tem algumas opções de vinhos tintos na garrafa de 375 ml, que muitas vezes é mais adequado para beber sozinho.

Pelo fato de produzirem vinhos com uvas do seu *próprio quintal*, o número de garrafas não é tão grande, e a distribuição para o Sudeste, São Paulo e Rio, é controlada.

Você pode encontrar vinhos Don Laurindo em lojas e distribuidores especiais, ou seja, de alto nível. Ou então comprar direto pelo site www.donlaurindo.com.br.

Compras a partir de certo valor têm frete gratuito. Confira no site.

É visita obrigatória no Vale dos Vinhedos. Oferece degustação de todos os seus vinhos e um *tour* por suas instalações.

PIZZATO – Vale dos Vinhedos

A história da família Pizzato no Rio Grande do Sul começou com o imigrante italiano Antonio Pizzato. Oriundo de uma família de produtores de vinhos, trouxe para o Brasil esta tradição.

O amor pelos vinhedos e pelos vinhos passou por gerações e chegou até o atual patriarca, Plínio Pizzato,

Na adolescência, Plínio já trabalhava com seu pai na produção de uvas, em Monte Belo do Sul. Na década de 1960, adquiriu terras no Vale dos Vinhedos e passou a investir na região.

Em 1998, com seus filhos Flavio, Flavia, Jane e Ivo (*in memoriam*), fundou a Vinícola Pizzato, com o objetivo de produzir vinhos de alta qualidade, utilizando uvas de seus próprios vinhedos.

Pizzato possui vinhedos em Doutor Fausto de Castro, Dois Lajeados, Serra Gaúcha e perto de Guaporé, desde 1985.

A Pizzato é reconhecida pelos vinhos de alta qualidade, principalmente os tintos, que incluem monocastas como Merlot, Cabernet Sauvignon, Pinot Noir, Tannat e um ótimo Alicante Bouschet.

Recomendo também o DNA 99 Simple Vineyard Merlot, colheita 2011. A marca DNA 99 é uma referência ao primeiro vinho produzido pela Pizzato, um Merlot 1999.

Para os vinhos brancos, a

Com Flávia e Plinio Pizzato.

Pizzato tem utilizado as uvas Chardonnay, Sémillon, Moscato e Malvasia Branca.

Pinot Noir tem sido a uva base para os espumantes.

Marquei a visita à vinícola com antecedência. Fui recepcionado pela Flávia Pizzato, que me apresentou seu pai, Plínio.

Plínio é o responsável pelos vinhedos. É dele a responsabilidade pela seleção das castas a ser cultivadas e utilizadas na produção dos vinhos.

Juntos, fizemos um *tour* pelas instalações.

Tive a oportunidade de conversar com Plínio, longamente. Uma conversa saborosa, regada à degustação de vários vinhos. Fiquei muito sensibilizado com seu conhecimento e com o amor que tem pelos vinhedos e pela terra.

Com os seus filhos, formam

Vinhos Don Laurindo e Pizzato.

um parceria perfeita para os negócios. Cada um é responsável por uma área.

Plínio cuida dos vinhedos, Flavio é o enólogo e cuida da exportação, Flávia é responsável pela administração e Jane pela área comercial e de marketing. Um time unido e perfeito.

A Pizzato está muito bem posicionada em São Paulo, de onde

Vinícola Almaúnica.

Cícero na Don Laurindo.

atua para todo o Brasil e exterior.

Exporta para países da Europa e para os Estados Unidos.

A degustação dos vinhos em sua sede no Vale dos Vinhedos é uma atração à parte.

Há várias opções individuais ou em grupos, que você pode conferir no site.

Minha recomendação é que programe um bom tempo para visitar e curtir a degustação.

Contate pelo e-mail turismo@pizzato.net

ALMAÚNICA – Vale dos Vinhedos

Fundada em 2008 pelos irmãos gêmeos Magda e Marcio Brandelli, é uma nova e atraente vinícola do Vale dos Vinhedos.

Magda e Marcio são irmãos mais novos do Ademir Brandelli, filhos de Don Laurindo.

Ao entrar pela Rodovia 444, é uma das primeiras vinícolas do lado esquerdo da estrada.

Tem um visual muito bonito, com um prédio imponente e lindos vinhedos à sua frente.

Oferece uma interessante variedade de tintos, inclusive um ótimo Super Premium 4 Castas.

Os espumantes são produzidos pelo método tradicional *Champenoise*.

O atendimento na degustação é muito bom.

Pelo fato de ser a primeira vinícola na rota do Vale dos Vinhedos, recomendo visitar.

CHANDON – Garibaldi

A Chandon do Brasil faz parte de uma multinacional, a LVMH Moët Hennessy, especializada em artigos de alto luxo, que engloba marcas mundiais importantes como Louis Vuitton, Tag Heuer, Bulgari, Fendi, Givenchy, Kenzo, Christian Dior, Moët & Chandon, Dom Pérignon, Veuve Clicquot, Mercier e muitas outras.

Moët & Chandon é sinônimo de *champagnes* e *espumantes* da mais alta qualidade.

A Chandon do Brasil foi criada em 1973 no município de Garibaldi.

A primeira garrafa de espumante *Brut* foi produzida em 1977.

A partir daí iniciou uma produção regular e em 1978 lançou o primeiro espumante *Demi-Sec*.

A diferença da *Brut* para a *Demi-Sec* está na dosagem de açúcar usada na segunda fermentação. A *Brut* leva menos açúcar.

Os espumantes *Brut* levam de 7 a 14 g/L de açúcar, enquanto os *Demi-Sec*, 35 g/L.

Por razões de estratégia, a partir de 1997 a Chandon decidiu produzir no Brasil somente os espumantes. Os vinhos tintos e brancos são produzidos em Mendoza, na Argentina.

Além dos vinhedos próprios, a Chandon adquire uvas de produtores independentes, com os quais mantém um relacionamento muito rígido nos controles do plantio e da colheita das uvas.

Seus novos vinhedos estão na região da Serra Sudeste, em

Sede da Chandon em Garibaldi.

Encruzilhada do Sul. A serra tem um terroir propício às castas de uvas para os espumantes, como a Pinot Noir, Chardonnay e Riesling Itálico.

Estrategicamente, a Chandon tem no seu catálogo um número de opções de espumantes que considera ideal, e que atende aos interesses comerciais da empresa.

Para os espumantes Brut Reserve e Brut Rosé, utiliza três castas, Pinot Noir, Chardonnay e Riesling Itálico, com uma variação de 30 a 35% de cada uma.

Os Excellence Brut e Excellence Rosé são produzidos com 65% de Pinot Noir e 35% de Chardonnay.

O espumante Excellence Rosé Curvé leva 74% de Pinot Noir e 26% de Chardonnay.

São porcentagens-base e que podem variar um pouco a cada safra.

É importante enfatizar que a uva Pinot Noir deu-se muito bem com os terroirs do Rio Grande de Sul.

A Chandon utiliza os métodos *Charmat* e *Champenoise*, de acordo com cada linha de produto.

Até pela marca internacional que carrega, a Chandon passa ao consumidor uma imagem forte de qualidade. Os preços são bastante competitivos com os de outros espumantes no mercado.

A maioria das vinícolas do Sul já lançou seus espumantes como estratégia de negócios. O reconhecimento conquistado pelo consumidor brasileiro, aliado ao preço competitivo, tem ajudado bastante nas vendas.

A Chandon tem também uma excelente distribuição. Podemos encontrar seus espumantes em vários supermercados e pontos de vendas de todo o Brasil.

Vinhedos na Chandon.

Museu Dal Pizzol.

A sede da Chandon fica no km 224 da Rodovia 470, no meio do caminho entre Garibaldi e Bento Gonçalves.

Na visita fui recepcionado pela engenheira e enóloga Daniela Chesini, com uma excelente apresentação da empresa, um agradável passeio pelas dependências e degustação de várias opções de espumantes.

Para visitar, entre no site www.chandon.com.br.

A Chandon é a mais importante produtora de espumantes do Brasil e recomendo visitar.

No texto do meu *blog* sobre a região de Champagne, na França, incluo as visitas que fiz a Moët & Chandon e Mercier, em Épernay.

Minha recomendação é que você programe um bom tempo para visitar e curtir a degustação.

Vinhos antigos no museu da Dal Pizzol.

DAL PIZZOL – Faria Lemos

Fundada em 1974, fica na região de Faria Lemos, na Rodovia 470, na estrada para Veranópolis, na Rota das Cantinas Históricas.

"Cantina", aqui, usada como sinônimo de "vinícola".

Há placas indicativas na rodovia, mas justamente no trevo de saída não há uma placa muito clara. Por isso, é preciso prestar atenção.

O local é bonito. Há um

Pinturas e decorações na Salton.

pequeno museu com garrafas, ferramentas e objetos antigos.

Há também um pequeno vinhedo, como um mostruário das diversas castas de uvas utilizadas pela vinícola.

Produz diversos vinhos monocastas. Recomendo especial atenção a um tinto Pinot Noir e um Touriga Nacional.

O foco do atendimento é no espaço da degustação.

O local lembra um bar, com bastante movimento e agitação.

Acredito que seja ideal para aqueles visitantes que gostam de beber vários vinhos.

É um ambiente alegre e descontraído.

SALTON – Distrito de Tuiuty

No texto anterior sobre OS PIONEIROS, falei da Vinícola Salton.

Visitar a Salton foi como cumprir um momento de muita emoção.

Desde o início na minha infância, o vinho esteve relacionado com os garrafões da Salton. Meu pai, Milton Mira de Assumpção, de pai português e mãe italiana, tinha por hábito beber muito vinho, e o Salton era o preferido.

O *tour* na Salton é uma mistura de voltar no tempo, na história, e conhecer a realidade de hoje.

O passeio é bem dinâmico. Tem início na parte externa, onde há um pequeno vinhedo, com um mostruário de castas. Depois, segue dentro do edifício com a parte histórica, as instalações industriais, os jardins e, finalmente, a degustação.

Quando pensamos em Salton, vêm à mente os garrafões. Hoje produz vinhos tintos, brancos e espumantes em garrafas, da mais alta qualidade.

Um dos pontos fortes é a distribuição. É possível encontrar seus vinhos no Brasil inteiro.

A Salton fica no Distrito de Tuiuty. Saindo de Bento Gonçalves, pela Rodovia 470, em direção a Veranópolis, a 12 km, há uma placa à direita da estrada indicando a Salton. Dali são no máximo 2 km.

Há tour a cada meia hora, e leva cerca de 40 minutos. O ideal é reservar a visita pelo site, mas, se você for lá direto, não há problema também.

Vinícola CASA POSTAL – Orgânicos e Biodinâmicos

Próximo da Salton está a Casa Postal, com vinhos orgânicos e biodinâmicos.

Em 1956, Ernesto Postal, descendente de imigrantes italianos, realizou um sonho. Com familiares e amigos, fundou a Sociedade Bento Gonçalves Ltda., para produção de vinhos.

Por ter sido sua a ideia da sociedade, foi eleito presidente.

Tempos difíceis, com pouco capital, problemas de distribuição, falta de colaboração efetiva de todos, Ernesto decidiu então, com muito esforço, comprar a parte dos outros sócios.

Em 2008, seu filho Elison Postal formou-se em Enologia e passou a colaborar efetivamente na produção dos vinhos.

Pinturas e decorações na Salton.

Elison, além do conhecimento técnico, trouxe um conceito de produtos orgânicos e dinâmicos, que decidiu colocar em prática.

A produção dos vinhos estrategicamente ganhou um diferencial competitivo, o foco em vinhos orgânicos e dinâmicos.

Nos vinhedos são aplicados somente produtos homeopáticos compostos por minerais, esterco bovino e plantas medicinais. O agrotóxico é totalmente descartado.

O controle do plantio obedece ao Calendário Astronômico Agrícola, conceito da cultura biodinâmica, que leva em consideração o conhecimento do ciclo cósmico.

Seus novos vinhedos estão em Caçapava do Sul, Serra do Sudeste, com o foco estreito em uvas viníferas orgânicas e biodinâmicas.

Se puder visitar a Casa Postal, recomendo que entre no site e marque com o Elison para recepcioná-lo, www.casapostal.com.br.

O lugar é simples e despojado, mas o papo é muito interessante e agradável. Este conceito de orgânico e biodinâmico ganha cada vez mais espaço na preferência das pessoas.

Além disso, é muito bom saber que estamos bebendo um vinho livre de agrotóxicos e com uma força energética maior da Mãe Natureza.

Os incas de Machu Picchu e de Cuzco iriam aplaudir a Pacha Mama.

Elison Postal.

VILMAR BETTÚ – Garibaldi

Deixei esta vinícola por último porque ela merece uma avaliação diferenciada.

Não é uma visita para todos. Só visitam esta vinícola os amantes do vinho que dominem um mínimo de conhecimento e apreciem de fato uma boa degustação.

Estou dizendo isso porque tenho visto em minhas viagens, em todo lugar, mas principalmente no Brasil, no Chile e na Argentina, pessoas que visitam as vinícolas para beber muito vinho e curtir o passeio.

O próprio Bettú me disse que este tipo de turismo não interessa para ele.

Não tinha ouvido falar do Bettú até chegar a Garibaldi. Foi o pessoal do Hotel Casacurta que, sabendo do meu blog, disse que eu precisava conhecê-lo e marcou para eu visitá-lo às 18h30 do mesmo dia.

Ele estava atendendo um grupo de profissionais indicados por um figurão da Rede Globo e só poderia me receber no início da noite.

A vinícola fica a 20 minutos de Garibaldi, em uma estrada de terra, sem iluminação.

O lugar é muito bonito. A casa da família, o pomar de frutas, o barracão da vinícola e um riacho passando no fundo.

Vilmar Bettú é meio que uma lenda na região. Quando falei para algumas pessoas que iria

Com o lendário Vilmar Bettú.

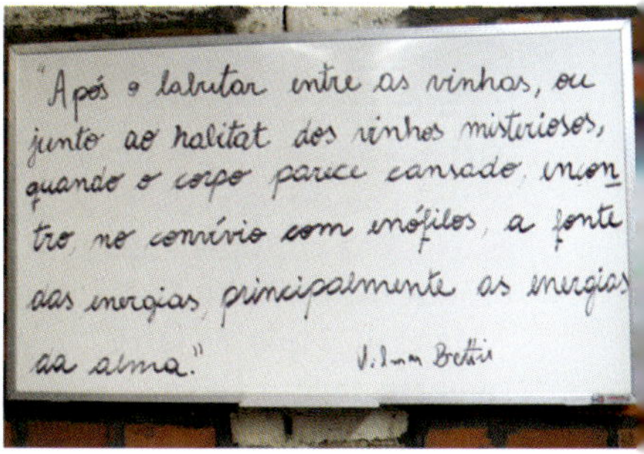

Texto de Vilmar Bettú.

visitá-lo, disseram que era um enólogo cientista, pesquisador, que fazia vinhos muito especiais.

Bettú é formado em Engenharia Mecânica e foi professor de Física. Como todo descendente de italiano, tem um lado religioso e uma grande paixão pelo vinho.

Já viajou várias vezes para a Europa, principalmente para a Itália. Inclusive, participou de uma convenção de vinhos na região do *Tokaji*, na Hungria.

Seu vinhedo tem no máximo 1 hectare e cerca de 20 diferentes castas de uva, incluindo Merlot, Nebbiolo, Malbec, Tannat, Cabernet Franc e Sangiovese.

Seu prazer é fazer experiências e combinações de uvas. Em primeiro lugar, desenvolve vinhos *varietais*, *monocasta*, até obter uma qualidade excelente. Só então vai trabalhar os *blends*.

Quando o visitei, tinha cerca de 80 vinhos diferentes, entre monocastas e *cortes*.

Como seu vinhedo é pequeno, compra uvas de ótimas qualidades, de fornecedores especiais.

Produz no máximo 5.000 garrafas por ano e, muitas vezes, quando não consegue as uvas que considera ideais, produz menos.

Há vinhos que ele produz somente de 80 a 100 garrafas.

Os rótulos são feitos à mão e assinados por ele.

A degustação custa 100 reais por pessoa, com a apresentação de vários vinhos. Utiliza castanhas como tira-gostos. Cada vinho que você degusta parece melhor do que o outro.

O papo sobre viagens e vinhos é muito bom.

É interessante o sabor especial que ele consegue com as uvas. Experimentei um Tannat que é muito diferente dos outros que já provei. Um Nebbiolo que lembra muito os Barolos.

O segredo está no cuidado com a produção, totalmente artesanal. Seu maquinário é an-

Vinhos do Bettú – rótulos artesanais.

tigo. As uvas são pisadas pelo próprio, pela família e, às vezes, por alguns amigos convidados.

A fermentação ocorre em garrafões, ele não usa carvalho. Ou seja, não pega sabores adicionais da madeira. O vinho tem o sabor único das uvas.

Com isso, o vinho do Bettú tem um preço especial, que varia de 80 a 800 reais.

Importante: não aceita cartão de crédito, tem de ser em dinheiro.

Bettú oferece ao visitante a possibilidade de fazer seu próprio *blend*. Ele traz vários garrafões de vinhos monocastas e, junto com o visitante, vai fazendo misturas e experimentações até chegar a um sabor que considerem o melhor. O visitante compra um mínimo de garrafas desse seu blend, pagando no ato. Nos dias seguintes, o Bettú vai então preparar as garrafas e enviar para o cliente. Um vinho personalizado e de alto nível.

Saímos de lá às 20h30, depois de ele fazer questão de mostrar sua casa.

A noite escura e o céu estrelado deram um toque mágico no fim da visita.

Para marcar a visita, use o e-mail vilmarbettu@gmail.com.

Muitas outras vinícolas

A região da Serra Gaúcha e do Vale do Rio das Antas tem muitas vinícolas para ser visitadas e vai depender do gosto e da programação de cada um.

No Vale dos Vinhedos recomendo visitar ainda a CASA VALDUGA, que, além dos vinhos, possui um ótimo e grande restaurante. É bem concorrido nos finais de semana.

DON CÂNDIDO, LÍDIO CARRARO, COOPERATIVA AURORA, MICHELE CARRARO, MARCO LUIGI, TORCELLO E TOSCANA são algumas outras vinícolas no Vale que, se você puder, vale a pena visitar, pois estão produzindo ótimos vinhos e espumantes.

Outras atrações em Bento Gonçalves e Garibaldi

A região tem várias atrações de trilhas, cachoeiras, fazendas e passeios. Se entrar na internet e pesquisar o que fazer na região, independentemente dos vinhos, vai encontrar várias opções.

Vou sugerir quatro delas que

Atração no Caminho de Pedra.

Casa do Quatrilho na Cantina Strapazzon.

considero muito boas e que dá para fazer combinando com as visitas às vinícolas.

Roteiro turístico – Caminhos de Pedra

É um projeto de turismo rural, histórico e cultural.

Em um trecho de aproximadamente 7 km na rodovia VRS-855, você encontra uma série de casas de pedras e de madeira, que remonta à época da colonização por parte dos imigrantes italianos.

São casas de comércio, pequenos produtores, vinícolas, ateliês de arte e restaurantes, que registram a história da região.

No século XIX, com a criação das Linhas de demarcação, era uma picada na mata que ligava as colônias D. Isabel e Caxias. Com o tempo, tornou-se uma via carroçável e, posteriormente, uma estrada para automóveis e caminhões.

Até os anos 1960, era a ligação entre Bento Gonçalves e Caxias do Sul.

À sua volta foram construídas casas, comércio, restaurantes e até uma pousada.

Com a construção das novas rodovias, a VRS-855 foi sendo deixada de lado, e os negócios à sua volta entraram em declínio.

No início da década de 1990, o engenheiro Francisco Vasco Michelon e o arquiteto Julio Posenato criaram um projeto

Atrações do roteiro Caminhos de Pedra.

Casarão no Caminhos de Pedra.

Casa da Ovelha.

Show de pastoreio.

para restauração e recuperação das propriedades, criando um Roteiro Turístico.

Em setembro de 1992, o *Caminhos de Pedra* recebeu o primeiro grupo de turistas.

Em 2009, foi declarado Patrimônio Histórico e Cultural do Rio Grande do Sul.

O ideal é que programe um dia inteiro para visitar, de preferência com carro próprio. Porque aí poderá parar e visitar o local que quiser.

Os dois primeiros lugares a ser visitados são o Restaurante Nona Ludia e a Casa do Tomate, no início da rota.

O restaurante **Nona Ludia** é uma construção de 1880 e foi a primeira a ser restaurada, em 1994. No pátio, há uma enorme árvore com uma espécie de gruta no seu pé. Segundo a tradição, os primeiros imigrantes se abrigaram neste local.

A **Casa do Tomate** vem logo a seguir e tem um comércio de produtos derivados do tomate. Como atração, um narrador conta a história dos imigrantes e das casas de pedras.

A **Casa da Ovelha** é visita obrigatória. Há uma apresentação da história da casa e degustação de produtos e queijos de leite de ovelha. Os visitantes podem participar da ordenha do leite e assistir a um show de pastoreio de ovelhas conduzido por cachorros treinados. Essas apresentações têm horários determinados. Na loja, há diversos produtos, incluindo várias opções de queijos.

A **Cantina Strapazzon** foi o local utilizado para cenas do filme *O Quatrilho*. Vinhedos de uvas Isabel decoram o local. Na época da colheita, em fevereiro, o tour inclui participar da vindima e comer uvas à vontade, debaixo do parreiral.

Outras atrações são a Casa da Tecelagem, a Casa do Mate, a Vinícola Salvati e Sirena, a Casa dos Doces, a Casa das Massa e Artesanato, a Casa das Cucas, a Casa da Confecção e outras.

Há vários restaurantes, entre eles o tradicional Casa Vanni Espaço Gastronômico e um mais atual, o Ristorante Del Pomodoro.

Epopeia Italiana

Um passeio pela história dos imigrantes italianos que chegaram no século XIX para povoar e desenvolver a Serra Gaúcha.

Um parque temático, com cenários e audiovisuais retratando a epopeia dos imigrantes desde a saída da terra natal, a viagem de navio, a chegada ao Brasil e as dificuldades encontradas no início da colonização, até os dias gloriosos de hoje.

O *tour* inclui degustação de vinho, suco de uva, biscoito colonial e polenta na chapa.

É uma atração singela e emocionante, principalmente para nós, descendentes de italianos.

Epopéia Italiana.

Fica em Bento Gonçalves, perto da Estação da Maria Fumaça.

Fomos visitar em um dia normal e não houve necessidade de reservas. Acredito que nos feriados e no fim de semana seja melhor reservar.

A atração funciona diariamente das 8h às 17h45, com horários específicos para o início dos *tours*.

Maria Fumaça

O trem sai da Estação de Bento Gonçalves, passa por Garibaldi e vai até Carlos Barbosa.

O passeio passa por campos e vinhedos e a paisagem é muito bonita.

No trajeto, oferecem degustação de vinho, suco de uva, moscatel, animados com a apresentação de tarantela, coral típico italiano, músicas gaúchas e teatro.

Esta atração é muito concorrida e é preciso fazer reserva com muita antecedência. Por isso, recomendo que faça por meio de uma agência de turismo.

Confira os horários dos *tours* da Epopeia Italiana e da Maria Fumaça pelo site reservas@giordaniturismo.com.br.

Ponte sobre o Rio das Antas – Ernesto Dornelles

Ferradura do Rio das Antas.

Ponte dos Arcos.

Também conhecida como Ponte dos Arcos, fica na Rodovia 470 em direção a Veranópolis, no mesmo caminho da Salton. A descida pela rodovia é uma serra em curvas, e deve-se tomar muito cuidado porque é rota movimentada de caminhões.

No trajeto há um quiosque e um bar em um mirante, de onde dá para ver a "ferradura" do Rio das Antas. O visual é muito bonito para fotografias.

No caminho, há também vários quiosques com produtos e frutas do local.

Tenho visitado regiões de vinho em vários países. Cada uma com suas atrações e peculiaridades. Em todas, o amor, a dedicação à natureza, à terra, aos vinhedos e à produção de vinhos são comuns. O prazer de apresentar e degustar cada vinho está no semblante e nas ações de todos.

No Vale dos Vinhedos, tanto quanto em Portugal, França, Itália, Chile ou Argentina, encontrei os mesmos valores, as mesmas devoções.

O vinho é sem dúvida um produto único, vivo, que une pessoas e traz muita alegria.

O segredo é escolher um bom vinho, uma variedade boa de tira-gostos, ótimo papo, e deixar a vida nos levar!

Chile

Santiago • Colchágua
Aconcágua • Valparaíso

CHILE
ÁREA AMPLIADA
5
F-30-E
VALPARAÍSO
Reserva Nacional Lag
Peñuelas
VALE DE CASABLANCA
OCEANO PACÍFICO
G-60
I-80_G
66
H-76
I-500
90
VALE DO COLCHÁGUA
I-72
I-72
SANTA CRUZ

VALE DO ACONCÁGUA
60
60
ordillera
la Costa
5
Parque Cordillera
Yerba Loca
70
SANTIAGO
78
VALE DO MAIPO
Parque Nacional
Río Clarillo
ISLA DE MAIPO
Cerro
antillana
5
eserva Nacional
obleria Cobre
e Loncha
5
Reserva Nacional
Río Los Cipreses
SAN FERNANDO

La Estampa – pôr do sol.

CHILE

Os primeiros contatos que tivemos com os vinhos chilenos foram por meio da Concha y Toro e Santa Helena.

A partir do ano 2000, começaram a chegar vinhos de novos produtores, com mais qualidade e sofisticação.

*Os vinhos do **Chile** sempre foram relacionados com a qualidade e o bom preço.*

O primeiro vinho chileno a ganhar uma medalha de ouro e reconhecimento internacional foi um *Santa Carolina*, levado pelo proprietário e pelo enólogo francês para uma prova cega na Feira Mundial de Paris de 1889.

Cem anos depois, em 1989, um *Concha y Toro* foi considerado um dos melhores vinho do ano.

Mais recentemente, o *Clos Apalta, da Lapostolle*, foi eleito o melhor vinho do ano pela *Wine Spectator*.

Em 2014, o *Don Melchor*, da *Concha y Toro*, obteve um honroso 9º lugar.

Um pouco de história

Em *Sabrosa*, norte de Portugal, na casa onde nasceu *Fernão de Magalhães*, há uma placa do governo chileno reconhecendo que ele foi o primeiro europeu a pisar no Chile.

Antes da chegada dos espanhóis, o Chile era habitado por incas e mapuches.

Os incas dominavam uma boa parte da região oeste da América do Sul, desde a Venezuela até Santiago.

A convivência entre eles era relativamente pacífica, principalmente porque os incas dominavam conhecimentos que faziam deles uma civilização especial.

Quando os espanhóis chegaram com suas armaduras e armas, os incas pensaram que eles eram deuses e, de alguma maneira, isso facilitou a dominação.

Foram os jesuítas que trouxeram e plantaram as primeiras mudas de uvas, para fazer o vinho utilizado nas cerimônias religiosas.

Alguns historiadores dizem que, como o Chile não tinha ouro nem prata, a produção de vinho era importante para os espanhóis.

Gritos de liberdade

A partir de 1806, motivados pelos movimentos de liberdade na França, países da América do Sul iniciaram revoluções por sua independência.

O primeiro líder a tentar foi o venezuelano *Francisco de*

Bernardo O'Higgins.

José de San Martin.

Miranda, e as vitórias vieram com seus discípulos e seguidores, *San Martin*, na Argentina, *Bernardo O'Higgins*, no Chile, e *Simon Bolívar*, na Venezuela.

No Chile, a revolução liderada por *Bernardo O'Higgins* contava com a união de chilenos, *criollos*, descendentes de espanhóis nascidos no Chile, e índios mapuches.

Na primeira tentativa foram derrotados em *Rancágua*, ao sul de Santiago.

Bernardo O'Higgins atravessou os Andes e foi ao encontro de *San Martin* em Mendoza, para pedir que os ajudassem na independência do Chile.

A Argentina já estava independente, e *San Martin* decidiu levar seu exército para ajudar os chilenos.

Os espanhóis foram finalmente derrotados na Batalha de Maipú, nos arredores de Santiago.

San Martin declinou do convite para assumir o governo do Chile, em favor de *Bernardo O'Higgins*, e seguiu para libertar o Peru.

Em Lima estava a sede do Vice-Reinado da Espanha na América do Sul.

San Martin era mais um líder de formação militar do que política.

Conta a história que, após libertar o Peru, ele recebeu a visita de *Simon Bolívar*, que sonhava em criar um país único, a *Gran Colômbia*, que juntasse Venezuela, Peru, Equador, Bolívia e Colômbia, e que ele pudesse governar.

San Martin considerou sua missão cumprida e iniciou a volta para a Argentina.

Ao chegar a Mendoza, foi recebido por uma comissão de políticos que contestavam sua volta, pois a República estava consolidada e seu regresso poderia causar problemas.

Pensando mais no país que ele ajudou a libertar, decidiu seguir então para a França, e nunca mais voltou para a Argentina.

Os *sonhos bolivarianos* de *Simon Bolívar* não se realizaram, porque cada um desses países já havia desenvolvido sua própria cultura, sua identidade e, principalmente, seus próprios líderes.

Bernardo O'Higgins governou o Chile por alguns anos e foi substituído naturalmente nas eleições que se sucederam.

As primeiras mudas

As mudas de uva de castas francesas chegaram ao Chile em 1850, pelo porto de Valparaíso, trazidas por uma nova elite que havia se desenvolvido no Chile.

Foram essas pessoas que iniciaram a plantação dos vinhedos e a produção de vinhos, no fim do século XIX.

No início do século XX, durante a Primeira Guerra Mundial, a descoberta de minas de salitre e carvão aqueceu a economia chilena.

O salitre era utilizado para a produção de explosivos, e o carvão para energia.

Foi nessa época que, com a ajuda dos ingleses, que estavam interessados no salitre, o Chile se apossou de uma grande parte de territórios que pertenciam à Bolívia e ao Peru.

A disputa provocou a Guerra do Pacífico, vencida pelo Chile com a ajuda militar da Inglaterra.

Ainda hoje, Bolívia e Peru tentam nas cortes internacionais recuperar suas terras.

Durante a Guerra do Pacífico, a Argentina também discutia e negociava com o Chile territórios na Patagônia.

Focados que estavam na produção de salitre e pensando

Vinhedos no vale de Colchágua.

que na Patagônia só havia gelo, o Chile abriu mãos de parte de seus territórios.

Hoje, o salitre foi substituído pelo produto sintético e não vale mais nada. E na Patagônia os argentinos encontraram reservas de petróleo.

A produção de vinho

No início do século XX, os novos-ricos, muitos deles oriundos da produção do salitre e das minas de carvão, para serem aceitos pela elite, precisavam ter uma vinícola, produzir vinhos no *Vale do Rio Maipo* e ter uma mansão em Valparaíso.

Até os anos 1970, a produção de vinho era mais para o consumo local, com poucas exportações.

Com o aumento do consumo de vinho em todo o mundo, as novas gerações iniciaram uma produção regular, visando principalmente ao mercado internacional.

Empresários europeus e negociantes aproveitaram as condições financeiras favoráveis e investiram no Chile.

Viveiros de castas de uvas.

Em 1988, *Eric de Rothschild*, importante produtor de uvas de *Bordeaux*, na França, resolveu expandir seus negócios. Buscou opções na África do Sul e na Austrália, mas encontrou as condições mais favoráveis no Chile, na região de Colchágua.

Encontrou uma grande propriedade, com vinhedos do século XVI, cujos proprietários, *bascos* de origem, estavam em um momento de divisão da propriedade pelos herdeiros.

Ele fez uma proposta muito atraente e conseguiu convencer a todos.

Como reconhecimento aos antigos proprietários, deu o nome à vinícola de *Los Vascos*.

A partir daí, vários outros empresários e produtores investiram fortemente nessa área, o que

tornou a região de Colchágua o vale do *Rio Tinguiririca*, uma das mais importantes do país.

Áreas de produção de vinhos

Há várias áreas de produção de vinhos no Chile, mas as mais importantes são o *Vale do Rio Maipo*, nos arredores de Santiago, *Casablanca*, *Aconcágua* e *Colchágua*.

No *Vale de Maipo* estão as vinícolas que foram criadas no fim do século XIX e início do século XX, que na época tinham função mais de inclusão social e certo modismo.

No fim do século XX, grande parte da economia do país se baseava na produção agrícola.

O Chile tornou-se um dos maiores exportadores de frutas.

A partir dos anos 70, com o crescimento do consumo de vinhos no mundo, as vinícolas

Domaine Rothschild em Santa Cruz.

do *Vale de Maipo* começaram a investir e a produzir em larga escala.

No *Vale de Maipo* estão localizadas *Santa Carolina*, *Undurraga*, *Cousiño Macul*, *Pérez Cruz*, *Santa Rita*, *De Martino*, *Concha y Toro* e outras.

Todas muito conhecidas de nós, brasileiros.

Por ser uma região de muito sol e calor, é propícia à produção do vinho tinto.

O solo é de argila, calcário e pedras.

Em alguns vinhedos, nas partes mais baixas, onde havia riachos, há argila com pedregulhos.

Região de Casablanca

Casablanca fica a *noroeste* de Santiago, em uma região um pouco mais alta, com solo arenoso, uma brisa úmida constante vinda do mar e propícia à produção do vinho branco e espumante.

Um grande número de vinícolas, com produções de vinhos tintos em outros lugares, tem vinhedos e produção de vinho branco em *Casablanca*.

Há *tours* regulares diretos de Santiago.

Região de Aconcágua

Essa região fica a *nordeste* de Santiago, relativamente próxima ao início da Cordilheira dos Andes. Pelo seu *terroir*, é mais propícia aos vinhos tintos.

Em *Aconcágua* estão as vinícolas *Sanchez de Loria*, *Mendoza*, *Monasterio*, *San Esteban*, *El Almendral*, *Martel* e, a mais importante, *Viña Errazuriz*.

De Santiago há um *tour* para visitar especificamente essa vinícola, incluindo degustação de vinhos e almoço no local.

É uma região muito bonita, principalmente pela proximidade da Cordilheira dos Andes.

Região de Colchágua

Para mim, a mais bonita e completa.

Santa Cruz é a cidade principal e tem ao seu redor uma quantidade enorme de vinhedos e vinícolas.

Ali estão *Lapostolle*, *Montes*, *Viu Manent*, *Ventisquero*, *MontGras*, *Siegel*, *Laura Hartwig*, *Los Vascos*, *La Estampa*, *Santa Cruz* e outras.

Santa Cruz é uma cidade pequena, com muitas opções de hotéis, de todos os níveis,

Vinhedos em Santa Cruz.

pousadas e agroturismo.

O mesmo se pode dizer em relação a restaurantes: há muitas opções, inclusive nas vinícolas.

Por ser uma cidade pequena, é muito fácil entrar, sair e circular de carro, pelas estradas e pelos vinhedos.

É uma região com bastante sol e propícia à produção do vinho tinto.

O *Vale de Colchágua* é plano, com um solo de argila, calcário, pedras e pedregulhos.

Em alguns lugares mais baixos, o solo é úmido e não requer muita irrigação.

Proteção natural contra pragas

O Chile é um país naturalmente protegido contra a entrada de pragas.

Do lado leste está a Cordilheira dos Andes, a oeste o mar, ao norte o Deserto de Atacama, e ao sul a Patagônia.

Uma proteção natural.

A produção agrícola – frutas, vinhos, uvas, quinoa, cereais em geral – é muito importante na cesta de produtos de exportação.

O controle de entrada de produtos e pessoas pelos portos, aeroportos e fronteiras terrestres é muito rígido.

Uma recomendação é não levar, de maneira alguma, alimentos ou produtos in natura.

No aeroporto, todas as malas passam obrigatoriamente pelos raios-X.

Além de reterem, há a possibilidade de uma multa muito alta.

Castas das uvas

Das mudas francesas que chegaram em 1850, e que se deram melhor com os terroirs chilenos, foram *Cabernet Sauvignon*, *Carménère*, *Merlot*, *Malbec* e *Syrah*.

Mapa no mirante da Vinha Montes

Os chilenos produzem muitos vinhos monocasta e alguns *blends* com uma ou duas castas mais.

No Brasil, o vinho chileno é mais relacionado com as castas *Cabernet Sauvignon* e *Carménère.*

Em um texto sobre a filoxera, contei sobre a redescoberta da casta *Carménère* por um engenheiro em genética, o francês *Jean Michel Boursiquot*, em 1994, na *Viña del Carmen*.

A maioria das vinícolas do Chile produz hoje uma grande quantidade de seus vinhos com a uva *Carménère*.

Merlot, Syrah e *Malbec* também são muito utilizadas.

Malbec é mais reconhecida pelo vinho produzido em Mendoza, na Argentina.

Em *Santa Cruz*, a *Viu Manent*, como estratégia de negócio, estabeleceu a casta *Malbec* para seus vinhos *top*.

Quando da minha visita, comentei que no Brasil, quando alguém escolhe um *Malbec*, prefere um argentino.

Eles discordaram e disseram que a estratégia a nível mundial está dando certo.

Classificação dos vinhos

Não há uma classificação determinada e regiões demarcadas.

Cada vinícola classifica seus vinhos como lhe convém.

Quando falam do vinho, os chilenos normalmente utilizam os termos *Icono* e *Premium* para se referirem aos *top de linha*.

Na maioria das vezes, o vinho é identificado na etiqueta da garrafa pelas castas *Merlot, Carménère, Cabernet Sauvignon* etc.

Geralmente são os vinhos jovens que vão praticamente direto dos tanques de inox para as garrafas e para o mercado.

Eu sempre digo que é o vinho do *Cash Flow*.

Este vinho não é preciso decantar, e o ideal é beber em até três anos.

Quando fica um tempo nas barricas de carvalho, na etiqueta vão aparecer a casta e a classificação de *Reserva, Grande Reserva* ou *Reserva Especial*.

Algumas vinícolas usam ainda a classificação *Reserva de Família*.

Para os vinhos top não há uma regra. Cada uma utiliza sua estratégia de marketing.

Clos Apalta, da *Lapostolle*, que já foi eleito o melhor vinho do mundo, utiliza a etiqueta em inglês, com o destaque *Limited Release*.

Don Melchor, da *Concha y Toro*, eleito o 9º melhor vinho do mundo em 2014, usa também etiqueta em inglês e o destaque *Vinhedo Puento Alto*.

La Cruz, top de linha da *La Estampa*, e outras utilizam *Limited Edition* ou *Edición Limitada*, dependendo se a etiqueta é em inglês ou espanhol.

Os melhores vinhos são sempre dirigidos ao mercado internacional, por isso têm as etiquetas em inglês.

Programação de viagem – Santiago

Muitos brasileiros têm ido ao Chile.

A grande maioria vai direto para Santiago, curte a cidade

Casta Chardonnay

e aproveita para conhecer as vinícolas no *Vale do Rio Maipo*.

Em uma das visitas que fiz à *Viña Undurraga*, éramos um grupo de 17 pessoas no *tour*.

Antes de começar, o guia disse: "Vamos saber de onde todos vieram... Quem não veio do Brasil?"

Só duas pessoas levantaram a mão.

Em todas as outras vinícolas que fui, havia muitos brasileiros.

Há muitas opções de *tours* e agentes de turismo especializados no Chile. A programação da viagem vai depender dos interesses e dos objetivos de cada um. Há *tours*, hotéis, restaurantes para todos os gostos e bolsos.

Hotéis

Santiago tem várias opções de hotéis.

Depende muito da sua programação e do seu bolso.

Normalmente, a agente de turismo que está fechando sua viagem pode lhe recomendar.

Eu tenho por norma consultar depoimentos no TripAdvisor.

Se puder escolher, busque um hotel no bairro da Providência, próximo do centro.

Há vários, com preços de todas as faixas.

É uma região supermovimentada, com lojas, butiques, restaurantes, bares e um movimento grande nas calçadas.

Ao lado, o bairro *Las Condes*, bem arborizado, é um mistura de prédios e flats residenciais, escritórios de alto nível, hotéis um pouco mais caros, restaurantes, movimento tranquilo nas ruas e calçadas.

Lembra um pouco os Jardins,

Casta Merlot.

Casta Cabernet Sauvignon.

em São Paulo.

Muitos desses hotéis fazem programação de visitas às vinícolas.

A agente de turismo pode também fazer isso para você.

Ou, então, você mesmo faz a programação quando chegar ao hotel.

Na maioria das vezes, os turistas vão para um hotel no centro da cidade, e pela manhã saem para visitar as vinícolas.

Santiago é uma cidade de 5 milhões de habitantes. Somando o entorno, totaliza 7 milhões. Para sair da cidade, você leva no mínimo uma hora e meia. Na volta, leva um pouco mais, porque coincide com a hora do *rush*. Dependendo da programação e do trânsito, dá para visitar três vinícolas em um dia.

Casta Carmènére.

Minha sugestão é que, se possível, tente programar vinícolas relativamente próximas uma das outras, para ganhar tempo na circulação. Senão, você vai ficar mais tempo dentro do carro do que nas vinícolas.

Por exemplo, as vinícolas *Pérez Cruz, Cousiño Macul, Santa Rita* (*Viña Carmen*), *Concha y Toro* e *De Martino*

Cápsula dos 33 mineiros.

ficam relativamente próximas. *Concha y Toro* e *Santa Rita* têm restaurantes.

Se programar bem, dá para visitar mais vinícolas e também almoçar.

Muitos viajam em pacotes fechados, aí fica mais difícil programar.

Neste caso, é curtir o que o pacote oferece.

Programação de viagem – Santa Cruz, Colchágua

Santa Cruz fica a 180 quilômetros de Santiago, e o ideal é alugar um carro para se locomover mais facilmente pela região.

De Santiago a Santa Cruz, você leva no máximo três horas.

Há várias opções de hotéis de diversos níveis, pousadas e agroturismo.

Há hotéis com chalés em formato de barril, formato de iglu, rústicos ou modernos.

Há hotéis para todos os gostos e bolsos.

Todos fazem programações de visitas às vinícolas, se solicitados.

Estão muito bem preparados e focados no turismo.

De uma maneira geral, o nível de serviços e atendimentos é acima do esperado.

Santa Cruz tem também uma boa oferta de restaurantes.

Painel de notícias dos 33 mineiros.

Sede da La Estampa.

O Museu Histórico é comparável a museus europeus.

Recomendo fortemente visitar. Vale a pena dedicar no mínimo duas horas.

As vinícolas ficam espalhadas pelos quatro cantos da cidade. Por isso, recomendo que, ao programar as visitas, procure escolher aquelas mais próximas umas das outras.

Por exemplo, *Lapostolle, Montes, Viu Manent* e *Laura Hartwig* ficam do lado leste da cidade.

O terremoto de 2010

No dia 27 de fevereiro de 2010, às 3h34, o Chile foi surpreendido por um terremoto de magnitude 8.8, que durou quatro minutos e causou muitos danos.

Segundo especialistas, o eixo da Terra deslocou-se 8 centímetros.

723 pessoas morreram e muitas casas e prédios foram destruídos.

Vinícola La Estampa.

O terremoto causou danos nas vinícolas, obrigando-as a tomar medidas de proteção.

Em *Colchágua*, várias vinícolas tiveram prédios destruídos, e todo o vinho nos barris e nas garrafas, em fermentação e maturação, se perdeu.

La Estampa teve parte do prédio principal, da administração, destruída.

Várias vinícolas não tiveram vinho para comercializar em 2010.

Em Santiago, aconteceu o mesmo – destruição e perdas.

Muitas vinícolas tiveram de se reconstruir e restaurar.

Na *Viña De Martino*, na *Isla de Maipo*, a bebida derramada dos enormes barris correu rua abaixo e formou um rio de vinho, que foi avidamente recolhido pela população mais simples da região.

Segundo contam, eram dezenas de pessoas com latas recolhendo o vinho que corria pela rua.

Nesse ano, a *Viña De Martino* não teve vinho para vender.

Santa Carolina acabou de restaurar tudo que foi destruído.

Na *Pérez Cruz*, perdeu-se menos, porque o enólogo, pouco tempo antes, havia sugerido que se instalassem suportes móveis para barris e garrafas.

Quando ocorreu o terremoto, já havia sido instalada uma grande parte.

Vinhedos na Vinícola Lapostolle.

Por isso, a perda foi menor.

Hoje, todas as vinícolas têm seus barris e suas garrafas armazenadas sobre suportes móveis.

Programação da viagem em 20 de novembro

Saímos às 7h30, pelo voo da Latam, que faz Milão-São Paulo- Santiago.

Escada em caracol da Vinícola Lapostolle.

Sala subterrânea de degustação da Lapostolle.

Chegamos por volta das 11h e, de carro, três horas depois estávamos em Santa Cruz.

Escolhi o hotel butique *Tierra y Vino*, localizado quase no centro da cidade, a 200 metros da praça principal e do Museu Histórico.

Simples e confortável, com quartos amplos, muito seguro.

O proprietário, *Enrique Dinem*, cuida pessoalmente dos hóspedes e dá um atendimento excepcional.

Está presente nas 24 horas do dia, sempre pronto a atender e agradar.

Como recepção, Henrique e sua esposa, Veronica Mateluna, nos convidaram para um *happy hour* na *Viña La Estampa*.

Vinho premiado Clos Apalta, da adega do autor.

Um local aberto, muito agradável, um bom vinho, petiscos, com vista para os vinhedos e de frente para o pôr do sol.

Fica como uma sugestão para um fim de tarde ou começo de noite em *Santa Cruz*.

Quando da reserva, solicitei um guia para nos conduzir.

Prefiro que, nas primeiras visitas, alguém nos acompanhe.

Aproveito para fazer perguntas e aprender o caminho.

Visitamos a *Lapostolle, Montes, Viu Manent* e *Los Vascos.*

Além da preocupação com a qualidade de seus vinhos, cada vinícola criou uma identidade de imagem e marketing própria.

O tour na ***LAPOSTOLLE*** começa com uma narrativa histórica e detalhamento dos vinhedos a partir de um mirante no prédio.

Barricas de carvalho na Vinícola Montes.

Depois segue para o interior, onde estão as instalações.

O prédio foi construído verticalmente em direção ao subsolo. Os andares estão todos abaixo da terra.

À medida que se desce, vão aparecendo todas as instalações.

A produção segue um sistema de gravidade.

No último subsolo estão os barris de carvalho e o espaço da degustação, que é belíssimo.

Há um grande elevador para conduzir todos de volta à superfície, onde fica a loja.

Seu vinho *top*, *Clos Apalta*, foi eleito há alguns anos o melhor vinho pela revista *Wine Spectator*.

Ao lado do prédio, há chalés, cuja reserva requer condições especiais.

O restaurante com vista para os vinhedos é prioritariamente para os hóspedes dos chalés, mas aceita reservas com muita

Vinhedos da vinícola Montes.

Vinícola Viu Manent.

antecedência, e recomendação.

O *tour* na ***MONTES*** começa com um passeio pelos vinhedos, em um pequeno caminhão, até o topo de um morro, onde há um mirante.

De lá se tem uma visão ampla do vale de Colchágua

Em seguida ocorre a visita às instalações.

Os proprietários da *MONTES*, quando da reconstrução do prédio, decidiram incluir nos ambientes a filosofia *Feng Shui*, que se caracteriza pela energização dos espaços.

É um prédio ovalado, baixo, compacto, com uma mistura de pedra, madeira e água.

Tanto externa como internamente, não se veem quinas, esquinas ou cantos.

No centro, há uma grande pedra redonda, dentro de um tanque com água corrente.

No alto, um vidro transparente permite que, ao meio-dia, o sol ilumine a pedra.

Os barris de carvalho, com o vinho em maturação, estão colocados em forma de meia-lua, todos voltados para a pedra central.

Completando o ambiente, cantos gregorianos acalmam e energizam o vinho.

A degustação é feita em uma grande sala envidraçada, com vista para os vinhedos.

O restaurante fica ao ar livre, ao lado.

O atendimento é muito bom, o cardápio sugestivo e preço compatível.

Cabrito ao forno, batatas coradas e um vinho tinto foi uma boa pedida.

Vinhedos e a Cordilheira dos Andes.

Sala de degustação da Montes.

Na ***VIU MANENT***, a visita se inicia por um passeio de charrete, onde cabem dez pessoas, e que vai da sede administrativa até o prédio industrial, passando pelo meio dos vinhedos.

Lá é feito o *tour* e uma primeira degustação diretamente dos tanques de inox.

Voltando à sede, é feita então a degustação completa em uma sala própria.

A sede central é muito bonita, com vários espaços dedicados à história da vinícola.

Do outro lado da estrada, fica o restaurante.

Há um espaço interno e outro externo, embaixo de árvores, com vista para os vinhedos e o campo de equitação.

Se puder, reserve uma mesa embaixo das árvores.

A comida, o vinho e o serviço são de muita qualidade.

Uma das atrações da vinícola é a prática e o treino de equitação para todas as idades.

Há necessidade de reservar com antecedência.

Como estratégia de negócios, inclusive porque todas as outras vinícolas produzem seus vinhos prioritariamente com *Cabernet Sauvignon* e *Carménère*, a *VIU MANENT* apostou no *Malbec*.

Eles conseguiram um ótimo resultado. O vinho é muito bom.

Se um dia for escolher um *Malbec*, experimente o da *VIU MANENT*. Vai valer a pena.

A vinícola ***LOS VASCOS*** fica do outro lado da cidade, em direção a *Pichilemu*.

Pichilemu é uma praia a 70 quilômetros de *Santa Cruz* e sedia uma das badaladas etapas mundiais de surfe.

Uma sugestão de roteiro é alugar um carro em Santiago, ir para *Santa Cruz*, visitar vinícolas e depois acompanhar a competição de surfe.

LOS VASCOS, de propriedade de *Eric de Rothschild*, é considerada a precursora das vinícolas da região de Colchágua.

Há somente dois tours por dia, um pela manhã, outro à tarde, com número limitado de pessoas.

A reserva deve ser feita com muita antecedência.

Agradecemos ao *Enrique*, da *Tierra y Vino*, que conseguiu, excepcionalmente, que fôssemos atendidos no fim da tarde.

O *tour* é feito em um *Jeep* sem capota, que percorre lentamente uma grande parte dos vinhedos, enquanto a guia *Veronica Benavente* vai nos contando a história.

Do mirante, dá para ver todo o vale.

São dezenas de hectares de vinhedos, a perder de vista.

É uma visão deslumbrante.

Uma forte e constante brisa no fim da tarde vem do mar.

Vinhedos, Los Vascos.

Sede da vinícola Santa Cruz.

Ali entendi por que o *Sr. Rothschild* escolheu esse lugar.

Em *Bordeaux*, no *Medoc*, seus principais vinhedos ficam muito próximos do mar.

Depois do passeio, a degustação, e um ótimo papo, que durou mais de três horas.

A visita a *LOS VASCOS* é muito especial.

Nas outras vinícolas, há um movimento normal de visitantes e turistas.

Nesta é uma visita personalizada.

Se conseguir marcar, vale muito a pena.

A vinícola ***SANTA CRUZ***, uma das mais tradicionais e bonitas de toda região de Colchágua, fica a Oeste, na Rodovia I-72, em direção à cidade de *Lolol*.

A vinícola fica em um grande vale, rodeada de montanhas. Da cidade de Santa Cruz até á vinícola, de carro vai levar 20 minutos. A sede para visitação e degustação fica no alto de uma colina, rodeada de vinhedos.

Pisando uvas da Vinícola Santa Cruz.

Para fazer o *tour completo* é necessário reservar com antecedência. Para somente visitar a sede e degustar os vinhos, o atendimento é o dia todo.

Oferecem como atração especial um teleférico que leva até o alto de um montanha onde há um museu com a reprodução de uma aldeia dos antigos habitantes.

Aqui também produzem ótimos vinhos de várias castas, principalmente *Cabernet Sauvignon* e *Carmènére*.

Se tiver tempo, dentro da sua programação, vale a pena conhecer esta vinícola. Além de muito bonita, acaba sendo um agradável passeio de carro.

A importante vinícola ***CASA SILVA*** fica em *San Fernando*, onde passa a Rodovia A5.

Aproveitamos para visitar quando estávamos voltando para Santiago.

CASA SILVA é uma das mais importantes vinícolas da região de Colchágua.

A sede administrativa, onde recebem os visitantes, fica nos arredores da cidade de San Fernando.

É um lugar muito bonito, com um paisagismo muito bem desenhado, vinhedos, restaurante e um campo para equitação.

O hotel estava em reforma, para ser reaberto no ano seguinte.

Hospedar-se nesse lugar é muito bom. No entanto, é importante frisar que fica a 30 quilômetros de *Santa Cruz*, o centro da região vinícola.

A estrada é de pista simples e tem movimento grande de carros e caminhões.

Para visitar as outras vinícolas, é necessário se programar para sair bem cedo e voltar à tarde.

Minha sugestão é se hospedar e curtir *Santa Cruz* e, se puder, na ida ou na volta para Santiago,

Vinhedos da vinícola Santa Cruz.

Vinhedos da Casa Silva.

Adega do proprietário da Vinícola Casa Silva.

conhecer a *CASA SILVA*.

Vai levar no máximo duas horas.

O *tour* é feito ao redor da sede, onde há um conjunto de cepas de diversas castas, para que o visitante possa identificá-las. Posteriormente, o passeio se estende pelo antigo prédio, onde funcionava a produção, e que hoje é destinado ao *tour*.

A visita passa pelos salões, corredores, velhos barris, pela história da vinícola.

Uma atração interessante é a adega de vinhos dos proprietários, guardada a sete chaves.

De *San Fernando* a *Santiago*, de carro, você leva no máximo duas horas.

Em Santiago, nos hospedamos no HOTEL W, em Las Condes.

É um hotel internacional, de alto nível, com quartos amplos, atendimento personalizado, café da manhã incluído, muito bom.

Nessa região de *Las Condes*, os hotéis são quase sempre de alto nível.

Providência, bairro próximo, tem uma variedade maior de hotéis.

O hotel organizou as visitas às vinícolas com um

guia dedicado.

Saímos logo cedo, às 9h30.

A primeira que visitamos foi ***Santa Carolina***.

Em 1889, o proprietário, junto com o enólogo francês, levou garrafas de vinho para uma prova cega durante a Feira Mundial de Paris, a mesma da Torre Eiffel, e trouxeram uma medalha de ouro.

O certificado é orgulhosamente exibido durante o *tour*.

A sede administrativa, onde são recepcionados os visitantes e turistas, fica praticamente dentro da cidade.

Com o crescimento, foi obrigada a mudar seus vinhedos para longe.

O espaço é também utilizado para casamentos e festas de empresas.

Há *tours* regulares pela manhã e tarde.

Dependências históricas.

O local é muito bonito, com muitas árvores e flores.

Os prédios são antigos e alguns deles foram restaurados recentemente, após o terremoto de 2010.

O *tour*, muito bem conduzido pela *Andrea Morris Keller*, é instrutivo e em ótimo ritmo.

A interação entre guia e visitantes é muito boa, o que torna

Vinícola Santa Carolina, em Santiago.

a visita muito agradável.

Na sequência do passeio, pelos diversos ambientes e lugares, acontece a degustação, o que torna o *tour* ágil.

Os lugares, os espaços, a combinação dos ambientes antigos e novos dão um toque especial.

Ganha-se tempo, pois, ao terminar o tour, a degustação já foi feita.

Esse lugar fica em um bairro muito próximo do centro. Se puder conhecer, vale a pena.

Na sequência, visitamos a ***PÉREZ CRUZ***, uma vinícola familiar, muito recente.

Em 1990, os herdeiros do empresário *Pablo Pérez Zañartu* decidiram homenageá-lo e criaram essa vinícola, que se tornou muito conhecida e bem-sucedida em pouco tempo.

O tour é o tradicional, pelas instalações da produção, e termina com a degustação.

PÉREZ CRUZ fica relativamente perto da *Cousiño Macul* e da *Santa Rita*, e não longe da *Concha y Toro* e *De Martino*. Por isso, sugiro, ao programar sua visita a Santiago, levar isso em consideração.

Solo de argila e pedregulho na De Martino.

Antigos vasos de cerâmica para fermentação.

A visita seguinte foi à ***DE MARTINO***, nas *Isla de Maipo*.

Foi ali, durante o terremoto de 2010, que vários barris de carvalho se romperam. O vinho correu rua abaixo, e pessoas simples da redondeza, com latas, o recolheram para si.

O *tour* começa pelos vinhedos, dando ênfase ao solo de argila e pedregulho.

No vale, corria um rio que secou, deixando o solo ainda com um pouco de umidade.

Em seguida, visitamos as instalações e fizemos a degustação, em um salão muito bonito.

As visitas às ***Santa Rita*** e ***Concha y Toro*** obedecem ao tradicional, ou seja, as instalações internas, degustação e loja.

Santa Rita tem como curiosidade a aquisição da *Viña del Carmen*, famosa por ter sido a responsável pela redescoberta

Adega do Casillero del Diablo.

da casta *Carménère*.

Concha y Toro, talvez a mais reconhecida pelos brasileiros, tem no seu tour a fantasiosa história do *Casillero del Diablo*.

Tem seu *top* de linha, *Don Melchor*, considerado em 2014 pela *Wine Spectator* o 9º melhor vinho do mundo.

Ambas têm restaurantes, e é conveniente, ao programar seu *tour*, conciliar o horário de almoço com a visita a uma delas.

Visitar o Chile é muito conveniente, pela proximidade, pelos custos, pela facilidade da língua e pelas muitas atrações.

É possível combinar viagens a Santiago com visitas ao Atacama, Patagônia, Colchágua, Pichilemu e até com Mendoza.

De São Paulo a Santiago,

Garrafa de vinho Don Melchor

você leva menos de quatro horas de avião.

Como há uma grande oferta de agentes de turismo, é possível sempre negociar bons preços.

O turismo no Chile está em um estágio superior ao do Brasil em termos de qualidade de serviços e segurança.

Sinto-me muito confortável em recomendar uma viagem ao Chile.

FILOXERA

Cachos de uvas contaminados.

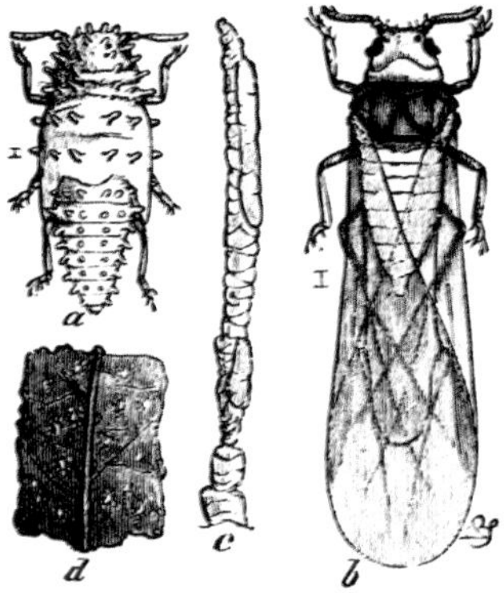

©Autor desconhecido/Wikipedia

Pulgão causador da filoxera.

A PRAGA QUE DIZIMOU OS VINHEDOS DA EUROPA

FILOXERA foi uma praga que, no século XIX, dizimou 60% dos vinhedos da Europa.

Acredita-se que tenha chegado ao continente europeu por volta de 1853, vinda possivelmente dos Estados Unidos, trazida em plantas ornamentais.

Em 1863, o primeiro lugar da Europa que acusou a praga foi a cidade de *Pujaut*, na região de *Languedoc-Roussillon*, muito próxima de *Avignon* e *Châteauneuf-du-Pape*, a oeste do vale do *rio Rhône*.

Foi o biólogo-entomologista *Jules-Émile Planchon* quem descobriu e identificou a *filoxera*, um pulgão (inseto) com ciclo de vida complexo, que sugava as raízes das cepas, fazendo-as murcharem. A *filoxera* só atua nas raízes das plantas.

A praga se espalhou para várias regiões da França.

Em 1878, foi identificada na Borgonha; em 1880, em Bordeaux; e em 1894, em Champagne.

Em 1865, foi identificada em Portugal, na região do Douro; em 1871, na Suíça; em 1874, na Alemanha; em 1875, na Áustria; em 1877, na Espanha; e em 1879, na Itália.

A praga atingiu ainda muitos outros países de todo o mundo.

Em vinhedos plantados em regiões arenosas, como *Colares*, perto de *Sintra*, em Portugal, e em algumas outras da Espanha e da Austrália, a *filoxera* teve dificuldade de penetrar nas raízes.

Na ilha de *Santorini*, na Grécia, cujo solo é formado por

Vinhedos abandonados — há muitos em toda Europa.

matéria vulcânica, os vinhedos também foram preservados.

No início, os agricultores começaram a tentar resolver com *sapos e aves*, depois com *produtos químicos* e, por fim, com *pesticidas*, mas sem sucesso.

Após 1870, os biólogos *Leo Laliman* e *Gaston Basile* sugeriram que a melhor solução seria arrancar todos os vinhedos e plantar novas cepas.

Recomendaram o uso de *troncos e cepas* americanos, que já haviam se mostrado resistentes à praga.

Como houve, a princípio, uma resistência dos viticultores preocupados com a manutenção das castas das uvas, os biólogos sugeriram que se utilizassem os *troncos* americanos como "cavalos" e os enxertos dos próprios vinhedos.

E assim foi feito em toda a Europa. A grande maioria dos vinhedos atingidos foi arrancada e replantada com cepas trazidas dos Estados Unidos.

Para a preservação das castas, cada região fez então os enxertos de acordo com suas culturas e tradições.

É atribuído a Joseph Ducos, prefeito de *Châteauneuf-du-Pape* e dono do *Châteaux La Nerthe*, o plantio e aprimoramento das castas após a crise.

Esse período foi muito difícil principalmente para aqueles países, como França e Itália, que tinham no vinho uma grande parcela da sua economia.

A *filoxera* continuou atacando vinhedos em todo o mundo nos anos seguintes.

Nos anos 1950, voltou a atacar vinhedos na Califórnia.

Ela está ainda ativa, e sem uma solução definitiva.

O Chile é um dos poucos países preservados pela sua própria geografia: ao norte o *Atacama*, ao sul a Patagônia, a leste a *Cordilheira dos Andes* e a oeste o *Oceano Pacífico*.

Os controles de entrada de alimentos pelos aeroportos, pelas estradas e pelos portos do Chile são muito rígidos.

Viticultores do mundo inteiro estão permanentemente atentos.

Em visita a uma vinícola na Borgonha, em um momento de descontração, falei:

"Quer dizer que o vinho que vocês produzem é com cepa americana!"

O anfitrião me respondeu, sorrindo: "O tronco é americano, mas o enxerto, que identifica a casta da uva, e o que realmente conta, é francês!"

Foi nesse período que a casta *Carménère* desapareceu.

Em 1994, no Chile, na vinícola *Viña del Carmen*, o francês *Jean Michel Boursiquot*, graduado em engenharia genética, percebeu que em algumas cepas de casta *Merlot* as uvas demoravam um pouco mais para amadurecer. Após estudos genéticos, ele concluiu que se tratava na verdade da casta *Carménère de Bordeaux*, que havia desaparecido.

Hoje é uma das castas mais apreciadas no Chile, inclusive por mim.

Em *Bordeaux*, algumas vinícolas já estão incluindo a casta *Carménère* em seus *blends*.

Há, em várias partes da Europa, vinhedos abandonados porque os proprietários acharam que não valia a pena replantar.

Ainda hoje, todos os vinhedos novos são desenvolvidos com *troncos americanos*. Alguns agricultores da França estudam a possibilidade de utilizar *troncos* locais, eliminando os enxertos.

Acreditam que possam produzir um vinho com a qualidade de antes do surgimento da *filoxera*.

O problema é o risco. Não há certeza de que vale a pena.

Folhas atingidas pela Filoxera.

França

Alsácia-Lorena • Bordeaux • Aquitânia
Beaune • Borgonha • Champagne • Provence
Cidades Medievais e Históricas

FRANÇA – ALSÁCIA-LORENA
ÁREA AMPLIADA
D1420
D1420
D854
D424
MITTELBERGHEIM
D420
D39
N159
N159
N59
N59
SELESTAT
D416
RIBEAUVILLE
D415
RIQUEVHIR
A35
KAYSERSBERG
D415
Parque Natural regional des Ballons des Voges
COLMAR
D417
A35
D415
EGUISHEIM
D83
E25

A351
ESTRASBURGO
A35
A352
N83
A35
N352
Rio Rhône
5
N1083
5
D468
N1083
Rio Rhône
D468
ALEMANHA
D424
5
Rio Rhône
NEUF-BRISACH

Castelo em Hunawihr, Alsácia.

Alsácia-Lorena

***Alsácia-Lorena** é uma região muito bonita, a nordeste da França, com cidades históricas importantes e pouco conhecidas pelos brasileiros. É muito visitada pelos suíços, alemães, italianos e pelos próprios franceses.*

É uma região de produção de vinho branco de alta qualidade. Para os amantes do vinho, que têm no tinto a referência maior, o fato de ser uma região dominante de vinho branco faz com que não tenha uma atração significativa.

Ali estão em torno de 15 vilas medievais muito próximas uma das outras, lindas, coloridas, com muralhas, em um vale em meio aos vinhedos. Independentemente da atração dos vinhos brancos, é tão linda que vale muito a pena visitar.

Geograficamente, se seguirmos o Rio Reno, da cidade de Basel em direção ao norte, a Alsácia-Lorena é toda essa região do lado esquerdo do rio.

Do outro lado, à direita do Reno, fica a Floresta Negra, Freiburg, Baden-Baden e outras cidades do circuito das águas termais da Alemanha.

Pela sua localização privilegiada, com o Rio Reno passando por toda sua extensão, foi durante muito tempo alvo de disputas entre povos.

Os registros históricos mostram que a região era habitada por celtas e compartilhada com os gauleses, um povo nômade que vivia às margens do Reno.

Os romanos dominaram a região nos séculos I, II e III.

Após o domínio romano, nos anos que se seguiram, de tempos em tempos a Alsácia-Lorena passou pelo domínio de alguns países e governantes importantes, como *Frederico Barbarossa* (*ou Barba Ruiva*), do *Sacro Império Romano-Germânico*; *Carlos Magno, rei dos gauleses e dos romanos*; *Átila, o rei dos hunos*; *Luiz XIV, rei da França*; e *Napoleão Bonaparte, imperador da França*.

Ficou em poder da Alemanha até o fim da Primeira Guerra Mundial. Em 1919, voltou a pertencer à França.

Durante a Segunda Guerra Mundial, de 1940 a 1945, foi novamente tomada pela Alemanha e a partir de 1945 voltou definitivamente a pertencer à França.

A influência alemã é muito destacada nos costumes, nas construções, na alimentação, na cerveja e no vinho.

Toda essa região à margem do Rio Reno, tanto do lado

Restaurante panorâmico, Estrasburgo.

Construção típica da região.

francês como do lado alemão, tem muitas semelhanças.

Vilas medievais, rodeadas de vinhedos, muito próximas umas das outras

ESTRASBURGO

A capital e cidade principal é *Estrasburgo*.

Já havia uma aldeia celta quando os romanos, em 12 a.C., fundaram a cidade.

Tornou-se um ponto estratégico para a dominação dos romanos em toda a Europa, principalmente pela utilização do rio para transportes de bens e armamentos.

Estrasburgo, por ser a capital da Alsácia-Lorena, teve um protagonismo importante.

Após os romanos e francos em 842, a cidade passou várias vezes pelos domínios da Alemanha e da França, até que em 1945, no fim da Segunda Guerra Mundial, passou definitivamente ao controle dos franceses.

A dominação de vários povos desenvolveu culturas e costumes próprios, que tornaram a cidade mais atraente.

A influência alemã na alimentação, na cerveja, no vinho e na arquitetura das construções é muito marcante.

Estrasburgo fica praticamente à margem do Rio Reno, na divisa com a Alemanha, perto de Frankfurt.

Há voos diretos de várias cidades da Europa. De Paris, de TGV ou carro, leva no máximo quatro horas. De Frankfurt ou Basel, são duas horas.

É uma cidade muito movimentada em negócios, política, eventos culturais e turismo.

O Rio Reno forma vários canais navegáveis dentro da cidade, ajudados por diques que controlam o fluxo das águas.

Uma das principais atrações são os passeios de barco.

No centro comercial, com seus prédios e construções muito bem preservadas, há um calçadão que vai da Estação Central de Trens até a Praça de Gutemberg, com diversos hotéis, lojas, butiques, bares e restaurantes.

Ponte romântica em Estrasburgo.

Gutemberg viveu muitos anos em Estrasburgo. A cidade compete com **Mainz**, cidade alemã bem próxima, pelo mérito de ter sido o local de impressão das famosas *Bíblias*.

Catedral de Notre-Dame, em Estrasburgo.

Palácio de Napoleão Bonaparte, em Estraburgo.

Baton Mouche, em Estrasburgo.

Mainz é uma cidade ao norte de Estrasburgo, na confluência do Rio Reno com o Rio Mainz. O mesmo que passa dentro de Frankfurt.

É uma cidade movimentada, com um centro comercial muito ativo, e sua atração maior é o Museu de Gutemberg. Lá estão, em uma sala-cofre, dois volumes originais da *Bíblia*. O museu tem outras atrações, inclusive uma demonstração de impressão da *Bíblia* em uma prensa da época.

Voltando a *Estrasburgo*, uma das maiores atrações é a Cathédrale Notre-Dame-de-Strasbourg.

Sua construção, iniciada em 1176 e concluída em 1439, foi durante 441 anos o edifício mais alto do mundo.

Em 1880, a Catedral de Colônia, também na Alemanha, tirou-lhe o título.

A catedral de Estrasburgo, pela sua beleza interna e externa, é uma visita obrigatória. Inclui um relógio astronômico do século XVII e um museu histórico importante.

Para atingir o alto da torre,

de onde se vê toda a cidade, é preciso subir 332 degraus.

Atrás da Catedral está o palácio de Napoleão Bonaparte.

Há um tour no centro da cidade, que é feito caminhando, com o acompanhamento de guia ou individualmente.

Se preferir ir por conta própria, no escritório de turismo, que fica ao lado da Catedral, você pode alugar um headphone com um mapa, com a indicação de um roteiro histórico a ser seguido. É bem fácil e simples.

Neste roteiro, a pé, você circula por todo o centro histórico, parando nas atrações indicadas. No headphone ouve a explicação e a história do lugar. São no máximo duas horas.

Uma das paradas é no restaurante mais antigo, Le Lohkas,

Prédios típicos às margens do rio, Estrasburgo.

uma taverna de 1676. Você pode aproveitar e reservar a mesa para o jantar da noite. O lugar é muito bonito, a comida é boa e não é caro.

Outras atrações da cidade são a região de Petit France, com vários edifícios antigos, restaurantes à beira do rio, o Museu do Chocolate, o Museu Palais

Relógio astronômico na Catedral de Notre-Dame.

des Rohan, do século XVIII, e o Parlamento Europeu.

Uma atração superespecial no fim do ano é o Mercado de Natal, com mais de 350 chalés de madeira espalhados por toda a cidade, principalmente na região central, com artigos natalinos. É um festival de cores e luzes, muitas vezes complementado pelo branco da neve.

Estrasburgo, pela sua condição de sede do Parlamento Político da União Europeia e pelas suas atrações turísticas, oferece uma gama enorme de bons hotéis para todos os níveis e bolsos. Minha recomendação é que se hospede na região central. Com o *TripAdvisor*, é possível escolher um bom hotel.

Dois dias inteiros são ideais para conhecer *Estrasburgo*.

Colmar, restaurantes panorâmicos.

COLMAR

Ao sul de *Estrasburgo*, em um vale que vai do Rio Reno até as montanhas do Vosges, está a região do vinho da Alsácia e algumas das cidades medievais mais lindas da França.

A maior delas e capital dessa região é *Colmar*, uma *mini-Estrasburgo*.

O centro antigo da cidade, com alguns canais navegáveis,

Riacho e paisagem de Colmar.

Vinhedos e pequena vila.

preserva construções do período medieval.

Muito visitada por turistas, é cheia de lojas, butiques, restaurantes, bares, muito viva e alegre.

Na primavera e no verão, os prédios ostentam em suas sacadas canteiros e vasos de flores coloridas típicas dessa região.

Não há registro histórico muito preciso da sua fundação, mas, assim como *Estrasburgo*, Colmar teve influências e dominações de *celtas*, *romanos*, *gauleses*, *alemães* e *franceses*.

Colmar foi a última cidade da França abandonada pelos nazistas, em 1945.

Roteiro dos vinhos e as cidades medievais

Muitos preferem se hospedar em *Colmar* e de lá sair visitando as cidades medievais e seus vinhedos.

Vinícola na Alsácia

Colmar oferece várias opções de hotéis e restaurantes na região central e turística.

Apesar de ser de tamanho médio, entrar na cidade e sair para visitar a região vai sempre levar algum tempo.

As cidades medievais espalhadas pelo vale ficam muito próximas uma das outras, rodeadas de vinhedos.

Uma opção que fiz várias vezes foi me hospedar em uma delas, no centro do vale, e de lá

Fim de tarde em Riquewihr.

sair visitando todas as outras, destinando um dia inteiro para *Colmar*.

A cultura do vinho é da época dos celtas e, principalmente, da dominação dos romanos. No entanto, a produção de vinhos nessa região só foi consolidada a partir do domínio dos alemães, que introduziram castas de uvas para o vinho branco.

Solo e terroir

Quando da movimentação das placas tectônicas, que separaram os continentes e formaram os Alpes, abriu-se um vale por onde corre hoje o Rio Reno.

No período de sua formação, a água do degelo trouxe uma quantidade de sedimentos e areia das montanhas.

Esse solo arenoso e com rochas no subsolo é propício a uvas destinadas à produção do vinho branco.

As raízes descem de 10 a 20 metros de profundidade para buscar nutrientes.

O clima é úmido, dada a aproximação do Rio Reno e das montanhas, muito quente no verão e muito frio no inverno.

O *terroir* é 100% favorável ao vinho branco.

A produção do vinho tinto é pequena.

Vinhedos próximo de Kaisersberg.

Vinhedos em Hunawihr e Riquewihr.

Castas de uvas

As principais castas de uvas são:

• GEWÜRZTRAMINER, com alto teor de açúcar, é destinada aos brancos secos e adocicados.

• SILVANER, com teor de açúcar um pouco menor, é mais plantada em solos mais pobres, com a expectativa de um vinho de qualidade inferior e mais barato.

• RIESLING, a mais importante casta da região, que rende vinhos secos e altamente aromáticos. Dependendo do grau de mineralidade do terroir, proporciona um vinho que pode ser guardado por alguns anos.

Tradicionalmente, o vinho branco não permite grande tempo de guarda.

Há nessa região um vinho especial licoroso, produzido tanto com a *Riesling* como com a *Gewürztraminer*, em que a uva é colhida quase seca, e os franceses dão o nome de *Vin de Glace*.

Vinhedos e o castelo no topo da montanha.

Na Alemanha, é conhecido com *Eiswein*.

Outras castas plantadas na região são as *Auxerrois Blanc*, *Muscat d'Alsace* e *Pinot Noir* para alguns poucos vinhos tintos.

Pinot Blanc é a mais utilizada

Praça e monumento em Eguisheim.

para o espumante *Cremant d'Alsace*.

Nessa região, os vinhos também têm as classificações *Premier Crus*, *Grand Crus* e *Village*.

A região é controlada pelo *Institut National des Appellations d'Origine et de la Qualité*.

Roteiro dos vinhos e onde se hospedar

Como disse anteriormente, você pode se hospedar em *Colmar* e de lá sair para visitar as vinícolas e as cidades medievais.

Uma sugestão é se hospedar na vila medieval de *Riquewihr*, que fica no centro do vale, muito perto de todas as outras cidades e no meio dos vinhedos.

Nesse caso, reserve um dia inteiro para visitar *Colmar*.

RIQUEWIHR é uma pequena cidade medieval do século XV, charmosa, cercada de muralhas e com só uma rua, onde ficam as lojas, butiques, bares, restaurantes e os espaços para degustação de vinhos.

Dentro, há um pequeno hotel, de época, com disponi-

Rua florida em Eguisheim.

Igreja matriz de Eguisheim.

bilidade limitada. O carro fica estacionado fora, em alguns bolsões de estacionamento ao redor das muralhas.

Do lado de fora das muralhas, a 200 metros da entrada principal há dois hotéis, o Riquewihr Hotel e o Best Western, ambos bem tranquilos.

Há também a opção de se hospedar em qualquer das outras cidades do vale, como *Ribeauvillé*.

RIBEAUVILLÉ é uma cidade também medieval, um pouco maior que *Riquewihr*, com uma variedade maior de lojas, butiques, bares e restaurantes. É uma cidade linda. No alto do campanário da igreja, há ninhos de cegonhas.

Há um passeio em um trenzinho puxado por um trator

Neuf-Brisach, antiga fortaleza.

que vai de *Riquewihr* a *Ribeauvillé* pelo meio dos vinhedos.

É tão perto que dá para ir caminhando.

Essas vilas medievais são todas muito lindas, mas algumas por atrações específicas são as mais visitadas.

EGUISHEIM foi considerada em 2006 a vila medieval mais linda da França. É a cidade natal de *Bruno d'Eguisheim-Dags-*

Vinhedos na Alsácia.

bourg, eleito papa sob o nome de *Leão IX*. Seu papado foi de 1026 a 1051, período em que a sede da Igreja Católica estava em Avignon, na Provence.

Estive nessa cidade várias vezes e, sem dúvida, é umas das vilas medievais mais lindas que vi. O traçado das ruas, a arquitetura das casas e dos prédios medievais, os canteiros e vasos de flores coloridas nas janelas e em todo lugar dão um toque mágico a esse lugar.

NEUF-BRISACH, construída pelo rei *Luiz XIV* da França para ser uma fortificação contra a invasão dos alemães, conserva toda a estrutura e beleza da época. O traçado urbano é simplesmente lindo, lembrando uma rosácea. Conserva ainda intactas as muralhas que a circundam. No centro da vila, há uma grande praça com um estacionamento público.

SÉLESTAT abriga uma das maiores atrações do vale, o castelo de *Haut-Koenigsbourg*, no alto da montanha.

O castelo foi construído no século XII e pertenceu à dinastia de Habsbourg. Abandonado durante a Guerra dos Trinta Anos, foi restaurado em 1908. Hoje é uma das maiores atrações da região. Do alto vê-se todo o vale, os Vosges, e em dias claros a Floresta Negra do lado da Alemanha e os Alpes.

Roteiro dos vinhos

Saindo de *Estrasburgo* pela

rodovia A35 em direção a *Colmar*, a primeira cidade que sugiro conhecer é **OBERNAI**, que abriga importantes produtores de vinhos.

Continuando pela rodovia em direção ao sul, do lado direito, pelo vale adentro começa a Rota dos Vinhos.

MITTELBERGHEIM produz vinho branco de excelente qualidade e abriga Domaines importantes como a Rietsch, Andre Rieffel, Boeckel e André Rohrer.

BERGHEIM é onde estão os considerados melhores produtores, com vários *Grand Crus* e *Premier Crus*. O vinho branco da Domaine Marcel Deiss, produzido com uvas *Riesling*, é considerado um dos melhores do mundo. Apesar de o vinho branco não possibilitar longo período de conservação, esse vinho da Marcel Deiss pode ser guardado por mais de 20 anos.

Ribeauvillé e **Riquewihr** são dois lugares com ótimas opções para degustação em bares e espaços próprios dentro das cidades. As Domaines Frederic Engel, Mittnacht-Klack, Maison Trimbach, Jean Sipp e Joggerst et Fils são as mais visitadas.

EGUISEHEIM une a beleza extraordinária da cidade com uma ótima produção de vinhos brancos. Ali você pode visitar as Domaines Leon Boyer, Bruno Sorg e Paul Ginglinger.

Castelo Haut-Koenigsbourg, Alsácia.

Rua única de pedestres em Riquewihr.

Cidade de Kaysersberg.

A vila de **Kaysersberg**, fundada em 1293, fica mais próxima das montanhas do Vosges. Produz um vinho branco de alta qualidade com uvas *Pinot Gris*. As primeiras uvas cultivadas nessa vila, no século XVI, vieram da Hungria. É famosa também pela produção de têxteis.

A primeira vez que fui à Alsácia-Lorena fiquei surpreso e deslumbrado com tanta beleza. Foi em um mês de outubro, no outono, quando as folhas dos vinhedos vão ganhando cores avermelhadas. O contraste das casas, das torres das cidades medievais com os tons coloridos dos vinhedos, principalmente nas manhãs e no pôr do sol, dão um toque mágico ao lugar.

O prazer de guiar um carro pelas estradas estreitas em meio aos vinhedos é ainda maior quando você vê surgir, no horizonte próximo, o campanário de uma torre medieval e depois, aos poucos, a cidade toda, linda, colorida.

Em uma viagem no verão, em julho, perto de Riquewihr pudemos colher e comer frutas no próprio pé, quando um agricultor abriu sua plantação de cerejas, morangos, mirtilo e framboesa para uma espécie de self-service, a um preço fixo.

Durante o mês de julho, alguns produtores abrem suas plantações para visitantes.

Se contarmos um dia inteiro para visitar Colmar, eu recomendo pelo menos mais três dias, para passear e conhecer a região, incluindo o castelo de Haut-Koenigsbourg.

Da Alsácia-Lorena, pode-se continuar o passeio de carro pela Europa:

PARA O NORTE: Mainz, Frankfurt, Bremen, Colônia, Hamburg.

Cidade de Ribeauvillé.

PARA O SUL: Basel, Dijon, Beaune, Lion, Marselha, Saint-Tropez, Cannes, Mônaco.

PARA O LESTE: Freiburg, Baden-Baden, Genebra, Zurique, Interlaken, Lichtenstein.

PARA OESTE: Champagne, Troyes, Épernay, Reims, Paris.

Colheita de cerejas.

A6
D965
CHABLIS
D965
D905
D944
A6
ABADIA DE FONTENAY
N151
VÉZELAY
ALESIA
A6
SEMUR AUXOIS
D70
N151
D906
N151
Parque Natural regional du Morvan
D606
D978
D981
D978
D981
D981
D994
FRANÇA – BORGONHA E CIDADES HISTÓRICAS
ÁREA AMPLIADA
D985
D994
E607
N79
N79
D982
D985

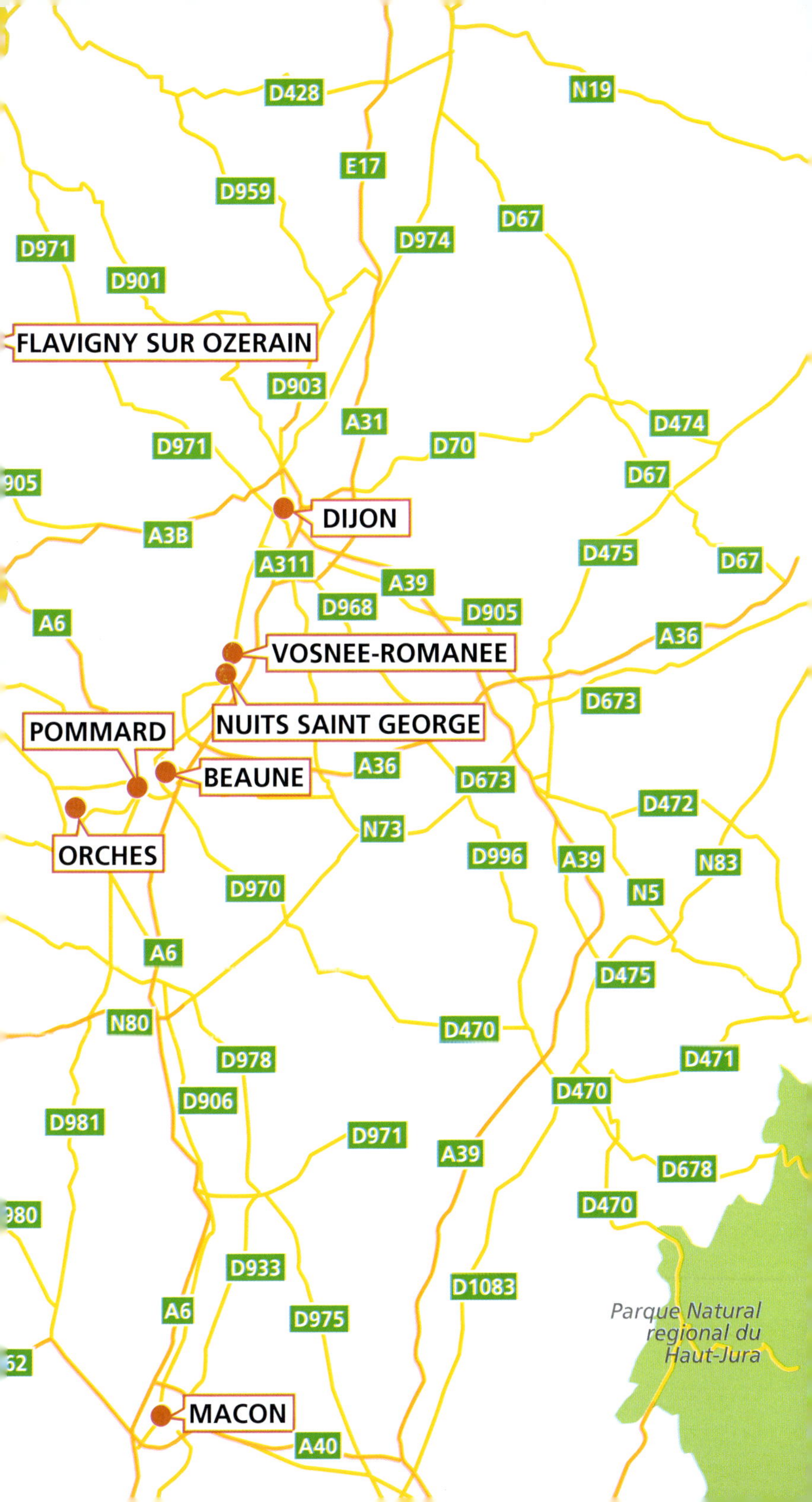

D428
N19
E17
D959
D67
D974
D971
D901
FLAVIGNY SUR OZERAIN
D903
A31
D474
D70
D971
D67
DIJON
A3B
D475
D67
A311
A39
D968
D905
A6
A36
VOSNEE-ROMANEE
D673
NUITS SAINT GEORGE
POMMARD
BEAUNE
A36
D673
D472
ORCHES
N73
D996
A39
N83
N5
D970
A6
D475
N80
D470
D978
D471
D470
D906
D981
D971
A39
D678
D470
D933
D1083
A6
D975
Parque Natural regional du Haut-Jura
MACON
A40

Beaune – Borgonha

Castelo na
Côte de Beaune.

A Borgonha é uma região de vinhos na França tão importante que é chamada de Côte D'Or (que significa "Costa Dourada"). A capital e cidade principal é Dijon.

Beaune *é a cidade dos vinhedos e dos vinhos. Pequena, charmosa e com muito bons hotéis e restaurantes.Todas as vezes que fui a Beaune, hospedei-me em uma pousada no alto de uma pequena montanha, muito perto da cidade, de onde se tem uma vista magnífica.*

La Terre D'Or, de propriedade do jovem e muito simpático Vincent Martin, fica a cinco minutos do centro da cidade de carro ou alguns minutos a mais de bicicleta ou a pé. Os quartos são espaçosos e muito confortáveis.No subsolo do hotel, há alguns anos, foi descoberta uma caverna pré-histórica, que hoje é a adega dos vinhos. La Terre D'Or oferece também serviços de guia e visitas às vinícolas. São todos fluentes em francês e inglês e conhecem muito bem a região. Quando fiz a reserva no hotel, já solicitei a eles que programassem visitas a algumas vinícolas da Côte de Nuits. Na cidade, há muitos hotéis para todos os níveis e bolsos.

Como Saint-Émilion e Chablis, é rodeada de vinhedos e é muito prazeroso passear de carro, visitando vinícolas, degustando vinhos e conhecendo as pequenas cidades e aldeias da região.
Uma dessas pequenas vilas é Vosne-Romanée, onde estão localizadas as vinícolas que produzem os famosos Romanées, incluindo o mítico Romanée-Conti, que em um leilão teve uma garrafa vendida por 23.000 euros.

Um pouco de história

Os *celtas* dominaram essa região no período de 1200 a.C. até 52 a.C., quando foram vencidos e expulsos pelos *romanos*, que ali ficaram até o século V.

Foi durante a dominação *romana* que os *francos*, povo nômade que vivia às margens do rio Reno e que causava muitos problemas, tiveram a autorização do imperador romano *Juliano* para se fixarem na região da *Gália Belga*.

Em 451, a região foi invadida por *Átila*, o *rei dos hunos*. Juntos, *romanos e francos* expulsaram o invasor.

Em 468, com os *romanos* já decadentes, foram facilmente batidos e expulsos por *Clóvis I*, que se tornaria o primeiro rei

Château du Clos de Vougeot.

Interior do Château du Clos de Vougeot.

dos francos, coroado na Catedral de *Reims*.

Clóvis I é também considerado o primeiro rei da França.

A partir de então, todos os reis franceses foram coroados em *Reims*.

Nos anos e séculos a seguir, o Ducado da Borgonha foi alvo de grandes disputas e pertenceu a vários povos.

Foi a partir de 1364 a 1447 que o Ducado da Borgonha se tornou independente, forte e viveu um período chamado de glorioso.

Nesse período, quatro duques que governaram a Borgonha deram um impulso muito grande a essa região.

Durante a Guerra dos 100 Anos (1337-1453), na luta dos *francos* para expulsar os ingleses, *Felipe, o Bom, 3º duque* da Borgonha, por razões políticas, posicionou-se a favor dos ingleses.

Foi ele quem aprisionou a heroína *franca Joana D'Arc* e a vendeu aos *ingleses* por 10.000 coroas de ouro, a moeda da época. Julgada como herege, foi condenada à morte e queimada viva em praça pública, para servir de exemplo aos inimigos.

Ela era um símbolo vivo da libertação dos *francos*.

Os *ingleses* foram finalmente batidos e expulsos em 1453 pelo rei *dos francos, Carlos VII.*

Em 1479, o rei Luiz XI conquistou e anexou o Ducado da Borgonha, definindo o território da França.

Essa região foi também muito importante estrategicamente durante a Primeira e a Segunda Guerras Mundiais, pois fica no meio do caminho entre Paris e Berlim.

A história de Château du Clos de Vougeot

Como em todas as outras regiões, o desenvolvimento dos vinhedos e a produção do vinho ocorreram durante a dominação *romana.*

Com a expulsão dos *romanos*, no século V, os vinhedos e a produção de vinho continuaram por meio dos muitos pequenos agricultores, que produziam para consumo próprio e para revenda.

Uma segunda história dos vinhos nessa região começou em 1165,com a chegada de frades cistercienses da Abadia de Císter (em francês, Cîteaux), para plantar uvas e produzir vinhos em um área cedida pelo duque da Borgonha.

Os frades construíram um edifício denominado *Château*

Uva Pinot Noir.

Sala da Confraria no Château.

© Hotel La Terre D'Or/ Divulgação

Hotel La Terre D'Or.

du Clos na região de Vougeot, ao norte de *Beaune*.

Ali ficavam de *março a novembro*, cuidando dos vinhedos, da colheita das uvas e da produção do vinho, para uso próprio e revenda.

A princípio, como não conheciam a terra e eram dezenas de hectares, escolheram uma casta única de uva para plantar, a *Pinot Noir*.

O objetivo era definir quais regiões produziam as melhores uvas e os melhores vinhos.

Utilizando uma só casta era mais fácil de comparar e definir.

À medida que eram colhidas as uvas e produzidos os vinhos, começaram a demarcar as áreas, por meio de uma especificação dada aos vinhos, Grand Crus, Premier Crus e Village Appellation.

Assim, as regiões foram demarcadas com base no terroir de cada uma delas.

O *terroir* é determinado por um conjunto de características ligadas à natureza do lugar, como a qualidade e a composição do solo, aclive/declive, posição do sol, umidade da terra e do ar, chuvas, ventos, temperaturas nas estações do ano e mais.

As uvas produzidas nas diversas regiões, em função do *terroir*, dão frutos diferentes e isso se reflete na qualidade do vinho.

Como os vinhos eram produzidos apenas com *Pinot Noir*, o *terroir* era então que definia as áreas demarcadas.

Nesse período, os religiosos arrendaram alguns hectares para agricultores locais.

Além desses agricultores, outros independentes vendiam suas uvas aos frades para produção do vinho.

A produção do vinho seguiu normalmente até a Revolução Francesa. Em 13 de fevereiro de 1790, foi declarada propriedade do governo francês.

Foi quando a região foi dominada por líderes revolucionários da época e de ocasião, que se aproveitaram da situação e passaram a ser donos de várias propriedades.

Algumas propriedades foram também revendidas pelos revolucionários a especuladores.

Hoje a região está toda dividida entre diversos produtores.

O *Châteaux du Clos de Vougeot* passou por vários proprietários até que, em 1935, o prefeito de Vosne adquiriu o edifício e o entregou para a administração da recém-criada

ONDE SE HOSPEDAR

Para visitar essa região da *Borgonha* onde estão a *Côte D'Or* e a *Côte de Nuits*, a cidade de *Beaune* é, sem dúvida, o melhor lugar para se hospedar.
Há várias opções de hotéis dentro e fora da cidade, incluindo de redes internacionais.
A maioria dos restaurantes está na região central.
Dijon fica a 45 minutos de carro e é passeio de um dia inteiro.
É uma cidade relativamente grande, com um ótimo comércio, restaurantes e alguns museus e igrejas históricas.

LA TERRE D'OR

É um pequeno hotel boutique, no topo de uma montanha com vista para os vinhedos e a cidade de *Beaune*.
A decoração é linda.
São poucos quartos, todos espaçosos e com muito bom gosto.
O hotel está assentado sobre uma caverna recentemente descoberta, onde estão a adega e os vinhos.

Adega subterrânea do La Terre D'or.

Oferecem serviços de reservas para visitas às vinícolas da região.
Recomendo reservar com muita antecedência.

Degustando vinhos com Vincent Martin, ao fundo, no alto, o La Terre D'Or.

Confrérie des Chevaliers du Tastevin – Confraria dos Cavaleiros Degustadores de Vinho.

O objetivo dessa confraria é preservar, desenvolver, fiscalizar e promover o vinho da Borgonha.

Hoje a *confraria* conta com cerca de 12.000 *cavaleiros*, formados por produtores, intelectuais, escritores, políticos, celebridades e outras personalidades.

Eu perguntei e me disseram que há dois brasileiros na confraria, um homem e uma mulher. Não fiquei sabendo quem são.

É bem difícil tornar-se membro nos dias de hoje. Há muitos requisitos.

Sempre que vou a *Beaune*, visito o *Châteuax du Clos de Vougeot*. É muito bonito o lugar. Uma parte bem conservada do edifício é de 1165, e uma outra foi construída em 1475.

Há um museu com as prensas das uvas, tonéis de madeira e mobiliário da época dos frades.

Há fotos, ilustrações e um audiovisual contando a história do local.

E a grande sala da reunião e dos jantares da confraria, cujo lema é "*Procurar beber sempre um bom vinho e nunca deixar o copo do companheiro vazio!*".

O *Châteux* fica ao norte de *Beaune*, na *Côte de Nuits*, próximo das vilas *Nuits-Saint-Georges* e *Vosne- Romanée*, no caminho de *Dijon*. Você pode programar seu dia visitando todos esses lugares, aproveitando para degustar vinhos nas vinícolas da região.

La Terre D'Or faz este passeio com marcação antecipada.

Castas das uvas

A *Pinot Noir* continua sendo a única casta de uvas utilizadas na produção do vinho tinto.

A Associação dos Viticultores e os órgãos públicos controlam a quantidade e a qualidade do vinho produzido. Ou seja, cada região demarcada tem um limite máximo de produção de vinho.

É proibido introduzir qualquer outra casta de uva.

A *Chardonnay* é também a casta única para vinhos brancos e espumantes.

Divisão das áreas produtoras

A região é muito bem dividida quanto à produção dos vinhos.

Beaune é a cidade central.

Ao sul de *Beaune*, a região é denominada *Côte de Beaune*. É onde estão as vinícolas dos vinhos brancos. As vilas mais importantes e que podem ser visitadas são *Pommard, Volnay, Auxey, Monthélie, Meursault, Puligny, Montrachet* e mais.

Ao norte de *Beaune*, em direção a *Dijon*, a região é denominada *Côte de Nuits* e é onde são produzidos os vinhos tintos. As vilas mais importantes a ser visitadas são *Nuits-Saint-Georges, Vosne-Romanée, Vougeot, Comblanchien, Musigny, Corgoloin* e outras.

O rio que passa na região e que corre no sentido sul é o Saône. Passa depois por *Macon*, pela região dos vinhos *Beaujolais* e, paralelo ao mítico rio Rhône (Ródano), passa dentro de Lion, seguindo em direção ao Mediterrâneo.

Visitas às vinícolas (Domaines) no Côte de Beaune

A minha programação da última viagem foi ficar três dias inteiros. No primeiro dia, dediquei-me a visitar a região sul, chamada de *Côte de Beaune*, onde estão concentradas as vinícolas produtoras de vinho branco e alguns tintos especiais.

Saindo de *Beaune* em direção ao sudoeste, há uma pequena estrada rodeada de vinhedos e que vai passando em sequência por todas as vilas. É só escolher qual visitar e entrar. Como são vilas muito pequenas, é muito fácil entrar e sair em cada uma delas.

É um passeio maravilhoso, que deve ser feito sem se importar com o tempo, ou seja, guiar devagar, curtindo a paisagem e conhecendo cada um dos lugares.

Como falei anteriormente, a uva *Chardonnay*, por norma, é a casta utilizada. Os vinhos obedecem às mesmas classificações dos tintos, *Grand Crus*, *Premier Crus* e *Village Appellation*.

A primeira vila na sequência da estrada, *Pommard*, produz alguns dos melhores vinhos da região. Curiosamente e excepcionalmente, algumas vinícolas produzem também um vinho tinto muito bom, na região sul.

Em todas elas, há uma estrutura montada para receber os visitantes. Não há necessidade de marcar hora.

Vila de Orches.

Com Blandine Rocault, da Vinícola Francois Rocault et Blandine.

Em algumas vinícolas familiares, o lugar da degustação está fechado, mas há sempre uma indicação de como chamar a pessoa responsável para atender. Muitas vezes é alguém da família que está fazendo alguma outra atividade. Eles atendem com muito gosto. É o negócio deles.

Muitas delas produzem também um azeite muito bom, que pode ser degustado com pedaços de pão.

Em um dia inteiro, visitei umas seis vinícolas e poderia fazer comentários de todas elas, mas vou contar sobre uma muito especial que, se você puder visitar, vale mesmo a pena.

ROCAULT FRANÇOIS et BLANDINE – Uma vinícola na 17ª geração

Um pouco fora dessa estrada para o sudoeste que liga todas as vilas, há uma vilazinha encravada em um paredão de pedras, chamada *Orches*. O caminho até lá é muito bonito.

Em **Orches** há uma família que produz vinhos há 500 anos e está na 17ª geração.

A vila tem só uma rua, de

300 metros. Bem em frente à igrejinha há uma casa de pedras, encostada no paredão, com uma porta grande azul, que está sempre fechada. Ali é o espaço da loja e da degustação. A senhora que cuida fica na última casa, 30 metros acima, do lado esquerdo, no fim da rua.

Ela tem um prazer imenso em receber e atender pessoas. Você vai se surpreender quando ela abrir a porta do local da degustação. O lugar é muito bonito.

Produz tanto vinhos brancos como tintos.

Como sugestão, além dos brancos, deguste o vinho tinto dos vinhedos de *Pommard*. Prove também os azeites que eles produzem.

Visitas às Vinícolas da Côte de Nuits

Uma das visitas que fiz em *Vosne-Romanée* foi à **Domaine Armelle et Bernard Rion**. Produz vinho desde 1896, atravessando várias gerações. Em 1981, passou a ser dirigida por *Bernard Rion* e sua esposa *Armelle*. Recentemente, sua filha *Alice* e o genro *Louis* juntaram-se aos dois.

Fui muito bem recebido pela *Armelle*. O espaço reservado à degustação é muito especial e eles produzem vinhos de ótima qualidade, muito bons mesmo. O top de linha é o *Clos de Vougeot Grand Crus*. O segundo é um *Vosne-Romané Premier Crus*. Foi deste que acabei trazendo uma garrafa.

Conversamos muito sobre vinhos, sobre a região e, em um dado momento, tentei falar sobre castas de uvas, citando Cabernet Sauvignon, Malbec, Merlot... Ela interrompeu e, com firmeza, me disse: "*Não falamos de castas de uvas aqui na Borgonha. Aqui é Pinot Noir, e não se fala mais nada!*".

Ou seja, eles não têm de saber sobre outras castas. Têm de saber muito bem sobre a *Pinot Noir*.

"Se não falam de castas, o que é importante na produção de vinho?"

"*O terroir! Nós valorizamos o terroir!*"

"E o *terroir da Romané-Conti* é realmente o melhor? Mas está tão perto da *Saint-Vivant*?

"*O terroir da Conti é perfeito. O declive, a ondulação, fazem toda diferença.*"

"Mas estão lado a lado, menos

Com Armelle Rion, da Vinícola Armelle et Bernard Rion.

Barris de carvalho da Vinícola Lucien Jacob.

Com Christine na vinícola Lucien Jacob.

de dez metros uma da outra!"

"*Dois metros são suficientes para dar diferença no terroir!*"

Provoquei-a mais um pouco citando os vinhos de *Bordeaux*. De novo com firmeza, ela me respondeu: "*Vinhos de Bordeaux têm gosto de madeira*", ou seja, ficam muito tempo nos barris de carvalho.

Eles respiram vinho o tempo todo e são muito, mas muito orgulhosos de seu vinho.

Uma outra visita que fiz foi à **Domaine Lucien Jacob**, em um vilarejo pequeno e rústico na região de *Hautes-Côtes de Beaune*, chamado *Échevronne*.

Os proprietários são *Jean-Michel Jacob* e sua esposa, *Christine*. O pai do *Jean-Michel*, e que dá nome à vinícola, foi membro do Parlamento francês e é uma personalidade na cidade.

Essa vinícola fica próxima da *Côte de Nuits* em uma região com antigos casarões de pedras, que estão sendo reformados por novos viticultores. Vai se tornar uma região nobre, de ótimos vinhos e supercharmosa.

Quem nos recebeu para visita e degustação de vinhos

foi *Christine*.

Conversamos bastante sobre os vinhedos, a produção dos vinho, e perguntei-lhe sobre a importância do *terroir* para essa região.

"*Sem dúvida, o terroir é muito importante, mas não é tudo. É preciso preparar bem a terra, acompanhar o desenvolvimento das uvas, o cuidado com a colheita e com a produção do vinho. Não adianta você ter um ótimo terroir se os outros processos forem mal feitos. Ou seja, é um conjunto de tudo.*"

Com isso, ela estava afirmando e mostrando o cuidado que eles tinham com a produção de seu vinho.

Depois de visitar várias vinícolas e conversar com viticultores, posso afirmar que o *terroir* é muito importante, mas todos os processos que envolvem o cuidado com a terra, com os cachos de uva, com a colheita, o transporte e a produção são também muito importantes.

A demarcação dos *terroirs* de toda a região é a mesma feita pelos frades cistercienses há mais de 500 anos.

A vila Vosne-Romanée – Romanée-Conti

Nesta vila estão os hectares com os melhores *terroirs*. Ou seja, a melhor combinação de condições da natureza propícia ao plantio da uva e produção de vinho, quem sabe, do mundo.

São pequenas propriedades, em uma encosta de morro, com um leve declive, sol o dia todo, do nascente ao poente.

São seis produtores, *Le Romanée, La Tache, Le Riche-*

Vinhedos da Romaneé-Conti.

Arando na Romaneé-Conti.

bourg, Romanée Saint-Vivant, La Grand Rue e o *mítico Romanée-Conti*, em um total de 32 hectares de vinhedos.

A área do vinhedo da mais famosa, *Romanée-Conti*, é de 1,63 hectares. Equivale mais ou menos a um quarteirão. Há cerca de 36.000 cepas, que produzem 3.000 garrafas de vinho por ano. O vinhedo daria para produzir 5.000 garrafas, mas, quando os cachos começam a brotar, uma parte é eliminada para que haja uma concentração maior de nutrientes nos cachos de uvas que ficaram.

O trabalho é todo manual. Desde a preparação da terra até a colheita.

Quando estive lá, em abril, estavam arando a terra com um arado puxado por um cavalo.

Ao lado, na *Romanée Saint--Vivant*, estavam arando com um pequeno trator.

A diferença é que o peso do trator acaba compactando um pouco a terra no carreador.

Parece simples, mas, para a sensibilidade da uva, faz diferença.

Estive no portão da *Conti*, que fica a menos de 300 metros do vinhedo. Não há identificação. Não há possibilidade de visita.

Há alguns meses, dois ingleses que ficaram hospedados no *La Terre D'Or* queriam comprar algumas garrafas para um evento muito especial em Londres e telefonaram para tentar marcar uma visita. A resposta foi que não podiam atender e recomendaram buscar nas lojas da cidade.

Em uma das lojas, encontraram uma garrafa de *Romanée-Conti* por 18.000 euros. Eles acabaram comprando seis garrafas *Romanée Saint-Vivant* por 3.000 euros cada.

A *Romanée-Conti*, segundo dizem, já está com as produções dos próximos 20 anos vendidas.

Até essa minha visita a *Beaune*, eu nunca havia visto uma garrafa e não conhecia alguém que houvesse bebido esse vinho. Em *Beaune, Armelle, da Domaine Rion Bernard*, quando lhe falei isso, confessou que em uma ocasião muito especial havia comprado uma garrafa.

Perguntei quanto havia custado, e a resposta foi bem à francesa "Isto é comigo!".

A vila *Vosne-Romanée* é passeio obrigatório para quem for a Beaune. Há algo de magia em toda aquela região.

Hospices de Beaune – Hotel Dieu

Uma das maiores atrações da cidade é o *Museu Hospital de Beaune*.

Durante a *Guerra dos 100 Anos* (1337-1453), após uma praga que matou parte da população, havia miséria e fome.

Tendo como referência o *Hotel Dieu de Paris*, fundado em 651, *Nicolas Rolim*, primeiro-ministro

Interior do Hospice de Beaune.

Atendimento especial no Hospice de Beaune.

do governo do duque da Borgonha, *Felipe, o Bom*, fundou em 1443 o *Hotel Dieu de Beaune.*

O objetivo era atender aos pobres, idosos, órfãos e doentes em geral.

Para atendimento, além dos médicos, foi criada uma ordem religiosa de freiras.

O hospital possuía vários leitos, cozinha, horta, vinhedo, farmácia de manipulação e uma capela.

Foi criado um espaço próprio para doentes com posses, que pagavam pelo tratamento.

Os leitos dos doentes ficavam no centro do complexo perto da capela, para que os doentes pudessem assistir aos cultos religiosos.

Todo investimento inicial partiu do Ducado da Borgonha, e a partir daí a manuten-

Camas no Hospice de Beaune.

ção era feita graças a doações de viticultores, comerciantes, negociantes, agricultores e outras pessoas de posse.

Além disso, todos os anos, em novembro, havia e ainda há a tradição do leilão do vinho tinto *Hospices de Beaune*.

Nesse leilão, as garrafas são arrecadadas por preços especiais para doação.

Esse é um dos vinhos que, todas as vezes que vou a *Beaune*, faço questão de trazer duas garrafas comigo.

Tem sido um exemplo histórico de filantropia da Idade Média até os dias de hoje.

Há algum tempo foi construído um novo e moderno *Hotel Dieu* nos arredores. O antigo, no centro da cidade, foi transformado em museu.

Ele conserva todo o mobiliário antigo, a capela, a farmácia e uma loja de souvenires, que inclui o famoso vinho *Hospices de Beaune*.

O preço de uma garrafa nessa loja do museu é em média 50 euros. Além de um vinho de ótima qualidade, tem um *design* todo especial.

Este é um passeio de meio dia. Minha sugestão é que você reserve um dia inteiro para passear pela cidade, incluindo uma visita ao antigo *Hotel Dieu*.

PARA PROGRAMAR A VIAGEM

Beaune fica a 3 horas (313 km) de *Paris*; a 1 hora e 45 minutos (154 km) de *Lion*; e a 2 horas e 15 minutos (232 km) de *Genebra*. São três opções de aeroportos próximos.

O ideal é alugar um carro para circular por toda a região.

Se alugar um carro em *Paris*, você pode combinar a viagem para essa região visitando *Chablis*, famosa por seus vinhos brancos, *Troyes*, *Épernay* e *Reims*, na região de Champagne, e várias cidades *históricas* da região da Borgonha. Todas, relativamente próximas, estão detalhadas neste livro.

Outras atrações da cidade de Beaune

É uma cidade relativamente pequena, com um centro comercial bastante movimentado, com lojas, restaurantes e lugares para degustação de vinhos. É muito agradável caminhar e curtir.

Aos sábados, o dia inteiro, há uma grande feira nas ruas com várias barracas de múltiplos produtos, com tudo o que você pode imaginar, de alimentos, frutas, vinhos, artesanatos, roupas e brinquedos a produtos em geral da região. É uma atração muito especial. Se puder programar na sua viagem estar em um sábado em *Beaune*, vai poder conferir, além do artesanato, produtos agrícolas que pequenos produtores trazem direto de suas propriedades para vender.

Há muitas opções de restaurantes. Para almoçar, não há necessidade de reserva, mas para jantar é melhor reservar. No hotel em que você se hospedar, eles podem indicar e fazer a reserva.

BORGONHA, CIDADES HISTÓRICAS

Estátua de Vercingetórix, lendário líder dos gauleses, em Alesia.

Nos textos de Chablis e Beaune, sugeri que seria ideal programar uma viagem para essa região combinando visitas também às cidades históricas da ***Borgonha****.*

É possível combinar a viagem com Troyes e Épernay, ambas na região de Champagne e também muito próximas.

História da região

Antes de iniciar, vou falar um pouco da história dessa região.

Os celtas, que os *romanos* chamavam de *bárbaros*, dominavam essa região desde 1200 a.C.

Os romanos chamavam essa região de *Gália* e seu povo, de *gauleses*.

Os *celtas/gauleses* não tinham uma liderança única e definida. Eram formados por várias tribos, cada uma com seu líder.

Quando da invasão dos *romanos*, no século I, algumas tribos se uniram na tentativa de defender seus territórios. Contudo, a experiência, as estratégias, as armas e as táticas de guerra dos *romanos* fizeram a diferença. Os *romanos* acabaram conquistando todo o território e expulsando os gauleses.

Há registros de batalhas entre *gauleses* e *romanos* em diversas cidades, mas duas delas, em *Alésia* e *Châlons-en-Champagne*, foram as que mais se destacaram e ficaram na história por terem sido decisivas.

Como os *gauleses* não dominavam a escrita, com o tempo sua cultura e história se perderam. Tudo o que se sabe sobre eles se deve a registros de outros povos, principalmente dos *romanos*.

Durante a dominação roma-

Castelo nos arredores de Beaune.

na, em 451 da era cristã, houve uma tentativa frustrada de *Átila*, o rei dos hunos, que foi rechaçada por uma união de *romanos, visigodos* e *francos.*

Em 478, já enfraquecidos, os *romanos* foram batidos por *Clóvis I*, que se tornou o primeiro rei do que seria no futuro a França.

Essa região ficou dividida por muito tempo entre a França e o Ducado da *Borgonha*, até que, em 1478, o rei Luiz XI anexou a *Borgonha* ao território francês.

O passeio que estou sugerindo foi o que fiz saindo de *Beaune* e visitando em um só dia três lugares históricos.

Há a possibilidade de visitar uma outra cidade, mas vai depender do seu ritmo.

Só como recomendação, se você quiser parar para almoçar, programe um almoço rápido, ou então leve água, frutas e sanduíches.

Saindo de *Beaune* pela rodovia de pista dupla A6 em direção a Paris, após 30 minutos de estrada, a saída 23 dá a indicação de ***SEMUR-EN-AUXOIS***.

Saindo da autopista, há duas placas indicando a cidade. Sugiro ir pela estrada da segunda placa, que vai dar na entrada principal, com uma vista das muralhas e das torres.

Diz uma lenda local que *Semur-en-Auxois* foi fundada

Semur-en-Auxois.

por Hércules, quando voltava da sua passagem pela Espanha.

A história registra que a vila medieval foi fundada em 606 e, a partir daí, não teve uma importância tão significativa.

Durante a Guerra dos 100 Anos, o duque da *Borgonha*, *Felipe, o Duro*, que esteve lutando a favor dos ingleses, tratou de fortalecer a cidade, com as muralhas, defendendo seu território na luta contra os *francos.*

Em 1478, com a anexação da *Borgonha*, a cidade passou para o domínio dos francos.

É uma vila medieval muito bonita e que vale a pena ser visitada.

O ideal é ficar no máximo duas horas, caminhando pela cidade, porque a beleza está nas casas, nos edifícios, nas ruas estreitas. Há várias lojinhas e restaurantes muito atraentes.

O caminho para as outras cidades históricas passa por dentro da vila; é só decidir parar. Confira no Google, pesquisando *Semur-en-Auxois*, e veja as fotos. Você vai querer conhecer.

Todos os anos, na última semana de maio ou início de junho, há um Festival Medieval, com festas e roupas típicas. Verifique antes pela internet a semana exata em que ocorre o evento.

FLAVIGNY-SUR-OZERAIN

Seguindo o roteiro, saindo de *Semur-en-Auxois*, você chega à vila medieval de *Flavigny-sur-Ozerain*. Fica muito perto, no máximo 25 quilômetros.

A primeira atração é a pracinha, a casa do prefeito, a lojinha de chocolate do filme

Igreja e casa do Prefeito no filme *Chocolate*.

Chocolate, aquele com *Juliette Binoche* e *Johnny Depp*.

Há uma indicação de estacionamento fora da cidade, mas dá para entrar de carro e estacionar sem problema, perto da pracinha do filme.

Historicamente foi uma vila muito importante. Hoje vivem lá não mais do que 300 habitantes.

Fundada em 719, tornou-se um centro de peregrinação religiosa por causa da história apócrifa de Santa Regina.

Segundo a lenda, no século III, ela resistiu aos abusos do então governador romano da *Gália*, *Olibrius*, e foi martirizada.

Seus restos mortais estão na abadia local.

A cidade passou então a fazer parte do caminho de Santiago de Compostela.

Loja do filme *Chocolate* em Flavigny-sur-Ozerain.

Hoje, no entanto, já se sabe que esta é uma história apócrifa de *Santa Margarida de Antioquia*, na Turquia, trazida por algum cavaleiro de uma das Cruzadas.

Minha recomendação é que, se você ainda não assistiu ao filme *Chocolate*, assista, porque vai ser superinteressante caminhar e identificar as locações.

A visita a essa vila, para conhecer e fotografar, leva no máximo duas horas.

Batalha de Alésia

Saindo de *Flavigny-sur-Ozerain* há uma pequena estrada que vai direto para *Alésia*, também muito perto.

Alésia é famosa por ter sido o local da batalha, em 52 a.C., de romanos comandados pelo imperador *Júlio Cesar* e por *Marco Antônio* contra o líder dos gauleses, *Vercingetórix*.

Nesta batalha, havia quatro gauleses para um romano. Mesmo assim, com as armas e as estratégias de guerras, os *romanos* venceram.

Segundo a história, foi a mais importante batalha de Júlio Cesar.

Depois desta vitória, os romanos passaram a conquistar e dominar grande parte da *Gália*.

Esta batalha também marcou o fim da dominação dos *gauleses* na região.

A atração da cidade é o museu no local da batalha, com audiovisuais e um espaço externo para representações ao vivo, com caracterizações da época da famosa batalha. Os audiovisuais e as representações são feitas em horários específicos. Pode acontecer de você chegar lá e ter de esperar algum tempo para assistir.

No centro da cidade, há uma grande estátua de *Vercingetórix*.

O personagem de quadrinhos Asterix foi criado com base no líder *gaulês*.

ABBAYE DE FONTENAY

A *Abadia de Fontenay* fica logo

Museu da batalha de Alésia.

Abadia de Fontenay.

depois de *Alésia*, pela mesma pequena estrada que vem de *Flavigny-sur-Ozerain*.

É muito simples e bonita e você vai levar no máximo duas horas para visitar.

Foi construída em 1118 por Bernardo de Claraval, que se tornaria São Bernardo, como um mosteiro da Ordem de Cister com o objetivo de ser um local isolado de reclusão de 300 frades, para uma vivência despojada de bens materiais. Ali produziam seu próprio alimento, sem a ajuda de empregados e terceiros.

A abadia foi pilhada pelo rei Eduardo III da Inglaterra durante a Guerra dos 100 Anos.

Durante a Revolução Francesa, em 1789, os frades foram expulsos e a abadia, declarada um bem do governo.

Em 1852, foi considerada Monumento Nacional, mas, sem nenhum cuidado, ficou abandonada.

Em 1906, foi vendida a um banqueiro de *Lyon*, *Edouard Aynard*, que a restaurou totalmente e a colocou para visitação.

Em 1981, foi declarada Patrimônio Mundial pela Unesco.

A *Abadia de Fontenay* pertence ainda hoje à família Aynard.

Como disse, é uma visitação de no máximo duas horas. Os prédios restaurados estão muito bem conservados. Não há nada de mobiliário ou objetos artísticos. É totalmente despojada.

Para mim, a maior atração foi uma pequena fundição onde os

frades trabalhavam o ferro, para produzir ferramentas de trabalho, de agricultura e objetos para a cozinha, panelas, pratos, garfos, facas e outras mais.

Um pequeno riacho foi desviado para passar dentro da fundição para captação da água, e inclui uma roda d'água.

Há um roteiro sugerido de visitação que termina em uma surpreendente e muito bonita livraria.

Esses três lugares que sugeri são um passeio de um dia inteiro, com calma, apreciando a paisagem.

Há uma quinta cidade que, dependendo do seu ritmo de visita, dá tranquilamente para visitar também.

São todas muito próximas uma das outras.

VÉZELAY

Fica do lado esquerdo da rodovia A6, *Beaune-Paris*, na saída 22, *Avallon-Vézelay*.

É uma vila medieval com muralhas e uma grande igreja.

O estacionamento fica fora da muralha.

A vila tem só uma rua, com pequenos restaurantes e lojinhas dos dois lados.

A atração é a Basílica de Santa Madalena. Muito grande e desproporcional para o tamanho da vila.

Vézelay, no entanto, tem muita história, e isso a torna interessante.

História da cidade

A basílica começou a ser construída em 850 como parte de um mosteiro beneditino.

A vila ficou conhecida quando o monge *Baudillon* trouxe da Terra Santa, na 1ª Cruzada, relíquias, pedaços de ossos, do corpo de Maria Madalena.

Em 1058, o Papa Stefano IX confirmou a autenticidade da relíquia.

Vézelay tornou-se um centro religioso de peregrinação.

A vila foi escolhida como ponto inicial do *Caminho de Santiago de Compostela* e a parada final de um outro caminho religioso, o *Caminho de Cister*, que se inicia na *Abadia de Cister* (*Cîteaux*).

Quando da 3ª Cruzada, os reis *Felipe Augusto*, da França, e *Ricardo Coração de Leão*, da Inglaterra, marcaram de se encontrar com seus cavaleiros em Vézelay e de lá seguiram para a Terra Santa, para libertar *Jerusalém* dos infiéis.

Bernardo de Claraval, frade cisterciense que depois seria canonizado como São Bernardo, orou e conduziu um ato religioso, pedindo a Deus proteção aos cruzados.

Com o passar dos anos e dos séculos, *Vézelay* foi perdendo sua importância, mesmo porque outros centros religiosos foram sendo criados, à medida que outros cruzados retornavam com relíquias de outros santos.

© Grahamec/Wikipedia

Vézelay, Santuário e Cidade Histórica.

Aliás, várias cidades da *França*, da *Espanha*, de *Portugal* e da *Itália* têm em suas igrejas relíquias trazidas pelos cavaleiros nas três Cruzadas.

No século XVIII, as relíquias de Santa Maria Madalena foram roubadas em *Vézelay*, o que provocou grande comoção na cidade e na região.

Durante vários dias, foram feitas procissões, orações e pedidos para que fossem devolvidas. Isso realmente acabou acontecendo dois meses depois. Com isso, houve uma renovação e o aumento da peregrinação na vila.

Segundo alguns historiadores, foi uma estratégia da própria igreja local para reavivar o centro religioso.

Hoje, a cidade recebe mais o turismo convencional do que o religioso. Mas a atração maior é o relicário com as relíquias de *Maria Madalena*, em uma capela do subsolo da igreja.

Vézelay produzia vinhos tintos e brancos de boa qualidade, mas todos os vinhedos foram dizimados pela filoxera, praga que acabou com os vinhedos da *França*, da *Espanha*, de *Portugal* e da *Itália* no século XIX.

A partir de 1970, os vinhedos voltaram, com uvas *Pinot Noir* e *Chardonnay*.

Já existe de novo um grande número de vinhedos ao seu redor. É uma estratégia para dinamizar a economia do lugar, para não depender unicamente do turismo.

Antes de ir a *Vézelay*, perguntei a um amigo se valia a pena conhecer. Respondeu que não, que era só uma grande e antiga igreja, nada mais.

Para mim, que sabia da história, visitar *Vézelay* teve outro significado.Como fica um pouco fora do roteiro, vai depender do seu interesse ou disponibilidade de visitar.

Sempre que viajo, levo muito em consideração a história dos lugares.

Há alguns anos, em Israel, o guia nos levou a um lugar comum, um vale com duas elevações de cada lado. À primeira vista, nada importante. Então, ele falou:

"Este é o vale de Elah! Deste lado, estavam os hebreus. Do outro lado, os filisteus. Os filisteus tinham um guerreiro gigante chamado *Golias*..."

Naquele momento, aquele vale ganhou um dimensão diferente para mim.

D732
D730
D137
E5
D699
D731
D699
D674
D2
SAINT ESTEPHE
D1215
E606
D730
D674
PAUILLAC
SAINT JULIEN
D730
D1215
D137
D674
MARGAUX
Isle
LIBOURNE
AB9
Rio
Dordogne
D1
D209
D1215
POMEROL
A10
BORDEAUX
SAINT-ÉMILION
NB9
GRAVES
Rio Dordogne
Rio
Garome
A63
A62
D708
CADILLAC
A660
SAUTERNES
A65
MEDOC
A63
A62
D993
A63
D8
D655
Parque Natural
Regional des
Landes de
Gascogne
D993N
A65
D63
D993N

FRANÇA – BORDEAUX
ÁREA AMPLIADA
Parque Natural Regional Périgord Limousin
N21
D939
AB9
AB9
D710
N21
D710
D47
A20
D840
GOFFRE DI PADIRAC
BEYNAC
D25
ROCAMADOUR
D710
A20
D840
D807
D660
D673
N21
A20
D653
D710
D911
D911
D102
D656
N21
D656
D653
Parque Natural Regional des Causses du Quercy
A20
D926
D5
D653
A20
D115
N21
A62
A62
D930
D999

Bordeaux, e o espelho d´água.

*A região de **Bordeaux** é uma das maiores produtoras de vinho da França, produzindo alguns dos melhores e mais caros do mundo.*

***Bordeaux** é uma cidade grande, muito movimentada, circundada por um anel viário, com trânsito equivalente ao da Marginal do Tietê, em São Paulo. Apesar de os locais de interesse ser muito próximos uns dos outros, a locomoção de um lugar para o outro é complicada.*

O Medoc, onde estão os grandes produtores de grand crus, fica a oeste da cidade.

Já a região de Saint-Émilion, a mais linda e que reúne uma quantidade enorme de produtores, incluindo as cidades de Pomerol, Cadillac e Libourne, fica a leste de Bordeaux.

ONDE SE HOSPEDAR

O lugar para se hospedar vai depender da sua programação de viagem.

Você pode se hospedar em Bordeaux e de lá sair todos os dias para visitar as regiões dos vinhedos.

O tempo que leva do centro de Bordeaux até o Medoc, a oeste, ou Saint-Émilion, a leste da cidade, vai depender do tráfego do anel viário.

Depois de passar o anel viário, leva-se no máximo uma hora e meia até os locais.

Você pode programar um dia para o Medoc e o outro para Saint-Émilion.

É importante reservar um dia inteiro para as atrações de Bordeaux.

Em Bordeaux há uma oferta enorme de hotéis para todos os gostos e bolsos.

Confira no *TripAdvisor* ou peça a alguma agência que recomende.

Outra opção seria se hospedar em Bordeaux. No primeiro dia conhecer e visitar as atrações da cidade, e no segundo dia as vinícolas no Medoc. Caso haja interesse você pode dedicar mais de um dia para Bordeaux ou Medoc.

Depois ir para a região de Saint-Émilion e se hospedar em um hotel ou agroturismo. Como é próximo, de lá poderá visitar também as vinícolas de Pomerol, Cadillac e Graves.

Na cidade de *Saint-Émilion* há vários hotéis e pousadas. O grande problema é que é proibido dirigir dentro da cidade.

Há bolsões de estacionamento fora, o que torna um pouco difícil chegar aos hotéis. Eu recomendaria, antes de reservar um hotel, verificar e consultar sua acessibilidade.

Há também hotéis e agroturismos fora da cidade.

HISTÓRIA DA AQUITÂNIA

Bordeaux foi fundada por volta de 300 a.C. por tribos celtas.

O imperador romano Augusto, em 27 a.C., deu o nome de Aquitânia a toda essa província banhada pelos rios Dordonne e Gironde, e fez de *Bordeaux* sua capital.

A essa altura já havia vinhedos e se produziam vinhos. Coube aos romanos, como em todos os lugares que dominaram, melhorar e incrementar a produção.

A cidade e a região floresceram até século III.

Nos séculos seguintes, a cidade foi invadida, saqueada por *vândalos* e dominada por diversos povos, como os *visigodos* e os *francos*, caindo na obscuridade até o século VII.

Vale a pena falar um pouco dos *francos*

Não existem registros históricos sobre a origem dos *francos*. Acredita-se que eram grupos germânicos nômades que viviam na região do Rio Reno.

Como criavam sempre problemas para os romanos, o imperador Juliano autorizou-os a se fixarem na Gália belga.

A partir daí se expandiram, dando origem ao povo francês.

O franco Clóvis I é reconhecido como o primeiro Rei da França, coroado em 481 da era cristã na Catedral de *Reims*.

Outro famoso rei dos francos foi o católico Carlos Magno, que conquistou grande parte da Europa e teve uma importância tremenda ao vencer os árabes em *Poitiers/Tours*, em 732, livrando a Europa de se tornar uma grande nação do Islã.

Os francos dominaram a região da *Aquitânia* até o ano 877, quando então se tornou um ducado independente.

Bordeaux, às margens do

© Autor desconhecido/Wikipedia

Leonor, Duquesa da Aquitânia e Rainha da Inglaterra.

© Merry-Joseph Blondel/Wikipedia

Ricardo Coração de Leão, Rei da Inglaterra.

Rio Garrone, já era então uma cidade muito importante, principalmente por ter seu porto com acesso direto ao mar, e muito perto da *Inglaterra*.

Foi a partir do século XII que teve início o desenvolvimento de toda essa região.

LEONOR, DUQUESA DE AQUITÂNIA

Leonor, *duquesa de Aquitânia*, era uma das noivas mais desejadas da época, pela importância que *Aquitânia* e *Bordeaux* representavam no cenário europeu.

Leonor decidiu se casar com o rei *Luiz VII* da França.

Com o marido, participou da segunda e malsucedida Cruzada, para libertar Jerusalém dos gentios.

Ao retornar, com autorização do papa, divorciou-se do rei *Luiz VII* e se casou com o então duque da Normandia, Henrique II.

Dois anos depois, *Henrique II* assumiu o trono da Inglaterra, e Leonor tornou-se duquesa da *Aquitânia*, duquesa da *Normandia* e rainha da *Inglaterra*.

É nesse período que a produção de vinho toma um impulso fantástico na região.

Sendo *Bordeaux* um porto muito próximo da Inglaterra, e sendo o rei governante também de toda região da *Normandia* e *Aquitânia*, autorizou e assinou tratados e negócios para a produção e exportação de vinho, inclusive para outros países.

Os vinhedos se multiplica-

Bordeaux, e o rio Garonne.

ram em toda a *Aquitânia*.

Bordeaux tornou-se uma das cidades mais importantes da Europa.

A partir de então, essa região atraiu um número enorme de investidores na produção de vinho.

Leonor da *Aquitânia*, rainha da *Inglaterra*, foi em sua época a mulher mais poderosa da Europa. Após a morte do rei *Henrique II*, coube a ela administrar as desavenças dos filhos na luta pelo trono. Um de seus filhos, o rei *Ricardo Coração de Leão*, seguiu seu exemplo. Foi lutar contra *Saladino* em Je-

rusalém, junto com *Felipe Augusto*, rei da França, e *Frederico Barbarossa*, do Sacro Império Romano-Germânico, deixando o irmão mais novo *João Sem Terra* em seu lugar.

O apelido *Sem Terra* provém do fato de o filho caçula, invariavelmente, não herdar quase nada. O primogênito era o privilegiado.

Com a ausência do rei *Ricardo Coração de Leão*, seu irmão *João Sem Terra* criou problemas com a população, aumentando impostos e confiscando propriedades.

Nessa época, na história da

Château de Vayres, no estuário Gironde.

Inglaterra criaram-se lendas que permanecem vivas até os dias de hoje, como *Robin Hood* e *Ivanhoe*.

O ducado de *Aquitânia* floresceu até a morte da *rainha Leonor*, em 1204. A partir daí sofreu as consequências das diversas guerras e batalhas pelo domínio da região, e ao final da Guerra dos 100 Anos (1337-1453), passou definitivamente a pertencer à França.

BORDEAUX

Bordeaux, desde sua fundação, em 300 a.C., por sua localização estratégica, sempre desempenhou um papel importante na história da Europa e da humanidade.

Independentemente da produção do vinho, seu porto, voltado para oeste, para as Américas, exerceu sempre uma atração aos governantes de todas as épocas.

Château Lafite-Rothschild.

No século XVI, *Bordeaux* teve um desenvolvimento muito grande. Além da exportação de vinho, centralizou o comércio mundial de açúcar e o tráfico de escravos para os países da América do Norte e Central.

Neste período, a cidade cresceu e tornou-se uma metrópole.

Durante a Segunda Guerra Mundial, serviu de base para submarinos italianos e alemães, que saíam dali para atacar os navios dos aliados.

Muitos deles ainda ficaram por lá e tornaram-se atrações culturais.

Foi em *Bordeaux* que o cônsul português *Aristides Sousa Mendes*, contrariando as ordens de *Salazar*, emitiu milhares de vistos autorizando refugiados a entrar em Portugal. Acredita-se que tenha salvado mais de 10.000 judeus do Holocausto.

A cidade é muito bonita, o centro histórico, as construções, os prédios antigos, o Garrone que se mistura com as águas do mar e cria um estuário enorme.

Vale a pena visitar o *Musée d'Aquitaine*, o *Musée du Vin et du Négoce* e a *Casa de Goya*,

© Jaymantri/Pexels

Vinhedos no Medoc.

© David Perez/W kipedia

pintor espanhol que viveu os últimos quatro anos da sua vida na cidade.

O escritor *Victor Hugo*, autor do livro *Os Miseráveis*, disse: "*Toma Versailles, junta com Antuérpia e você tem Bordeaux!*".

Antuérpia é o porto mais importante da Bélgica, na foz do Rio Reno.

MEDOC

O *Medoc* é uma região a oeste de *Bordeaux*, onde estão concentrados os grandes produtores de *grand crus*.

O caminho é pela saída 8 do anel viário. Dali até à região do *Medoc*, de carro leva uma hora e meia.

Você pode se orientar pelo GPS ou seguir as placas.

A cidade de *Pauillac,* que fica na parte mais alta da região, abriga o *Château Mouton-Rothschild*, o *Château Lafite-Rothschild* e o *Château Latour*, considerados os mais importantes *grand crus*.

Toda essa região do *Medoc* fica muito próxima do mar, o clima marinho e *terroir* dão uma qualidade muito especial aos vinhos.

O solo é uma mistura de argila, areia e pedregulhos.

Outras cidades muito próximas uma das outras, como *Margaux, Saint Estèphe* e *Saint-Julien,* abrigam vinícolas importantes que merecem também ser visitadas.

A maioria das mais importantes vinícolas, como *Château Margaux, Lafite-Rothschild* e *Mouton-Rothschild*, não aceitam visitas, e o turista tem de se contentar visitando algumas

© F. Fantin/Wikipedia

Pauillac, no Medoc.

Vinhedos no Gironde.

menores, como *Pavie*, *Carron*.

Vale, no entanto, tentar através de alguma agência de turismo local marcar uma visita a essas grandes. Sendo da região, a agência, até por uma relação de amizade, pode conseguir.

Aliás, minha recomendação é que contrate uma agência para marcar e programar as visitas. Ganha-se tempo e tem garantia de atendimento.

Medoc é uma região muito bonita. As estradas são pequenas, com um movimento relativamente baixo. Dá para guiar o carro tranquilamente, passando pelas vilas e pela cidade, curtindo a paisagem.

CASTAS DOS VINHOS

Para a produção dos vinhos, utilizam o que chamam de corte bordalês, com 60% de Cabernet Sauvignon e 40% de Merlot, podendo incluir uma pequena porção de *Petit Verdot*.

Saint-Émilion.

A maioria das vinícolas segue à risca esse *blend*.

Os vinhos são encorpados com alto grau de tanino.

Com isso, a marca, a vinícola é muito importante. O vinho é escolhido não pela uva, mas pela origem, pela vinícola que o produziu.

SAINT-ÉMILION

A região a leste de *Bordeaux*, onde está situada a vila medieval de *Saint-Émilion*, é para mim a região mais bonita. Uma infinidade de vinhedos a perder de vista.

De *Bordeaux* a *Saint-Émilion*, são menos de 100 quilômetros de distância. Sem considerar o tempo do anel viário, leva no máximo quarenta e cinco minutos.

A história da região de *Saint-Émilion* é a mesma da Aquitânia e de *Bordeaux*. Os celtas, os *gaulios*, os *romanos*, os *visigodos* e os *francos* dominaram por um tempo a região e provocaram a fixação das pessoas na terra.

A produção de vinho já existia e foi incrementada com a presença dos romanos e se desenvolveu durante o domínio dos reis da Inglaterra.

A vila medieval de *Saint-Émilion* foi criada no século VIII, quando um frade confessor nômade chamado *Émilion* aproveitou uma pequena caverna nas pedras e fez dali sua *ermitage*.

Após alguns milagres atribuídos ao eremita, o lugar tornou-

-se um centro de peregrinação e a vila foi naturalmente sendo formada com a chegada de peregrinos e outros religiosos.

Foram construídos vários monastérios e tornou-se um importante centro da religião católica.

A produção de vinho nessa época cresceu bastante pela atuação dos religiosos que produziam não só para consumo próprio, como também para venda, assim mantendo sua subsistência.

O fortalecimento do comércio com a *Inglaterra*, com a própria *França* e com o resto do mundo fez com que o plantio dos vinhedos e a produção de vinho crescessem muito, e hoje tem grande participação no total de vinho produzido na região de *Bordeaux*.

Saint-Émilion é uma pequena vila medieval, cercada de muralhas, com construções muito antigas, ruas estreitas, com declives e aclives muito acentuados, que para caminhar exige certo esforço. Ou seja, há muitas subidas e descidas.

No Centro de Turismo, que fica na parte alta da cidade, você pode conferir as atrações da região e da cidade e obter informações sobre visitas e reservas às vinícolas. Pode também contatá-los antecipa-

Vinhedos em Saint-Émilion.

Pomerol, ao lado de Saint-Émilion.

damente pelo e-mail em www.saint-emilion-turisme.com

Há um tour muito especial que conta a história de *Saint-Émilion* e que leva os turistas a visitar a caverna e a *ermitage* do Santo. Uma espécie de trono escavado na pedra era, segundo a história, onde ele se sentava para meditar. Segundo uma antiga lenda celta, dizem que, se uma mulher estéril sentar no trono de *Saint-Émilion*, tornar-se-á fértil.

Há ainda, no subsolo, uma catacumba e uma igreja escavada nas pedras construída por um nobre que tomou como modelo uma igreja que viu na Capadócia, durante as Cruzadas.

A tumba de *Saint-Émilion* nunca foi identificada.

Sobre esse lugar foi construída uma igreja que é hoje a principal da cidade.

Saint-Émilion faz parte da rota francesa dos peregrinos a caminho de Santiago de Compostela.

Durante a Guerra dos 100 Anos (1337-1453), a cidade passou várias vezes pelos pode-

Igreja Monolítica em Saint-Émilion.

res da *Inglaterra* e da *França*. A partir de 1453, passou definitivamente para o poder da *França*.

Uma região de vinhos de alta qualidade

Essa é uma região de vinhos incrível. Além de *Saint-Émilion*, há *Pomerol, Libourne, Fronsac, Graves* e outra mais. Para visitar muitas delas, é necessário fazer reserva, mas em algumas há atendimento direto.

Aqui também, se puder fazer reservas através de alguma agência de turismo local, é melhor.

Estas vilas e cidades ficam muito próximas umas das outras e em volta delas há uma infinidade de vinhedos. É impressionante prazeroso e lindo passear pelas pequenas estradas que ligam todas elas.

Castas das Uvas

Não existe, como na Borgonha, uma formalização obrigatória da utilização de castas de uvas. Nessa região, na produção do vinho utilizam-se tradicionalmente 80% de *Merlot* e 20% de *Cabernet Franc*. Há sempre a possibilidade de uma variação percentual.

Algumas vinícolas têm incluído uma pequena parte de *Malbec* ou *Petit Verdot*. Mas a regra geral é *Merlot* e *Cabernet Franc*.

Aqui também a escolha do

Vinhedos em Saint-Émilion.

vinho é pela origem, pelo produtor ou seja, pela vinícola que produziu.

Um pouco mais ao sul, na região de *Graves*, onde estão *Pessac-Leognan* e *Barsac*, vale a pena uma visita à cidade de *Sauternes*. Ali é produzido, segundo os locais, o melhor vinho branco doce do mundo. Por volta de setembro, as uvas são atacadas por um fungo microscópico que faz com que percam a maior parte da água, restando então uma concentração maior de açúcar, o que dá uma característica toda especial ao vinho.

Catedral de Saint-Émilion.

O *Sauternes Château D'Yquem* é o único *grand crus* nessa categoria.

Visita à vinícolas

Uma vinícola que sugiro visitar em *Pomerol* é a *Château Siaurac*. É um antigo palácio no meio dos vinhedos.

O tour se inicia com um guia contando a história da vinícola, a genealogia da família, incluindo a visita a algumas dependências de sua habitação, um passeio pelos vinhedos, onde são apresentadas as dife-

Gruta de Santo Hipólito.

Vinhedos em Saint-Émilion.

rentes castas.

Depois, a visita às instalações da produção e, finalmente, a degustação dos vinhos.

Fui agraciado pela recepção do proprietário *Paul Goldschmidt*, que dedicou um bom tempo contando a história do vinho nessa região.

Mostrou-me uma coleção de artes, que inclui esboços de *Miró* e *Picasso* e a primeira edição de um livro de *Voltaire*.

Eu recomendo fortemente, se você for à região de *Saint-Émilion*, visitar a vinícola *Siaurac*, em *Pomerol*. Não há necessidade de fazer reserva.

Visitei mais umas cinco vinícolas familiares e, em cada uma delas, fui muito bem atendido. Importante notar que em toda a região o profissionalismo é muito grande. O negócio do vinho é a base da economia, e eles sabem que nós visitantes somos muito importantes.

Com Paul Goldschmidt, Vinícola Siaurac.

Eu sugiro uma visita a essa região de junho a setembro. É quando os vinhedos estão cobertos de folhas e uvas.

Capela Cripta de Zaqueu em Rocamadour.

CIDADES MEDIEVAIS DA AQUITÂNIA BORDEAUX

*Na região da **Aquitânia** estão algumas das vilas medievais mais lindas da França.*

Minha sugestão de roteiro é que, depois de conhecer a região de Bordeaux, aproveite para visitar três lugares incríveis, relativamente próximos, Beynac, Rocamadour e Gouffre de Padirac.

Saindo de *Saint-Émilion* no sentido leste, pela rodovia D936, de pista simples, a estrada segue margeando o Rio *Dordogne* (Dordonha, em português), com um visual lindíssimo.

A rodovia passa por dentro de vilas e pequenas cidades, o que exige redução de velocidade.

A estrada é tão bonita que compensa o pouco de tempo que se perde no trânsito.

Outra opção é ir direto a *Beynac* e a *Rocamadour* pela autopista A89, que passa próximo de *Saint-Émilion*. Você ganha tempo, mas perde no visual.

A primeira cidade relativamente importante que aparece nesse trajeto é **Bergerac**.

É uma cidade com relativa importância comercial e industrial, de porte médio, muito arborizada e com vários museus.

Não há grandes atrações, mas desperta curiosidade histórica e cultural.

Bergerac nos remete ao famoso personagem de nariz comprido *Cyrano de Bergerac*, peça de teatro de 1897, de *Edmond Rostand*, sobre a vida de um romântico e trágico herói que se tornou uma referência de época para os franceses.

A peça é baseada na história atribulada e romântica do escritor *Hector Savinien* (1619-1655), que utilizava como pseudônimo *Cyrano de Bergerac.*

Tanto o autor da peça *Rostand* como o escritor *Savinien* nunca estiveram em *Bergerac.*

A cidade, no entanto, aproveitando a popularidade da história, erigiu duas estátuas do romântico e trágico herói como uma forma de homenagem que acabou virando atração turística.

Como é a primeira cidade do passeio, você pode entrar, passear, conhecer e seguir a viagem.

Passando por *Bergerac*, a estrada muda de D936 para D660 e, depois, para D29, sempre em direção a *Beynac-et-Cazenac.*

Durante todo o trajeto, o caminho vai sempre margeando o Rio *Dordogne.*

BEYNAC

Chegando a *Beynac*, do lado direito da estrada, bem em frente à entrada da vila, há um estacionamento público às margens do rio.

Na entrada da vila, fica a maioria das lojinhas e dos restaurantes.

É uma vila medieval com um castelo no topo.

A subida é íngreme e requer certo esforço físico, mas vale a pena.

Lá no topo, além do castelo, há uma lojinha de presentes e um pequeno restaurante com lanches.

Você pode visitar o castelo com guias ou por conta própria. Há uma programação de visita com guias, mas vai depender da hora que você chegar.

Se tiver que esperar, dá para fazer por conta própria, sem problemas. Na entrada, você recebe um mapa com uma pequena descrição histórica e é só seguir as indicações.

Indo com calma, pois há várias escadas, dá para visitar o castelo em uma hora.

A vista lá de cima da torre compensa todo o esforço. As fotos do alto ficam incríveis.

Um pouco da história de *Beynac*

O castelo é do século XII, época em que os ingleses dominavam a região. Nesse período, *Dona Leonor, duquesa da Aquitânia e rainha da Inglaterra*, deu o castelo de presente a seu filho *Ricardo Coração de Leão*, que na verdade esteve lá só uma vez.

Por sua localização, foi muito importante na Guerra dos 100 Anos (1337-1453), passando, várias vezes, pelas mãos de ambos os lados, até pertencer definitivamente aos *francos*.

Em 1962, foi adquirido pelo empresário *Lucien Grosso*, que o restaurou e o abriu para visitação.

Foi declarado Monumento

Rio Dordogne - vista do castelo.

Imponente Castelo de Beynac.

Nacional em 1994.

Por sua beleza e estilo de época, o castelo de *Beynac* serviu de locação para vários filmes, entre eles *Joana D'Arc*, de *Luc Besson*, com *Milla Jovovich* e *John Malkovich*, e o americano *Para Sempre Cinderela*, com *Drew Barrymore* e *Anjelica Houston*.

As cenas no rio do filme *Chocolate*, com *Juliette Binoche* e *Johnny Depp*, foram filmadas no rio *Dordogne* próximo de *Beynac*.

Acredito que você possa reservar três horas para visitar *Beynac*, incluindo um tempo para descansar e fazer um almoço ou lanche rápido.

Há um castelo muito próximo em *Cazenac* que também é muito bonito.

Próximo de *Beynac* estão duas vilas consideradas entre as mais

Passeio de barco pelo rio Dordogne.

lindas da França, *Castelnaud-la-Chapelle* e a mais bonita de todas, *La Roque-Gageac*.

Ficam a quatro e cinco quilômetros de distância, seguindo a estrada.

ROCAMADOUR

A próxima cidade do roteiro é *Rocamadour*.

Como fica um pouquinho mais distante, sugiro checar no mapa ou programar o GPS.

Rocamadour é uma vila incrustrada em paredão de pedras, que parece estar suspensa no ar.

Há duas estradas para chegar à vila. Uma antiga, cheia de curvas, que chega do outro lado do vale e dá uma visão magnífica da vila incrustrada no paredão. A outra, mais nova, que chega por cima e já sai dentro da vila.

Se você usar esta estrada, sugiro guiar até o outro lado, só para ver a vila do lado de lá.

No meio do vale corre o Rio *Alzou*, um afluente do Rio *Dordogne*.

Rocamadour é considerada uma das cinco vilas medievais mais lindas da França.É um santuário religioso consagrado a *Nossa Senhora Negra*. Há uma só rua, onde estão as lojas, os restaurantes e poucos hotéis.

O santuário fica na parte superior, com a nave principal, algumas capelas e a sala dos milagres. Há duas opções para subir até o santuário, um elevador encravado nas pedras e uma escadaria.

Peregrinos pagam promessas subindo de joelhos.

No topo da montanha há um pequeno castelo medieval e um grande jardim que pode ser visitado.

A vista de lá é magnífica.

Rocamadour é cheio de histórias e lendas.

Lenda religiosa

A lenda religiosa remete a *Zaqueu* e *Verônica*, personagens da Bíblia e da história cristã.

Zaqueu era um coletor de impostos que vivia em Jericó. Certo dia, para ver *Jesus* passar, como era muito pequeno,

Refeitório dos cavaleiros no Castelo de Beynac.

Rocamadour vista da estrada velha.

subiu em uma árvore.

Jesus, ao vê-lo, disse: "*Zaqueu, desce da árvore porque hoje vou à sua casa!*".

Zaqueu se converteu e doou parte de sua riqueza aos pobres.

Verônica é a mulher que enxugou o rosto de *Jesus*, no caminho do Calvário, e a imagem de *Cristo* ficou estampada na toalha.

Diz a lenda que os dois assistiram à morte de Jesus na cruz e, perseguidos pelos romanos, com a ajuda de um anjo, tomaram um barco que os levou até a *Aquitânia*, no sul da *França*.

Lá, *Zaqueu* e *Verônica*, sua esposa, começam a pregar o cristianismo.

Indo a *Roma*, presenciaram os martírios de *São Pedro* e *São Paulo*.

Na volta para a *Aquitânia*, sua esposa morreu. Mais tarde, foi canonizada como *Santa Verônica*.

Zaqueu mudou seu nome para *Amadour* e decidiu viver como um eremita em uma caverna.

Esculpiu em uma madeira escura a imagem da Virgem Maria, para homenagear e cultuar a mãe de *Jesus*.

O lugar passou a ser procurado pelos cristãos e, após muitos milagres, tornou-se um santuário religioso, com o nome de *Rocamadour*.

Após sua morte, no ano 70 da era cristã, o santuário continuou sendo procurado por peregrinos em busca de milagres.

A partir do século X, os beneditinos construíram um mosteiro, assumindo a condução e preservação da religiosidade.

A sepultura e o corpo de *Za-*

queu nunca foram encontrados.

No santuário há uma capela destinada a ser, simbolicamente, a cripta de Amadour.

A vila recebe regularmente milhares de peregrinos e é uma das etapas obrigatórias do caminho de *Santiago de Compostela*.

Lenda da espada de Heitor

Outra lenda conta que *Carlos Magno*, o mais importante rei dos francos, recebeu das mãos de um anjo a mítica espada *Durandal*, que pertenceu a *Heitor*, o maior guerreiro de *Troia*. E que ele, *Carlos Magno*, ofereceu-a a seu melhor e leal cavaleiro, *Rolando*.

Antes de uma grande e importante batalha, *Rolando* foi a *Rocamadour* para orar e pedir proteção. Prometeu que, se saísse vitorioso na batalha, traria a espada de volta para o santuário.

Fincado nas pedras há um pedaço de lâmina de uma espada que, segundo a lenda, é o que sobrou, com o passar do tempo, da mítica *Durandal de Rolando*.

Independentemente das histórias, é uma vila muito bonita, que oferece, além da religiosidade, passeios, trilhas e cachoeiras.

No meu roteiro, passei por *Bergerac* e *Beynac* e programei dormir em *Rocamadour*. Como cheguei no meio da tarde, tive tempo mais do que suficiente para visitar e conhecer a pequena vila.

Além disso, eu havia programado para a manhã seguinte conhecer *Gouffre de Padirac*, ou *Gruta de Padirac*, muito próxima dali.

GROUFFRE DE PADIRAC

É considerada a gruta mais bo-

© Traumrune/Wikipedia

Legendária espada Durandal de Rolando.

© Sail O./Wikipedia

Entrada da Gouffre de Padirac (Gruta de Padirac).

nita da França e uma das mais lindas do mundo.

Fica a vinte minutos de *Rocamadour* e é um passeio de meio dia.

A gruta abre para visitação às 9 horas e recebe diariamente numerosos visitantes.

Minha sugestão é que você procure chegar lá muito próximo desse horário, para evitar filas.

Não é permitido fotografar dentro dos túneis da gruta.

É um buraco de 35 metros de diâmetro e 103 metros de altura.

Há elevador e escada para descer até a base da caverna. A partir daí é que se inicia realmente o passeio pelas galerias e pelos túneis.

Já no começo do passeio aparece um rio subterrâneo de águas turmalinas.

Em um pequeno ancoradouro, toma-se um barco, manejado por um guia com um varejão, acompanhando a correnteza, que é bem tranquila.

São mais ou menos três quilômetros, passando por

Local onde o rio desaparece por entre as pedras

cavernas, galerias e túneis com formações e cores variadas.

O barco vai até outro ancoradouro, onde o rio praticamente desaparece por um buraco, para o fundo da terra.

Nesse lugar, especificamente, há uma galeria enorme, do tamanho e da altura de uma grande catedral.

As formações rochosas, as luzes e as cores proporcionam uma visão deslumbrante.

O passeio todo, caminhando ou de barco, se dá sob centenas de *estalactites* e *estalagmites*.

Estalactite é formada pelas gotas d'água que filtram e formam cones do teto em direção ao solo.

Estalagmite é formada pelas gotas que pingam e formam cones do solo em direção ao teto.

O passeio para percorrer, subir e descer pelas galerias exige certo esforço, mas compensa pela beleza e pela grandeza do lugar.

História da gruta

Os registros da existência da gruta vêm do século XV.

Os habitantes da região diziam que ali morava o demônio e pediram a *Saint-Martin* que orasse para expulsá-lo.

O demônio fez então um desafio. Se *Saint-Martin* atravessasse o buraco da caverna, que tem 35 metros de diâmetro, montado em seu burrico, ele iria embora.

E assim foi feito: *Saint-Martin*, montado em seu burrico, flutuando no ar, atravessou a boca da caverna de um lado a outro. O demônio deixou o lugar para sempre.

Outra história é que, durante a Guerra dos 100 Anos, os ingleses em fuga esconderam na gruta um grande tesouro, que incluía ouro, prata e pedras preciosas.

Em novembro de 1889, *Édouard-Alfred Martel*, considerado o *pai da espeleologia*, ao lado de três outros importantes desbravadores, iniciou a exploração da gruta.

No início de novembro de 1898, foi aberta ao público e oficialmente lançada na *Feira Mundial de Paris de 1900.*

Édouard-Alfred Martel convenceu *George Beamish*, herdeiro de uma empresa de cerveja irlandesa, a investir na gruta como um negócio rentável.

Esse grupo é o proprietário da gruta até hoje. Recuperou todo o dinheiro investido e continua obtendo lucros.

Na *França*, o subsolo das propriedades pertence aos proprietários do solo, diferentemente do que acontece no Brasil.

Para adquirirem os 45 quilômetros de subsolos da gruta, tiveram de comprar terras de diversos pequenos proprietários. Eles fizeram constar da escritura que, se o tesouro enterrado pelos *ingleses* na Guerra dos 100 Anos fosse encontrado, seria dividido em partes proporcionais entre todos os antigos proprietários.Esse tesouro até agora não foi encontrado.

O rio subterrâneo

Após a exploração da gruta, traçou-se um novo objetivo: descobrir onde o rio subterrâneo saía na superfície.

Em 1947, colocaram um corante no rio dentro da gruta. Dias depois, ele apareceu em alguns riachos, a 20 quilômetros de distância, inclusive em um pequeno lago no vale do Rio *Dordogne.*

Isso gerou um sonho muito grande entre os exploradores/mergulhadores de atravessarem o rio até o lago.

As primeiras explorações foram iniciadas pelos mergulhadores em 1948. Somente no dia 19 de outubro de 2014, a travessia foi completada.

A exploração foi sendo feita aos poucos, pelo grau de dificuldade que apresentava.

Do lugar onde o rio desaparece dentro da gruta até o pequeno lago, são 20 quilômetros, três deles totalmente submersos.

Nesses 17 quilômetros não submersos, os mergulhadores encontraram diversas galerias e formações geológicas espetaculares.

Um dos mergulhadores percebeu que o rio já estava chegando à superfície quando ouviu o barulho do trem de *Rocamadour* sobre a cabeça.

Gruta de Padirac é um passeio de meio dia e vale muito a pena.

Após o passeio à gruta, você pode seguir de carro em direção ao norte, para Paris, ou rumo a leste, para Provence ou Borgonha.

A1
A16
A1
A4
A13
A13
PARIS
A104
A4
D407
A10
A5
A11
A6
A5
A19
A6
A77
A10
A71
D965
FRANÇA – CHABLIS
D965
ÁREA
AMPLIADA
N151
D978

26
A34
A4
ÉPERNAY
A4
Parque Natural Regional de la Montagne de Reims
A4
A4
Parque Natural Regional de Lorraine
D951
A26
N4
N4
N4
N4
D951
N67
D964
A26
TROYES
D960
D965
A5
N77
A31
A5
D965
CHABLIS
D965
A31
A6
VÉZELAY
A6
D974
Parque Natural Regional du Morvan
A36
BEAUNE
A36
D978
A39
A6

CHABLIS

Chablis é uma região nobre de vinho branco.

© BIVB / Aurélien IBANEZ

***Chablis** é uma pequena cidade da Borgonha que vive exclusivamente da produção de um vinho branco seco, muito especial e de alta qualidade.*

*Na França e em todo o mundo, os vinhos **Chablis** têm uma multidão de fãs e consumidores fiéis.*

Por suas características, tem sido referendado como o melhor vinho para acompanhar frutos do mar e peixes, e existe uma razão especial para isso.

A importância do terroir

O que diferencia o vinho branco seco de *Chablis* dos demais é o *terroir*.

Há cerca de 150 milhões de anos, uma grande parte dessa região era coberta por um mar quente e pouco profundo. Com a movimentação das placas tectônicas, aos poucos o mar foi recuando, deixando uma região com vários morros e um solo fértil.

Hoje, em seu subsolo ainda são encontrados fósseis, pequenas ostras, caramujos e conchas que preservam os nutrientes marinhos.

As raízes dos vinhedos absorvem esses nutrientes, que dão uma característica muito especial à uva e, consequentemente, ao vinho.

O vinho *Chablis* é considerado a melhor harmonização com frutos do mar e peixes.

História e desenvolvimento

O nome *Chablis* vem da junção de duas palavras celtas, *Cab*, que significa casa, e *Leya*, que significa *próximo da floresta*. Há registros de que os gauleses já plantavam uvas nessa região. O desenvolvimento dos vinhedos aconteceu durante a dominação dos romanos nos séculos I a III da era cristã.

No século XII, monges cistercienses da Abadia de Pontigny ajudaram a desenvolver a viticultura em toda essa região. A Ordem de Cister, fundada em 1098 por *Roberto de Champagne* e *Bernardo de Claraval* (1090-1153), depois São Bernardo, teve uma destacada atuação em toda a Borgonha.

Os monges das diversas ordens religiosas foram muito importantes no desenvolvimento da produção de vinho da França.

Foi no século XVI, graças a uma boa estratégia de distribuição, que o vinho *Chablis* teve reconhecimento nacional

© BIVB/Aurélien IBANEZ

Vinhedos de Chardonnay.

e internacional.

A localização da cidade, relativamente próxima de Paris, facilitou a distribuição e comercialização. O vinho era transportado através do Rio Yonne, que, por sua vez, é afluente do Sena. Assim, chegava às mesas de reis e nobres mais facilmente.

Daí, conquistar o mundo foi um salto.

Em meados do século XIX, toda a região foi afetada e quase dizimada pela *filoxera*.

A praga, que destruiu mais de 60% dos vinhedos da França, Portugal, Espanha e Itália, também fez estragos em *Chablis*. A maioria das videiras teve de ser replantada.

Modernização e calefação

Em 1955, com a implantação da mecanização, aumentou a eficácia na produção dos vinhos. Restava ainda o problema do frio e das geadas, que eram instáveis, mas frequentes.

Chablis sofre com um inverno muito rigoroso e em várias ocasiões teve a produção de um ano toda perdida por geadas, que ocorrem geralmente na primavera. Exatamente no período do aparecimento dos brotos.

A solução veio com um sistema especial de calefação que utiliza fios elétricos diretamente nas videiras.

Vinhos e uvas

Os vinhos *Chablis* são produzidos exclusivamente com a casta *Chardonnay*, mas alerto a todos os amantes do vinho branco que... *Chablis* é *Chardonnay*, mas nem todo *Chardonnay* é *Chablis*.

A região é demarcada pela qualidade do subsolo, onde estão os fósseis marinhos que influenciam a obtenção dos nutrientes. Também é categorizada pela qualidade do vinho que cada uma produz.

Há somente sete vinícolas, dentro da região demarcada que produzem vinhos categorizados de Grand Cru, que são: *Bougros*, *Preuses*, *Vaudésir*, *Grenouilles*, *Valmur*, *Les Clos* e *Blanchot*. A produção dessas vinícolas representa 2% do que é produzido na região.

Estes vinhos Grand Cru são considerados entre os melhores vinhos brancos do mundo.

Classificados como *Chablis* e *Petit Chablis*, são aproximadamente 275 viticultores.

A produção total anual da região é de 35 a 40 milhões de garrafas por ano.

Eventos e festividades

A cidade vive totalmente da produção do vinho e há uma extensa programação de eventos e atividades durante o ano. Há várias festividades na cidade e nas pequenas localidades próximas. A principal festa do

Em Chablis, o vinho branco é rei.

vinho em *Chablis* ocorre no fim de outubro.

Por ser muito perto de Paris, é possível ir de carro ou de trem e voltar no mesmo dia. Ou seja, um programa de um dia. Sai pela manhã de Paris, curte a cidade e retorna no mesmo dia.

Na festa do vinho em outubro, a cidade recebe muitos parisienses.

Chablis é uma cidade pequena, simples, com poucos hotéis e restaurantes. O charme está ao seu redor, nas diversas vinícolas que a circundam.

No centro há uma agência de turismo para ajudar a programar visitas e passeios.

As vinícolas ficam todas muito próximas e é fácil circular pela cidade e pelos vinhedos.

É possível visitar várias delas, sem fazer reservas.

Como o vinho branco seco é leve, dá para degustar vários vinhos, sem grandes problemas.

A topografia se caracteriza por pequenos morros, com os vinhedos nas encostas. A paisagem é deslumbrante. É um festival de cores. Dependendo da época do ano, as cores variam do verde na primavera ao amarelo e vermelho no outono.

O melhor período para visitar Chablis vai de junho a outubro.

Programação da Viagem a Chablis

Pode ser combinada com uma viagem que envolva outras cidades superinteressantes das regiões da Borgonha e Champagne.

Chablis, rodeada de vinhedos.

Fica muito perto de *Beaune*, onde estão as regiões de vinhos conhecidas como *Côte D'Or* e *Côte de Nuits*.

De *Troyes* e *Épernay*, onde estão os produtores de champagne.

E está próxima também de várias cidades medievais e históricas da Borgonha, como *Vézelay*, *Semur-en-Auxois*,

© BIVB / Aurélien IBANEZ

Flavigny-sur-Ozerain.

Além do escritório de turismo que há no centro da cidade, caso haja um interesse em fazer uma programação de visita às vinícolas com uma atenção especial, minha recomendação é que contate o *Bureau Interprofessionel de Vins de Bourgogne de Chablis*. São eles os representantes dos produtores da região.

Na última viagem fui recepcionado pela gerente de comunicação e marketing, *Françoise Roure*, que disponibilizou, também folhetos, catálogos e livros.

O contato direto com o Bureau pode ser feito através dos sites www.vins-bourgogne.com e www.bourgogne-wines.com

Ou contatar diretamente *Noémie Horteur* pelo e-mail documentation@bivb.com

FRANÇA – CHAMPAGNE
REIMS
HAUTVILLERS
ÉPERNAY
OGER
TROYES
Parque Natural Regional Montagne de Reims
ÁREA AMPLIADA
N31
A26
E50
A4
D1
D3
D980
D854
D933
D373
D951
D934
N4
D403
D441
D619
D610
A5

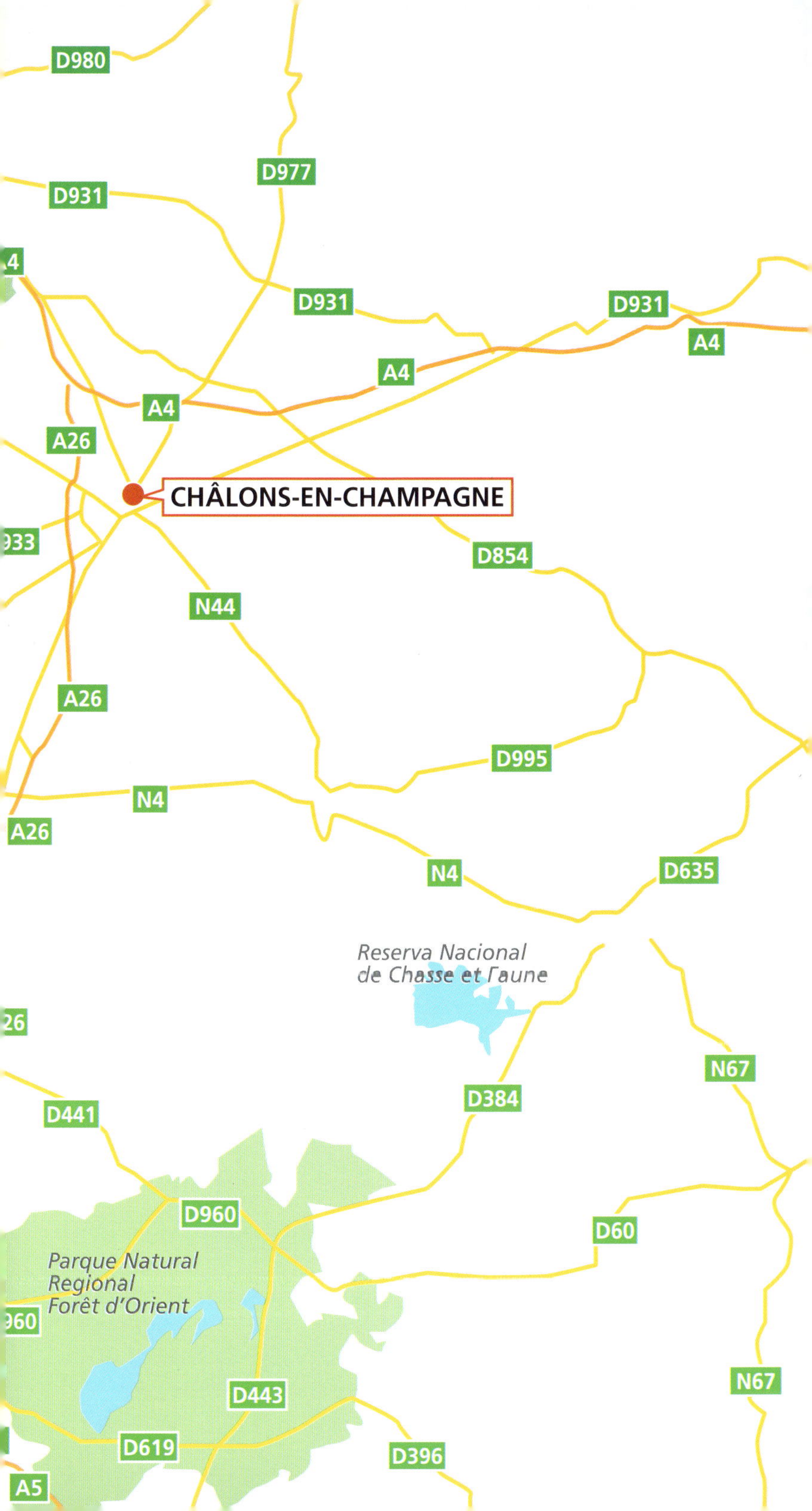
D980
D977
D931
D931
D931
A4
A4
A4
A4
A26
CHÂLONS-EN-CHAMPAGNE
D854
N44
A26
D995
N4
A26
N4
D635
Reserva Nacional
de Chasse et Faune
N67
D384
D441
D960
D60
Parque Natural
Regional
Forêt d'Orient
D443
N67
D619
D396
A5

CHAMPAGNE

Vinhedos e rosas em Champagne.

Nos textos de Chablis e Beaune, sugeri que seria ideal programar uma viagem para essa região combinando visitas também às cidades históricas da Borgonha.

É possível combinar a viagem com Troyes e Épernay, ambas na região de ***Champagne*** *e também muito próximas.*

Um pouco de história

Essa região era dominada pelos celtas até a chegada dos *romanos*, que a controlaram durante os séculos I, II , III e IV. No século V, em 451, foi invadida por *Átila*, o rei dos hunos, e em 887 sofreu uma surpreendente invasão dos *vikings*.

Depois passou a ser território dos francos, com a coroação do primeiro rei, *Clóvis I*.

Durante a Segunda Guerra Mundial, ficou em poder da Alemanha. Sua importância estratégica se deve à localização, no meio do país, e com rios importantes cruzando seu território, *Sena* e *Marne*.

A história do Champagne – Dom Pérignon

A história da criação do *champagne* é muito controversa.

Ela registra que o possível criador do *sparkling wine* tenha sido o inglês Christopher Merrett.

Mas o desenvolvimento, a consolidação da produção e a aceitação pelos consumidores só ocorreram com a obtenção de um vinho de alta qualidade na região de Champagne, na França.

E, neste caso, *Dom Pérignon* teve participação e contribuição importantes.

O monge *Dom Pierre Pérignon* (1638-1715) chegou à cidade de *Hautvillers* em 1668 para assumir a responsabilidade pela produção do vinho na Abadia de Saint Pierre, dos beneditinos.

Até então, esse trabalho era executado por um punhado de monges, que produziam uma quantidade pequena e de baixa qualidade.

A abadia possuía grandes extensões de terras, e a produção de vinho era essencial para o sustento dos religiosos.

Dom Pérignon começou seu trabalho analisando os vinhedos, selecionando as castas e identificando as melhores regiões para o plantio.

Reformou os depósitos, adegas, prensas e lagares, que estavam em péssimas condições.

A partir daí, iniciou o processo ano a ano de melhoria contínua da qualidade da safra e da produção.

Dom Pérignon era inventivo, estudioso e perfeccionista.

Os cuidados começavam

já na colheita, com os cachos manuseados e transportados com muito cuidado para não machucar as uvas.

A armazenagem era feita em depósito com luz e temperatura adequadas.

Como inovação, ele fazia a degustação das uvas antes de ir para o lagar.

Essa degustação era feita pela manhã, após ficar a noite anterior em jejum, para poder sentir melhor o sabor.

Fazia várias experiências com misturas de uvas de diferentes castas, vinhedos e até safras, buscando sempre a melhor qualidade.

Dom Pérignon.

Era totalmente contra a introdução de outras substâncias no plantio e na produção do vinho.

Com isso, o *champagne* da Abadia de Saint Pierre passou a ser reconhecido como de ótima qualidade, e a fama de *Dom Pérignon* se espalhou pela região.

Suas técnicas foram aos poucos sendo utilizadas por outros produtores.

Dom Pérignon faleceu em 1715 e deixou um legado valioso. Por volta de 1821, um de seus sucessores, Dom Groussard, com o objetivo de valorizar e colocar no registro da história a abadia, iniciou a divulgação das conquistas de Dom Pérignon, colocando-o como o “criador” do champagne (champanhe ou champanha, em português).

Túmulo de Dom Pérignon.

Uva Chardonnay.

Segundo consta, a garrafa de champagne era lacrada com uma cavilha de madeira e amarrada com estopa.

Durante o outono e o inverno, o frio prejudicava a fermentação. Só quando a temperatura começava a subir é que a fermentação acontecia naturalmente. Perdia-se muito tempo. Mesmo assim, quando da fermentação, o lacre de cavilha de madeira estourava.

Dom Pérignon experimentou lacrar com cera de abelha derretida. O vinho em contato com o açúcar da cera provocou uma fermentação tão grande que estourou o lacre, violentamente.

Segundo a lenda, foi assim, acidentalmente, que se descobriu a refermentação, com a inclusão do açúcar, como é feito até hoje. Hoje se adiciona açúcar líquido de cana, ou seja, a garapa.

Catedral de Notre-Dame em Reims.

Para vedação, utilizam-se a cortiça e uma amarra de metal.

Dom Pierre Pérignon está enterrado em frente ao altar-mor da pequena igreja de Hautvillers.

A cidade fica muito próxima

Caves na Taittinger.

Sede da Taittinger em Reims.

de Épernay, cerca de cinco quilômetros, no caminho para Reims.

As terras e os vinhedos da abadia pertencem hoje a Moët & Chandon.

Terroir e uvas

O terroir dessa região da *Champagne* não é muito propício para um vinho tinto ou branco de boa qualidade. A opção por produzir *champagne*, um produto mais elaborado, foi a solução encontrada para viabilizar a produção de vinhos nessa região.

É uma área pequena na região de Champagne dedicada à produção do vinho, principalmente perto de Reims, *Épernay* e *Troyes*.

As outras cidades da região de Champagne têm suas economias baseadas em outros produtos agrícolas e também na criação de gado e ovelhas.

As principais castas utilizadas são *Chardonnay, Pinot Noir, Pinot Gris, Pinot Blanc* e Pinot *Meunier*.

REIMS

Reims é a principal cidade da região de *Champagne*.

É reconhecida pelos franceses pela belíssima *Catedral Notre-Dame de Reims*, onde foram coroados todos os reis de França, a começar pelo primeiro, Clóvis I.

Em Reims estão instaladas várias importantes produtoras, incluindo uma das mais reconhecidas e famosas, a *Taittinger*.

Taittinger

Conta a história que, durante a ocupação nazista, Hitler se apropriou de todas as produtoras de vinhos da França.

Regiões como *Bordeaux, Borgonha, Provence* e *Champagne* estiveram sob intervenção e comando dos nazistas.

Hitler destacou para esse fim especialistas e importadores de vinhos da Alemanha.

Apreciador que era, ele recebia caixas dos melhores vinhos produzidos na época.

Seu *champagne* preferido era a *Taittinger*.

Em uma ocasião, quando as garrafas a ser enviadas a Hitler foram selecionadas, por um erro ou até por intenção, não se sabe ao certo, foram enviadas algumas de qualidade inferior.

O *Fuhrer*, ao beber o vinho, percebeu logo a baixa qualidade e mandou destruir todas as garrafas. Além disso, deu ordem para que o responsável pelo envio fosse preso. Neste caso, foi alguém da própria família *Taittinger*.

Ficou detido alguns dias e depois liberado, para continuar o trabalho e a produção.

As instalações da *Taittinger* ficam relativamente próximas do centro de Reims, em uma travessa do Boulevard Victor Hugo, muito perto da Igreja de Saint-Remi, que também vale a pena visitar, pois é belíssima.

Vinhedos em Champagne.

Barril de carvalho levado pela Mercier na Feira Mundial de Paris em 1889.

Vinhedos em Champagne.

Não é necessário reservar horário para visitação e degustação. Há atendimento e programação durante o horário comercial.

A atração maior da visita é o tour pelos túneis e subterrâneos onde estão armazenadas as garrafas.

Além da *Taittinger*, há muitas outras produtoras de *champagne* a visitar em Reims.

ÉPERNAY

Épernay fica às margens do rio *Marne*, ao sul de *Reims*.

A atração da cidade é a *Avenue de Champagne* ou *Maisons de Champagne*, onde estão localizadas, em sequência, várias produtoras.

Lá estão *Moët & Chandon, Mercier, Boizel, Comtesse Lafond, Demoiselle, Perrier-Jouët, Pol Roger*.

Como estão, em sua maioria, localizadas uma ao lado da outra na *Avenue de Champagne*, fica muito fácil programar suas visitas.

Na maioria, não há necessidade de reservar ou marcar com antecedência.

Os tours de visitação e degustação ocorrem o dia todo, no horário comercial.

É superinteressante conhecer o processo e a elaboração da produção do *champagne* como um todo. A visita aos túneis, galerias subterrâneas, onde são armazenadas as garrafas, é surpreendente.

São milhares armazenados em quilômetros de túneis.

Em algumas delas, os túneis têm mais de 30 quilômetros de galerias, e uma infinidade de garrafas esperando o tempo certo de ir para o mercado.

As principais produtoras que visitei foram *Moët & Chandon, Mercier, Boizel, Demoiselle* e *Cave aux Coquillages.*

Visitas às domaines

Moët & Chandon é a marca mais importante de *Épernay*.

O prédio para visitação e degustação é o primeiro na *Avenue de Champagne.*

Muito do sucesso dessa bebida deve-se a essa marca.

A *Moët* foi fundada em 1743 por *Claude Moët*, mas foi seu neto *Jean-Remy Moët* que, já no fim do século XVIII, promoveu o *champagne* como uma bebida de categoria especial.

Sua amizade com *Napoleão Bonaparte* ajudou a tornar a marca reconhecida na França, na Inglaterra e em outros países da Europa.

Há uma placa registrando a visita de *Napoleão Bonaparte* à *Moët & Chandon*, datada de 26 de julho de 1807.

A marca *Chandon* foi incorporada no fim do século XVIII, por sucessão familiar.

De acordo com a repartição dos bens feita por Jean-Remy, metade ficou com seu filho e a outra metade com a filha, casada

Champagnes na cave.

com *Pierre Gabriel Chandon.*

Moët & Chandon faz parte hoje de um grupo internacional de produtos de alta qualidade, a LVMH Moët Hennessy, que inclui as marcas *Louis Vuitton, TAG Heuer, Bulgari, Fendi, Kenzo, Christian Dior, Dom Pérignon, Veuve Clicquot* e *Mercier.*

A visita às suas instalações não requer agendamento antecipado e funciona regularmente durante o dia.

Inclui um tour pelas galerias subterrâneas, onde estão armazenados milhares de garrafas esperando o tempo certo de irem ao mercado, e a degustação, de muito alto nível.

Moët & Chandon é o champagne preferido da rainha Elizabeth II.

Mercier – um exemplo de empreendedorismo

Na segunda metade do século XIX, o jovem empreendedor *Eugene Mercier*, que já tinha certo reconhecimento no mercado, convenceu alguns empresários a investirem na produção de *champagne.*

No projeto, foram estabelecidas algumas premissas importantes.

Não investiriam em vinhedos. O *champagne* seria produzido com uvas de diversos produtores. Ele seria o responsável principal, com totais poderes. A marca levaria seu nome, *Mercier.*

Em muito pouco tempo, a marca *Mercier* tornou-se reconhecida na França e em todo o mundo, graças às ações

Vinhedos e flores.

Vila e vinhedos.

de promoção e marketing que desenvolveu.

Curiosamente, naquele tempo, o marketing, como é conhecido hoje, não existia.

A Feira Mundial de Paris de 1889 era uma vitrine para a França e para o mundo. As feiras mundiais eram onde os empresários iam descobrir e conhecer novos produtos.

Além da França, a Inglaterra e os Estados Unidos eram os grandes consumidores de vinhos na época.

Eugene Mercier mandou construir na Hungria, em carvalho, um tonel com capacidade para 160.000 litros, ou 213.000 garrafas, pesando 20 toneladas.

Na abertura da Feira Mundial de 1889, entrou em Paris com o tonel puxado por 12 juntas de bois e desfilou pela *Champs-Élysées*.

O tonel de *champagne da Mercier* foi a segunda maior atração, depois da *Torre Eiffel*.

Esse tonel está em exposição no saguão principal do prédio da *Mercier* em *Épernay*.

Dez anos depois, já muito reconhecido no mundo inteiro, na Feira Mundial do Século, em 1900, também em Paris, *Mercier* abriu para degustação em um *Open Bar*, em um balão a 300 metros de altura, preso por um cabo de aço.

O balão tinha a altura da *Torre Eiffel* e exibia em destaque a marca Mercier.

Vale lembrar que *Santos Du-*

mont só decolou com seu *14 Bis* em 1906, ali mesmo em Paris.

E não ficou por aí. Um fato inusitado provocou uma promoção extraordinária.

No final da feira, como atração, foi programado um voo do balão de volta a *Épernay*. O mau tempo desviou o balão e, com muita dificuldade, ele conseguiu pousar na Bélgica. Os policiais belgas descobriram dentro do balão seis garrafas de *champagne* e autuaram os ocupantes.

Na semana seguinte, a história do balão e das seis garrafas *Mercier* estava em todos os jornais da Europa. Foi uma tremenda propaganda espontânea.

Continuando a visão estratégica de comunicação de Eugene Mercier...

Em 1886, os **Irmãos Lumière**, de *Lion*, haviam inventado o cinema. Em 1899, *Eugene Mercier* encomendou aos *Irmãos Lumière* o primeiro filme de propaganda de um produto, uma marca, na história das comunicações.

O filme *A Produção do Champagne da Uva Até o Copo* foi realizado em dois anos e visto por mais de 3,7 milhões de espectadores.

Eugene Mercier foi ao seu tempo um gênio em comunicações. Deixou firmada na sua empresa uma cultura organizacional que funciona até hoje.

Em 1927, a *Mercier* deu de presente de casamento a um dos familiares da *Moët & Chandon* a marca *Dom Pérignon*.

Barril de carvalho oferecido a Jean-Remy Möet, por Napoleão Bonaparte em 1810.

Pôster da Feira Mundial de Paris em 1889.

Moët & Chandon havia comprado todos os vinhedos e as dependências dos frades beneditinos. Faltava só a marca *Dom Pérignon*, que *Eugene Mercier* havia, inteligentemente, registrado em seu nome.

A marca *Dom Pérignon* é hoje a top de linha da *Moët & Chandon*.

Mercier e *Moët & Chandon* são visitas obrigatórias em *Épernay*.

Hoje a marca *Mercier* faz parte do grupo da Moët & Chandon.

LION

Pelo fato de ter citado os *Irmãos Lumière*, estou abrindo um espaço para falar de Lion, que fica mais ao sul.

Se sua programação de viagem incluir *Lion*, não deixe de visitar a *Mansão Lumière*, museu da história do cinema. Lá estão *a Rua, o Galpão e a Máquina do Primeiro Filme*, além de diversas outras máquinas e objetos relacionados à invenção e à criação do cinema.

É possível também assistir ao *Primeiro Filme – L'Arrivée d'un train en gare de La Ciotat*, de 60 segundos, e muitos outros ali disponíveis.

Esse filme é hoje encontrado facilmente na internet.

Os *Irmãos Lumière* também fizeram várias invenções na área da fotografia.

Lion é a segunda maior cidade da França, com um foco grande na moda e na gastronomia. Foi também a segunda mais importante cidade dos *romanos* depois de Roma.

Túnel para armazenar champagnes.

Degustação com arqueologia Champagne Legrand-Latour

La Cave aux Coquillages nos foi recomendada pela atendente do Escritório de Turismo que fica no início da *Avenue de Champagne.*

Fica na pequena vila de *Fleury-la-Rivière*, nos arredores. Saindo pela rodovia D3 em direção a *Paris*, 5 quilômetros depois há uma indicação à direita para a vila de *Damery*. Atravessando essa vila e o rio *Marne*, chega-se em seguida à vila de *Fleury-la-Rivière*. É muito pequena, com só uma rua, e a *La Cave aux Coquillages* fica no fim dela, do lado esquerdo.

Vou preferir narrar em detalhes a visita para que o leitor possa apreciar melhor.

"Nossa visita estava marcada para as 14h30. São normalmente dois *tours* pela manhã e dois à tarde.

Chegamos 15 minutos antes do horário. É uma residência antiga, encostada em um morro, onde estão os vinhedos. Tocamos a campainha e veio atender o proprietário, um senhor de meia-idade, magro, alto e muito simpático.

Levou-nos até um salão, que vi que era da degustação, e lá estavam outro casal e duas crianças de cerca de sete anos de idade, e que iriam fazer o *tour* conosco.

No horário certo, às 14h30, nos deu um protetor de plástico para os sapatos e iniciamos o *tour*.

Abriu uma grande porta e apareceu um túnel escavado por dentro do morro, embaixo dos vinhedos.

Encravados nas paredes foram

aparecendo fósseis de peixes, caramujos de todos os tamanhos e milhares de conchas.

À medida que caminhávamos, ele ia explicando a que período da história geológica pertenciam.

Chegamos a um pequeno museu, onde havia uma exposição de fósseis já catalogados e separados por ordem dos períodos geológicos.

Caminhamos pelos túneis até um lugar onde estavam dois jovens estudantes de arqueologia coletando material do solo.

Ele então pegou uma pequena pá, raspou do chão uma quantidade de uma terra arenosa, peneirou e mostrou-nos uma quantidade grande de pequenas conchas.

"*Aqui, há 55 milhões de anos, era mar!*"

Seguimos e entramos em um laboratório, onde havia mais três estudantes limpando e selecionando os fósseis. Ele sentou e mostrou-nos como os fósseis eram identificados e selecionados.

As duas crianças ouviram atentas e curiosas.

De lá fomos de volta ao salão da degustação.

Ele explicou que era apaixonado por arqueologia e que aliava esse trabalho ao prazer de produzir *champagne*.

As raízes de seu vinhedo descem mais de 9 metros e atingem esse terreno com fósseis marinhos. Levam nutrientes especiais para as uvas, que, por sua vez, dão um sabor todo especial para o *champagne*.

A degustação foi muito especial. Além de estarmos contagiados pelo inusitado do tour, o

Museu de Fósseis.

Com Patrice Legrand, proprietário da La Cave aux Coquillages.

sabor do *champagne* era muito bom, diferente dos que tínhamos provados em outros locais.

Comprei duas garrafas para beber comendo frutos do mar.

O lugar é utilizado para práticas de estudantes de arqueologia.

Se forem a *Épernay*, visitem a *La Cave aux Coquillages*. Façam reserva com antecedência."

Cidades próximas e arredores

Épernay é cercada de vinhedos por todos os lados. Ao seu redor há pequenas vilas e cidades com vários produtores de *champagne*.

Laboratório de classificação de fósseis.

Muito perto e no meio dos vinhedos há a pequena cidade de **Oger**, com vários e frequentes ganhadores do *Melhor Champagne do Ano*. Vale a pena pegar o carro e passar um dia visitando a região. Você vai dirigir por meio dos vinhedos, parando nas pequenas vilas e cidades, podendo degustar os melhores *champagnes* do mundo.

Outra cidade próxima importante é *Châlons-en-Champagne*.

Historicamente famosa por ter sido o local da batalha final entre as tropas do imperador romano Aureliano e do imperador da Gália Tétrico I, no ano 274, que selou a dominação romana sobre essa região.

Há trens regulares de Paris

tanto para *Reims* como para *Épernay* e levam cerca de 2 horas e meia.

No início de outubro, *Épernay* celebra a *Festa do Champagne*. Confira na internet a data exata para programar uma visita.

Nesse período, os trens de Paris circulam lotados de pessoas que vêm de manhã e retornam à tarde e à noite.

As reservas de hotel nessa ocasião devem ser feitas com no mínimo 10 meses de antecedência.

TROYES

Troyes é a capital da região de Champagne e fica ao sul, muito próximo da divisa com a Borgonha.

Até o século XV, era considerada a cidade mais importante dessa região e a principal produtora de *champagne*.

Após o século XV, a maior parte da produção foi deslocada para *Épernay* e *Reims*, onde se instalaram os grandes e novos produtores. Essas duas cidades representam 75% da produção da região.

Em *Troyes* ficaram os pequenos produtores e famílias centenárias, que produzem *champagne* de uma qualidade excepcional.

Eu diria que *Troyes* é uma *butique* de *Champagne*.

Um pouco de história

O primeiro nome foi *Augustobona Tricassium*, em homenagem ao imperador romano Augusto, que derrotou os celtas no século I.

Os *romanos* dominaram essa região por quatro séculos. No século V passou a ser chamada

Vinhedos em Oger.

Cidade de Oger.

de *Civitas Tricassium*, e oito séculos depois, já com a dominação dos francos, recebeu o nome definitivo de *Troyes*.

As invasões de *Átila*, o rei dos hunos em 451 e a dos *vikings* em 887 também ocorreram na região de *Troyes*.

A cidade teve um desenvolvimento muito grande a partir do século XI, quando o conde de *Champagne* criou uma feira de negócios, com exposições e vendas de produtos em geral.

As feiras de *Troyes* eram consideradas entre as mais importantes da Europa.

Uma importante razão que tornou a feira atraente era a segurança que o conde proporcionava aos expositores, comerciantes e visitantes.

A cidade cresceu e se desenvolveu muito durante vários séculos, até que a Guerra dos 100 Anos provocou a paralisação das feiras.

Em 1429, *Joana D'Arc* e o *rei Carlos VII* conquistaram e devolveram aos *francos* o controle da cidade. As feiras foram retomadas, mas não com o sucesso de anteriormente. Essas feiras existem até hoje.

Há em *Troyes* um reconhecimento explícito dessa façanha de *Joana D'Arc*.

Um ano depois, em 1430, ela foi aprisionada pelo duque da Borgonha, que a vendeu aos ingleses.

Foi martirizada e queimada em praça pública, com um exemplo aos inimigos.

Em um dos livros dos *Três Mosqueteiros*, o autor *Alexandre Dumas* situa a aventura em *Troyes*.

Algumas agências e restaurantes têm se utilizado dessa

referência para promover e atrair turistas.

Durante a Segunda Guerra Mundial, a cidade foi dominada e controlada pelos alemães.

Troyes teve a sorte de ter sido preservada dos bombardeios.

Outras atrações de Troyes

A cidade tem hoje cerca de 60.000 habitantes e é banhada pelo rio *Sena*.

Há um canal que capta água do rio para o consumo dos moradores, o que dá um toque especial. Lembra um pouco *Colmar*, na *Alsácia*, e *Bruges, na Bélgica*.

No centro estão os prédios e as construções remanescentes dos séculos XV e XVI.

O canal divide o centro antigo e o mais antigo.

De um lado estão as ruas de comércio, com lojas, bancos, restaurantes, bares e várias opções de hotéis. Minha recomendação é que você se hospede nessa região.

Do outro lado estão a catedral, os prédios públicos e alguns edifícios típicos e antigos.

A Catedral de *São Pedro* e *São Paulo* é uma atração à parte. Há um relicário com algumas relíquias trazidas por *cruzados* da Terra Santa.

Entre todas, as mais significativas são um dente de São Pedro, um fio de cabelo de Maria, mãe de Jesus, um osso de *Maria Madalena* e um pedaço do crânio de *São Bernardo*.

Várias cidades da França têm relíquias de santos ou de personagens que viveram próximas de Jesus.

Centro antigo de Troyes.

Uma das missões dos cruzados era trazer relíquias para suas cidades e torná-las reconhecidas.

Apesar de todas essas relíquias, a catedral não é considerada um local de peregrinação religiosa.

Do lado antigo, onde estão as ruas de comércio, as atrações são os restaurantes e os bares para degustação de *champagne*.

No alto da principal rua de comércio, o bar *Aux Crieurs de Vins* é uma atração especial, com degustação e uma grande variedade de tira-gostos. O *happy hour* é muito concorrido.

Em todo o centro antigo há muitos bares com mesas nas calçadas, bem movimentados.

No Mercado Municipal, também no centro antigo, há boxes com degustação, pratos rápidos, com presuntos, queijos, salames e frutos do mar.

É uma das cidades antigas mais bonitas que eu conheci.

Terroir, vinícolas e uvas

A região de *Troyes* tem o mesmo *terroir de Épernay*. Se lá é banhada pelo rio Marne, Troyes é banhada pelo rio Sena.

As uvas são praticamente as mesmas *Chardonnay, Pinot Noir, Pinot Blanc, Pinot Gris* e *Meunier*.

A grande diferença são as vinícolas, em sua maioria pequenos produtores, inclusive de famílias centenárias. A produção é menor, muitas vezes artesanal e um *champagne* de ótima qualidade.

No casamento do *príncipe William* com *Kate Middleton*, o champagne servido foi da região

Relíquias de Santos na Catedral de Troyes.

Rua central de Troyes.

de *Troyes*, produzido por uma mesma família há 400 anos.

As vinícolas estão espalhadas ao redor da cidade. Na vila de *Montguex*, que fica a 11 quilômetros de *Troyes*, há uma grande concentração delas. O ideal é que você tente programar as visitas antecipadamente por internet. Você pode também chegar ao hotel e pedir que contatem algumas para visitar. A terceira opção é sair de carro em direção a *Montguex* e explorar a região. Vai ser muito bom.

Você pode visitar a *Champagne Didier Doué*, *Daniel Lamoureux*, *Lassaigne-Berlot*, *Philippe Genet*, *Leroy Jean Pierre* e outras.

Recomendo dois a três dias inteiros em *Troyes*. Um dia para conhecer a cidade e um ou dois dias para visitar as vinícolas e os arredores.

Coração iluminado no centro de Troyes.

A região de Champagne está muito próxima de *Chablis* e *Beaune*, na Borgonha. Uma sugestão é visitar essas regiões de carro, saindo de Paris ou de Lion. O período ideal vai de meados de maio até fim de outubro. A temperatura vai estar agradável e é o período de apreciar a beleza dos vinhedos.

D533
N532
D120
A51
D104
D93
A7
D104
N102
D538
D111
D941
D94
E712
D579
D290
D94
A7
D538
CHÂTEAUNEUF-DU-PAPE
PONT DU GARD
A9
AVIGNON
N106
A7
D901
NIMES
SAINT-REMY-DE-PROVENCE
A54
A7
A54
SALON-DE-PROVENCE
D570
N568
A7
A51
AB
A55
A50
A52
A50

FRANÇA – PROVENCE
ÁREA AMPLIADA
ITÁLIA
NB5
94
N94
1
D900
51
NB5
N202
M6202
D907
D952
MÔNACO
SAINT-PAUL-DE-VENCE
AB
NICE
GRASSE
A500
D11
BIOT
D562
D560
AB
CANNES
D559
AB
AB
D25
A57
554
D98
SAINT-TROPEZ
D559
7
A570

CHÂTEAUNEUF-
-DU-PAPE

__Châteauneuf-du-Pape__ fica na Provence, no sul da França, próximo de __Avignon__ e __Marseille__, às margens do rio Rhône, em uma das regiões mais importantes de produção de vinho.
O aeroporto mais perto é em __Marseille__. Há conexões via __Paris__ e __Lisboa__. De __Marseille__ à __Châteaneuf-du-Pape__, de carro leva no máximo duas horas.
Uma outra cidade relativamente próxima é __Lion__.
É imprescindível alugar um carro para circular pela região.

Na Provence há muitas cidades e lugares históricos que a torna muito atraente. Está perto de __Avignon, Nimes, Saint Remy-du-Provence, Salon-de-Provence, Pont du Gard, Les Baux-de-Provence__ entre outras.

Por isso que, ao programar a viagem é preciso estabelecer o tempo e quais lugares pretende visitar. Eu acredito que de três a cinco dias são suficientes.

A primeira vez que vim, o objetivo foi conhecer as cidades e os lugares históricos. Hospedei-me em *Saint Remy-de-Provence*, que tem uma série de atrações, e de lá, de carro saía para conhecer os outros lugares. Como tudo é muito perto, era fácil ir e voltar. Nesta ocasião fui pela primeira vez a *Châteauneuf-du-Pape* para conhecer e degustar vinhos.

Já nas viagem seguinte, o objetivo era visitar vinícolas, preferi então hospedar-me em *Châteauneuf-du-Pape*.

Châteauneuf-du-Pape

Como é uma cidade que vive totalmente da produção de vinho e da visita de turistas há uma boa opção de hotéis, pousadas e agroturismo.

Hotel Château de Fines Roches.

Nos hospedamos no Hotel Château de Fines Roche, perto da cidade. A arquitetura e decoração interna lembram um castelo medieval. Os quartos são bem espaçosos com vistas para os vinhedos.

Oferecem um bom café da manhã e opção de jantar, *à la carte*.

O que sobrou do Castelo do Papa.

Restaurante Les Verges des Papes, ao lado do Castelo.

A cidade tem poucas opções de restaurantes e recomendo fazer reserva. No hotel eles podem indicar.

A cidade é bem pequena, algumas lojas, banco, farmácia e vários lugares para degustação e venda de vinhos.

História e o Papado de Avignon

Em 1304 o rei da França, *Felipe, o Belo*, que exercia grande poder na Europa, entrou em atritos com o papa *Bonifácio VIII*, questionando a interferência da Igreja de Roma na política e nos destinos das nações.

Após a morte de *Bonifácio VIII*, o rei conseguiu eleger como novo papa o francês *Clemente V*, e obrigou-o a transferir a sede da Igreja Católica para *Avignon*.

Por 72 anos, de 1305 a 1377, o Papado ficou na França e nesse período governaram sete papas franceses.

É chamado de Cativeiro Babilônico dos Papas porque na mesma época os judeus ficaram escravos na Babilônia.

Em 1377, o papa *Gregório XI* levou a sede de volta à Roma.

De 1378 a 1417, uma dissidência fez com que houvesse Papas simultaneamente em *Roma* e *Avignon*.

Somente em 1417, o papa Martinho conseguiu unificar a Igreja Católica, mantendo sua sede em Roma.

O primeiro papa a governar em *Avignon*, *Clemente V*, não deixou grande legado.

Foi o segundo papa, *João XXII*, que deixou marcas importantes no desenvolvimento da região.

Estimulou a plantação de vinhedos e a produção de vinhos em todas as regiões às margens do rio Rhône, esse legado permanece cada vez mais forte nos dias de hoje.

Em uma vila próxima de Avignon construiu um castelo, em uma colina, rodeada de vinhedos.

Ali era produzido o vinho destinado às cerimonias religiosas, o vinho do Papa.

Do castelo era possível ver as torres do Palácio Papal de Avignon, e através do sol refletido em espelhos podiam se comunicar.

Em 1893, a vila passou a ser conhecida como *Châteauneuf-du-Pape*, Castelo Novo do Papa.

Châteauneuf-du-Pape – centro.

Após a volta do Papado para Roma, o castelo passou a pertencer ao município.

O castelo no alto da cidade foi preservado até a Segunda Guerra Mundial.

Os nazistas fizeram dele uma base de apoio.

Quando da aproximação dos aliados, antes de baterem em retirada, explodiram o castelo, deixando-o em ruínas. Sobraram somente duas paredes em pé.

Châteauneuf-du-Pape – praça central.

Solos de pedregulhos e argila

Há 2 milhões de anos, o mar chegava até *Châteauneuf-du-Pape*.

Ali era a desembocadura do *Rio Rhône*. Na época, muito mais largo.

Com o estouro do Canal de Gibraltar e a invasão do Oceano Atlântico, formando o Mediterrâneo, o Mar Egeu e o Mar Negro, houve uma acomodação que fez com que o mar recuasse até onde está hoje, em *Marseille*.

Como era em *Châteauneuf* a desembocadura do *Rio Rhône*, ao recuar o mar deixou um depósito de sedimentos, repleto de pedregulhos e pedras, trazidos dos Alpes, misturados com argila.

Em volta de *Châteauneuf* encontram-se vários tipos de solos, muito próximos um dos outros.

Uma das coisas que mais me impressionaram foram os vinhedos plantados em pedregulhos.

São seis metros de profundidade, de pedregulhos.

As raízes, para atingirem a terra, descem mais de 12 metros.

O replantio é feito com uma máquina especial que abre um buraco de 2 metros.

Colocam uma porção de terra para fixação. Depois, fica por conta da planta fazer com que suas raízes desçam até o solo de argila.

Há vinhedos plantados sobre pedras, como no *Douro*.

Há também vinhedos plantados em solos de pedregulhos e pedras, misturados com argila.

O vento Mistral

Um fator importante para o ter-

Solos de pedras e pedregulhos.

Vinhedos e o Castelo do Papa.

roir da região é o vento Mistral.

Ele sopra do norte em direção ao Mediterrâneo, pelo vale do *Rio Rhône*, principalmente durante a primavera e o inverno.

Violento, seco, frio, mesmo em dias ensolarados, chega a atingir a velocidade de 100 quilômetros por hora.

O *Mistral*, no entanto, contribui com dois fatores importantes.

O vento constante não deixa que insetos ou pragas se estabeleçam nos vinhedos.

Além disso, elimina o excesso de umidade das chuvas, mantendo o ar relativamente seco, que é ótimo para a uva.

Filoxera – a praga

Foi justamente nessa região, em 1866, na cidade de *Pujaut*, que a FILOXERA foi identificada pela primeira vez, na França e em toda a Europa.

Há um texto específico e mais detalhado sobre a filoxera.

Joseph Ducos, prefeito de *Châteauneuf-du-Pape* e dono do *Château La Nerthe*, é reconhecido como o viticultor que aprimorou o plantio, identificando as melhores castas a serem enxertadas.

Pelo reconhecimento da sua contribuição, seguiu uma carreira política: foi prefeito de *Châteauneuf-du-Pape* e depois deputado federal.

A belíssima vinícola *Château La Nerthe* pertence hoje a outros proprietários, mas preserva a identidade e cultua a história de seu ex-proprietário famoso.

Divisão da região e castas

Já se produzia vinho na *Provence* em 600 a.C. A produção de vinho, considerada como região do *Rio Rhône*, inicia na cidade de *Vienne*, 20 quilômetros ao sul de Lion, e termina em *Avignon*.

É uma região bem ampla que produz uma variedade grande de bons vinhos.

Se na Borgonha a classificação dos vinhos foi feita pelos monges há mais de 600 anos, na *Provence* as convenções foram estabelecidas mais recentemente.

A Região Demarcada do Rhône (Appelation d'Origine Controlee – AOC) está assim classificada:

- 16 vinícolas têm seus vinhos classificados como *Crus AOC*
- 17 vinícolas produzem e classificam seus vinhos como *Côtes du Rhône Village + Geografic Name AOC*
- 95 vinícolas classificam como *Côtes du Rhône Village AOC*

Todos os outros produtores, cerca de 5.200, têm seus vinhos classificados simplesmente como *Côtes du Rhône*.

Essas classificações são esta-

Vinhos de Châteauneuf-du-Pape.

belecidas por um órgão federal denominado Instituto Nacional de Origem e da Qualidade, que controla não só a produção dos vinhos em todo o país, como também as produções de queijo, carne, mel, manteiga, lavanda e outros produtos.

Cuidam da demarcação das regiões, da qualidade e da quantidade dos principais produtos da França.

Nas regiões próximas de *Châteauneuf-du-Pape*, a casta dominante é a *Grenache*.

Vinhedos e o rio Rhône.

Adega particular – Château de La Gardine.

Mais ao norte, em *Cornas*, *Hermitage*, *Crozes-Hermitage* e *Saint Joseph*, a casta dominante é a *Syrah*.

Algumas vinícolas fazem o blend com essas duas uvas, predominando sempre a casta mais importante de cada região.

Visitas a vinícolas

Toda minha programação de visitas foi feita por *Pierre Fernandez*, proprietário da *Wine Prestige Tour*. Além de excelente e agradável guia, Pierre conhece tudo de vinho e da região. Além do francês, fala fluentemente espanhol e inglês.

Para quem desejar contatá-lo, seu site é www.wineprestigetour.com

Fomos a quatro vinícolas. A primeira, bem tradicional e familiar, **La Boutinière**.

Considerado um produtor de porte pequeno, enfatiza a qualidade.

Châteuneuf-du-Pape, no topo o Castelo.

O proprietário, *Frederic Boutin*, além de produtor de vinhos, é jogador de *rúgbi*.

Em *Châteauneuf-du-Pape*, o *rúgbi* é o principal esporte da cidade.

Domaine Durieu enfatiza a produção de vinhos orgânicos. Seus vinhedos são livres de agrotóxicos.

Château de La Gardine, muito perto do *Rio Rhône*, é tradicional e histórica. Em nossa visita, nosso guia *Pierre* obteve uma autorização especial para que pudéssemos entrar na adega particular do

Parede falsa – Segunda Guerra Mundial – Château La Nerthe.

proprietário. Um espaço simples, escuro e com uma variedade maravilhosa de vinhos especiais.

Château La Nerthe, que pertenceu a *Joseph Ducos*, foi muito especial pelo que representou na história dos vinhedos e dos vinhos na França e em todo o mundo. Foi nessa vinícola que se iniciou o aprimoramento e a definição das melhores castas para os enxertos, após a *filoxera*.

Fomos muito bem recebidos e conduzidos por *Sylvie Chabran*.

Visitamos vinhedos e as instalações e degustamos vinhos muito especiais.

Há nessa vinícola um serviço de armazenagem para importantes clientes.

Empresas e empresários de toda a França compram um lote de garrafas de uma safra especial, que são estocadas em locais apropriados.

Quando desejam garrafas para o consumo, fazem a

Vinhedos do Hotel Château de Fines Roches.

solicitação e a vinícola manda entregar. É cobrada uma taxa de armazenagem e de entrega.

Com isso, o cliente mantém sua adega no espaço do produtor, muito bem conservada e sem que o vinho sofra com manuseios.

Um momento marcante foi a visita no subsolo a um espaço onde, durante a Segunda Guerra Mundial, os vinhos eram escondidos nas paredes. Estão preservadas as prateleiras e ainda algumas garrafas de vinhos daquela época.

PROGRAMAÇÃO DA VIAGEM

Na região do *Rio Rhône* há diversas cidades e vinícolas para visitar.

Château La Nerthe – adegas de clientes

A maioria produz ótimos vinhos. Se for a *Châteauneuf-du-Pape*, programe visitar vinícolas independentemente de escolha. Volto a sugerir que faça, por meio de um agente de turismo local, uma programação antecipada. Você vai ganhar tempo e ficar satisfeito.

Se sua programação inclui *Lion*, recomendo fortemente que passe e visite algumas vinícolas na região de *Hermitage, Saint Joseph*. Ali se produz vinho com a casta *Syrah*. Para alguns, são os melhores vinhos de todo o Rhône.

Se sua viagem à *Provence* tiver como principal objetivo visitar vinícolas e vinhedos, recomendo ir de maio a novembro, preferencialmente julho, agosto e setembro.

Na primeira semana de agosto, durante quatro dias, em *Châteauneuf-du-Pape* é celebrada a *Festa Medieval do Vinho*. São montadas barracas de bebidas e comidas, os habitantes vestem roupas medievais, há muita música, diversas atrações e o vinho é servido em canecas.

O turista compra uma caneca e bebe quanto puder.
A cidade e a região ficam superlotadas.

Os turistas reservam hotéis em cidades da região. Gosto muito de toda essa região da *Provence*. É romântica, histórica e tem um vinho ótimo!

Ruínas romanas em Nimes.

*No texto de **Châteauneuf-du-Pape** faço referências a várias cidades da Provence que poderão fazer parte de um roteiro, muito atraente.*

Como estão muito próximas, e estão interligadas por pequenas estradas que passam por dentro de povoados e vilas, vai ser muito prazeroso, conhecer de carro toda a região.

Para melhor compreensão e programação de uma viagem, separamos as regiões pelas proximidades das cidades.

Châteauneuf-du-Pape, Avignon, Nimes, Saint-Rémy-de-Provence, Salon-de-Provence, Les Baux-de-Provence e Pont D'Arc ficam no interior e muito próximas.

Em uma segunda região, um pouco mais distante, algumas à beira-mar, estão Saint-Tropez, Nice, Grasse, Biot, Saint-Paul-de-Vence, Cannes e Principado de Mônaco.

Todas fazem parte da Provence e visitá-las vai depender da sua programação e tempo.

AVIGNON

Avignon é a cidade mais importante da região. Por 72 anos, de 1305 a 1377, foi a sede da Igreja Católica. Foi neste período que a cidade teve um desenvolvimento grande. No texto de *Châteauneuf-du-Pape* detalho mais este fato histórico

Uma das principais atrações é o castelo sede do Papado, ainda muito bem conservado.

Fica no centro da cidade e oferece *tours* em diversas línguas.

Uma das curiosidades são os cofres falsos que guardavam joias e riquezas dos Papas.

É uma cidade de porte médio para grande, supermovimentada, com ruas de comércio, lojas e restaurantes. O centro é rodeado de muralhas.

Palácios dos Papas em Avignon.

Se for de carro, a sinalização é muito boa.

Há alguns poucos estaciona-

Pont D'Avignon.

Coliseu de Nimes.

mentos dentro das muralhas. O melhor é estacionar fora e ir caminhando.

Avignon fica às margens do Rio *Rhône* (ou Ródano, em português).

A velha ponte da canção francesa "*Sur le pont d'Avignon*" é um dos pontos turísticos mais visitados.

Meio dia é suficiente para passear pela cidade e conhecê-la.

NIMES

Perto de *Avignon* está *Nimes*, uma das mais importantes cidades do Império Romano na Europa.

É uma cidade de porte médio para grande.

As principais atrações estão no centro histórico.

O Anfiteatro Romano, construído em 27 a.C., na época do imperador Augusto, foi totalmente remodelado em 1863 para as corridas de touros e é o mais bem conservado de toda a Europa.

O *tour* inclui visita às instalações internas e a todos os níveis das arquibancadas.

Na entrada, há audiofones disponíveis em diversas línguas, inclusive em português.

No centro, também fica a *Maison Carrée*, construída em 16 a.C. em homenagem a *Caio e Lúcio César*, netos do imperador Augusto, e considerada o templo romano mais bem conservado.

A arquitetura serviu de inspiração para as construções do *Capitólio* em Washington D.C. e da Igreja de *Madeleine* em Paris.

Esse templo não é muito grande. A atração, além da arquitetura, é a apresentação de um audiovisual com a história da cidade.

No centro, há várias lojas e restaurantes. A cidade tem outras atrações históricas, mas não tão significativas.

Há um estacionamento subterrâneo muito próximo do centro. É um passeio também de meio dia.

PONT DU GARD

Pont du Gard é o que restou de um grande aqueduto do século I que fazia parte de um complexo construído pelos

Ruínas de Les Baux-de-Provence.

Pont D'Arc.

romanos para trazer água para a cidade de *Nimes*.

O rio embaixo dos arcos é o *Gardon*. É um lugar muito bonito e, se você tiver tempo, vale a pena conhecer.

Uma dica: no verão dá para entrar na água, que é muito limpa.

LES BAUX-DE-PROVENCE

Les Baux-de Provence são ruínas de um castelo medieval no topo dos rochedos.

Quarto de Van Gogh.

A história não é tão significativa.

O lugar, no entanto, é simplesmente lindo.

A subida ao castelo é por uma rua estreita, cheia de lojas, butiques e restaurantes.

O castelo está em ruínas, mas dá para caminhar pelas muralhas que sobraram.

No chão, há várias catapultas utilizadas nas guerras medievais.

SAINT-RÉMY-DE-PROVENCE

Numa das vezes que fui para essa região, me hospedei por três dias e de lá saí para os passeios.

De porte pequeno, fica muito próxima de todas essas cidades que mencionei, inclusive *Châteauneuf-du-Pape*. É muito fácil, a partir de *Saint-Rémy*,

Catapulta de Les Baux-de-Provence.

Sanatório/Museu de Van Gogh, Saint-Rémy-de-Provence.

conhecer toda a região.

A cidade tem um pequeno centro comercial e vários restaurantes.

Saint-Rémy também tem suas atrações turísticas e históricas.

É cidade natal de *Nostradamus*. Na casa onde nasceu, há uma placa indicativa. Ele, no entanto, viveu a maior parte da sua vida em uma cidade próxima, *Salon-de-Provence*, onde inclusive está o seu museu.

Em *Saint-Rémy* há ruínas romanas e o sanatório, hoje transformado em museu, onde *Van Gogh* ficou internado vários meses e pintou muitas telas.

O interessante desse museu é que há indicação dos lugares que serviram de inspiração para as telas.

Casa de Nostradamus, Saint-Rémy-de-Provence.

A programação da viagem depende do interesse de cada um. Todas essas cidades que estou recomendando – *Châteauneuf-du-Pape, Avignon, Nimes, Les Baux-de-Provence, Saint-Rémy-de-Provence* – ficam muito próximas umas das outras.

Marina em Cannes.

OUTRAS CIDADES DA PROVENCE

Saindo da região de Avignon, indo para leste em direção à Itália, há várias opções de cidades e vilas à beira-mar, a Côte d'Azur.

SAINT-TROPEZ

A primeira que merece uma parada é *Saint-Tropez.*

Famosa nos anos 1960 pelo filme *E Deus Criou a Mulher*, com *Brigitte Bardot.*

A cidade virou um *point* e até hoje é uma atração turística muito grande.

O ideal é ficar em um hotel no centro, próximo das marinas, onde ficam ancorados barcos enormes.

Há uma grande oferta de pequenos hotéis com diárias a preços acessíveis.

O mesmo em relação aos restaurantes de frente ao mar.

Nas ruas próximas da marina, há várias lojas e butiques bem descoladas.

Por ter sido um *point* das décadas de 1960 e 1970, a população de turistas é hoje de idade mais madura, com carrões e motos incrementadas.

Seguindo viagem

Saindo de *Saint-Tropez*, a estrada beirando o mar é um caminho muito bonito para *Nice*, *Cannes* e *Mônaco.*

Passa por várias pequenas vilas e cidades, mas é preciso ter um pouco de paciência, porque é trânsito urbano.

Emaranhado de velas em Saint-Tropez

Perfumerie Fragonard, em Grasse.

São todas balneários de turismo.

NICE

Nice é uma cidade grande, à beira-mar. Não tem nada de muito especial a não ser o fato de estar à beira do Mediterrâneo.

Perto a *Nice*, em direção às montanhas, há duas cidades que valem a pena conhecer: *Grasse* e a linda vila medieval de *Saint-Paul-de-Vence*.

Todas ficam a 30 minutos de Nice.

BIOT

A pequena e antiga vila de *Biot* é famosa pela fabricação de objetos de vidro por sopro. Essa atração, no entanto, funciona somente de junho a setembro. Em outros meses, a vila perde um pouco de seu encanto.

Como há uma estrada secundária para *Grasse* que passa dentro de *Biot*, se tiver curiosidade de conhecer, há um estacionamento na entrada da rua principal.

A vila é bem pequena e vai tomar no máximo uma hora do seu tempo.

GRASSE

A atração de *Grasse* são os tours nas perfumarias Fragonard, Molinard e Galimard, que mostram todo o processo da fabricação dos perfumes, desde a escolha das matérias-primas até a colocação nos vidros e nas embalagens.

Saint-Paul-de-Vence.

Segundo a guia que conduziu nosso *tour* na Fragonard, há hoje em toda a França 50 narizes altamente especializados na preparação e formulação dos novos perfumes. São capazes de identificar 3.200 diferentes fragrâncias. A maioria é homem.

Há três escolas para essa profissão na França: em Paris, Versalhes e Grasse.

O curso dura dois anos e mais sete de especialização.

Grasse é também muito bonita, com suas ruas estreitas e prédios antigos.

Há muitas opções para compras de perfumes e sabonetes nas lojas. De lá saem aromas para perfumes tops, como Chanel e Dior.

A história do filme *Perfume* se passa em *Grasse*. As cenas externas, no entanto, foram gravadas em Barcelona, Girona e Figueres,

na Espanha, e em Paris.

A cena da orgia no final do filme foi gravada no *Poble Espanyol*, um museu ao ar livre em Barcelona, na região de Montjuic, próximo do Centro Olímpico.

SAINT-PAUL-DE-VENCE

Saint-Paul-de-Vence é uma vila medieval pequena, charmosa e linda.

Ali viveram *Modigliani, Matisse, Chagal, James Baldwin, Yves Montand* e *Simone Signoret*, entre outros.

Além de lojas e butiques superdescoladas, há uma grande opção de pequenos e charmosos restaurantes.

Na minha programação, paramos em Vence para almoçar e fomos dormir em Grasse.

CANNES

Cannes é uma cidade de praia muito procurada pelos turistas.

Vale a pena também conhecer pelo *charme* dos festivais de cinema e propaganda.

Uma visita ao Palácio dos Festivais é obrigatória.

A cidade é muito movimentada, e a marina está repleta de barcos de altíssimo nível.

PRINCIPADO DE MÔNACO

Continuando a sequência de cidades na *Côte D'Azur*, vem o *Principado de Mônaco*.

Há várias opções de hotéis e preços muito variados.

Os restaurantes ficam bem espalhados pela cidade, mas não são muitos.

Se decidir dormir em *Mô-*

Saint Paul-de-Vence.

Bugatti 35B de Willian Grover, vencedor do 1° Gran Prix de Mônaco em 14/9/1929.

naco, peça a recomendação do restaurante no hotel.

Pela irregularidade das ruas e túneis, não é fácil circular pela cidade de carro.

Uma atração superlegal é guiar fazendo o circuito da *Fórmula 1*.

Para quem aprecia as corridas, é muito fácil identificar nas ruas o circuito todo.

Programando uma viagem para Provence

Como expliquei, dividi as cidades em duas regiões.

Se seu interesse for vinhos a cidade a ser visitada é *Châteauneufe-du-Pape*. E de lá sair para conhecer as outras cidades próximas da região.

Aí estão *Avignon*, *Saint-Rémy-de-Provence*, *Nimes*.

Acredito que de três a cinco dias são suficientes.

Na outra região a ser visitada estão as cidades próximas e à beira-mar da Côte D'Azur.

Aí estão *Saint-Tropez*, *Cannes*, *Grasse*, *Mônaco*.

Três a cinco dias também são suficientes.

Voce pode combinar e visitar as duas regiões em seis a dez dias. Ou optar por uma só região em um tempo menor.

Fundamental estar de carro. Sempre que vim para estas regiões foi pelo Aeroporto de Marseille, onde aluguei o carro e iniciei a viagem. A devolução do carro, pelo custo é conveniente ser no território francês.

Itália

Piemonte • Toscana

ITÁLIA - PIEMONTE
ÁREA AMPLIADA
SS231
SP7
Fiume Stura di Demonte
SP661
SP236
SP58
SP58
Fiume Tànaro
LA MORRA
SP58
SP12
SP58
SP3
SP3
BAROLO
SP3
SP661
SP163
SP58
SP661
MONFORTE D'ALB
SP57
SP57
SP12

SR29
SS231
SS231
ALBA
SP3
SP3
A33
Fiume Tànaro
SP249
SP7
358
SP158
SP3
SP32
SP157
SP249
SP130
SP32
SP9
ASTIGLIONE FALLETTO
SP130
SERRALUNGA D'ALBA
SP32
SP125
SP32
SP130
SP57

BAROLO
Um lugar de sonhos.

***Barolo** é uma pequena cidade, quase uma vila, rodeada de vinhedos e de outras dez pequenas cidades que também produzem o vinho **Barolo**.*

Coube a ela, por razões históricas, estabelecer o nome, a marca do vinho.

*O vinho **Barolo** é produzido 100% com a uva **Nebbiolo**, e identifica-se com o **Brunello** de Montalcino, na Toscana, que é 100% Sangiovese, e com os vinhos da Borgonha que são 100% produzidos com o **Pinot Noir**.*

A região de Barolo fica no Piemonte, na província de Cuneo. Se colocar no GPS vai aparecer Barolo (Cuneo).

Vindo do sul da França ou da Itália pela rodovia A10, em Savona sai a rodovia A6 para o norte, em direção a Torino. Na altura da Mondori/Cuneo há placas indicativas para Alba e Barolo.

Alba é a maior cidade da região e é também a capital da Trufa Branca – Tartufo Bianco.

De 10 de outubro a 15 de novembro, a cidade recebe negociantes e turistas do mundo inteiro, para a Feira Internacional da Trufa Branca.

Ela funciona somente nos fins de semana, sexta, sábado e domingo.

Nesse período, os hotéis ficam lotados.

Trufa branca – tartufo bianco

É um cogumelo que nasce debaixo da terra, nos bosques e campos úmidos, ao redor da cidade de Alba.

Trufas brancas.

É utilizado como tempero, ralado ou em fatias finas sobre carnes, massas e outros pratos.

Tem um aroma muito forte. Lembra alho, queijo, ervas, especiarias, é levemente picante e altamente saboroso.

No período da feira, os restaurantes da cidade e da região incluem em seus cardápios vários pratos com essa iguaria.

Como a trufa tem um aroma

Outono na região do Barolo.

forte, os especialistas recomendam, para harmonizar, um vinho branco.

Os famosos caçadores de trufas são chamados de *trifolaos*.

Cada um tem uma região demarcada, que é respeitada pelo concorrente.

Como caçam há vários anos, já sabem onde procurar.

A caça é feita sempre à noite, com um cão farejador branco, geralmente um vira-lata, sem qualquer luz ou lanterna, para não atrair atenção.

O cão é branco para que o *trifolao* possa vê-lo no escuro.

São esses caçadores que alimentam todo o mercado de trufas de Alba.

A trufa branca é vendida ao preço médio de 300 euros cada 100 gramas.

Há também disponível a trufa negra, de menor qualidade e menor preço.

No período da feira, há um *tour* especial para caçar trufas brancas à noite.

Tive a oportunidade de, em *Alba*, no jantar, comer uma massa com fatias finas de trufa branca.

É mesmo muito saborosa.

Você pode chegar a *Alba* pelo norte, vindo de *Torino* e *Milão*, ou pelo sul, de *Savona* e *Gênova*, como fizemos.

Há uma outra opção, vindo de *Grenoble*, na França, pelos Alpes. A estrada, no entanto, além de ter muitas curvas e

túneis, depende do tempo. No inverno, com neve, é mais difícil trafegar nela.

Três regiões de vinho

Muitos de nós conhecemos a região como a do vinho Barolo. No entanto, são três regiões distintas, produtoras de vinhos: *BAROLO*, *BARBARESCO E ROERO*.

As três regiões produzem vinho de ótima qualidade.

BAROLO é a mais conhecida mundialmente.

A região de *BARBARESCO* não é tão conhecida, mas gradativamente vai marcando posições no mercado da Itália e do mundo. Seus vinhos são de ótima qualidade e têm preços menores que o *Barolo*.

Na carta de vinhos dos restaurantes locais, a oferta de *Barbaresco* é maior que a do *Barolo*.

A região de *ROERO*, que fica ao norte de *Alba*, é mais reconhecida pela produção de pêssegos, vinhos brancos e espumantes.

Recentemente, iniciaram a produção de vinho tinto.

Acredito que, em pouco tempo, as regiões de *Barbaresco* e *Roero* vão ficar mais conhecidas.

Estão trabalhando forte na promoção e marketing.

BAROLO

A região do *Barolo* fica ao sul de *Alba* e é toda montanhosa. Os antigos moradores passaram a chamá-la de *Langhe*, porque lembra o formato de uma língua.

A região é composta de onze cidades.

Somente vinhedos localizados nessas onze cidades podem produzir o vinho Barolo.

São elas: *Barolo*, *Castiglione Falletto*, *Serralunga d'Alba*, *La*

Feira Internacional da Trufa Branca, em Alba.

Regiões demarcadas: acima Roero, ao lado direito Barbaresco.

Morra, *Monforte D'Alba*, *Roddi*, *Verduno*, *Cherasco*, *Diano D'Alba*, *Novello* e *Grinzane Cavour*.

Dessas onze cidades, cinco são consideradas mais importantes: *Barolo*, *Castiglione Falletto*, *La Morra*, *Serralunga D'Alba* e *Monforte D'Alba*.

Nessa região fria e montanhosa, a uva amadurece um pouco mais tarde. A colheita é feita no mês de outubro e início de novembro, quando já está frio e com muita névoa (*nebbia*).

Daí o nome da casta, *Nebbiolo*.

Outro dado muito importante: só é reconhecido como *Barolo* o vinho produzido nas onze cidades mencionadas, com uvas colhidas em vinhedos plantados com face *sudeste*, *sul* e *sudoeste*, no máximo a 540 metros de altitude.

Ou seja, recebem sol, de frente, o dia inteiro.

Isso faz com que a produção do vinho *Barolo* seja relativamente limitada.

A produção e a classificação recebem o selo de aprovação de

Cidade de Seralunga D'Alba

Vinhedos e cores.

Denominação de Origem Controlada e Garantida (DOCG).

Um pouco de história

Em 1807, a francesa *Juliette Colbert* (1785-1864), descendente direta de Jean-Baptiste Colbert, ministro das Finanças de Luiz XIV, casou-se com *Carlo Tancredi Falletti di Barolo*.

Muito dinâmica, religiosa e comprometida com as causas sociais, estabeleceu como objetivo melhorar as condições da sua comunidade.

Além das ações sociais, que envolviam atendimentos aos doentes e necessitados, buscou uma maneira de impulsionar a economia da região.

Contratou um enólogo de Bordeaux, *Luis Oudart*, com o objetivo não só de desenvolver

Vinhedos e, ao fundo, a cidade de Barolo.

a produção de vinhos de seus vinhedos, como também ensinar aos produtores locais as melhores práticas.

Giulia Colbert Falletti di Barolo, Marquesa de Barolo, como passou a ser conhecida, para dinamizar a economia local, iniciou paralelamente um trabalho de promoção para que

A cidade de La Morra.

o vinho fosse conhecido.

Uma das ações mais importantes foi enviar ao então rei da Itália, Carlo Alberto di Sardenha, 325 garrafas do vinho, para que ele bebesse um a cada dia do ano. Como era muito religiosa, suprimiu os 40 dias da Quaresma.

Ao mesmo tempo, presenteou vários reis e nobres da Europa.

O vinho de Barolo passou a ser reconhecido como "o rei dos vinhos... o vinho dos reis".

O reconhecimento foi tão grande que o rei *Vittorio Emanuele II* contratou os serviços do enólogo *Louis Oudart* para iniciar uma produção de vinhos em suas propriedades em *Serralunga D'Alba*.

Em seguida, foi o *Duque de Cavour* que contratou esse mesmo enólogo para desenvolver a

©Ceroni/Wikipedia

Juliet Colbert, Duquesa de Barolo.

produção em suas propriedades em *Grinzane Cavour*.

Giulia Colbert Faletti teve uma importante atividade social e humanitária.

Destinou parte de seu palácio em Barolo para ser utilizado como hospital e albergue aos mais necessitados.

Após sua morte, iniciou-se uma ação para sua santificação, que, no entanto, ainda não aconteceu. Ela é reconhecida como *Venerável*.

Depois do seu falecimento, em 1864, e da ocorrência da Filoxera, a produção de vinhos na região estagnou.

Somente a partir de 1970 voltou a ter uma produção regular, com a participação ativa da terceira geração dos proprietários das vinícolas.

O palácio em Barolo, que pertence hoje à Fundação Falletti, foi totalmente restaurado e abriga o Museu da Cultura do Vinho.

Classificação dos vinhos

Esta é a classificação de Denominação de Origem Controlada e Garantida, por ordem decrescente de qualidade: *Barolo*, *Barbaresco*, *Nebbiolo*, *Barbera*, *Dolcetto*.

Vinhedos, detalhes das cores.

O *Barolo* é produzido 100% com uvas *nebbiolo*, plantadas em vinhedos face *sudeste*, *sul*, *sudoeste*, nas regiões demarcadas das onze cidades.

O *Nebbiolo* é o vinho produzido com uvas de vinhedos dessa

As cores do Barolo.

ONDE SE HOSPEDAR

Em Alba há várias opções de hotel. Os vinhedos estão em média a 25 quilômetros. Dá tranquilamente para visitar três a quatro vinícolas por dia.

O único senão é o trânsito de entrar e sair da cidade. Mas como é de porte médio, não há grades problemas. Alba tem também uma variedade muito boa de restaurantes e lojas.

Outra opção é se hospedar em uma das pequenas cidades que compõem a região do Barolo, ou em um Agroturismo, no meio dos vinhedos.

Escolhi hospedar no *Corte Gondina – Boutique Hotel* em *La Morra*. A cidade fica no alto de uma colina com um visual magnífico. Para contatá-los utilize o e-mail *info@cortegondina.it* - site *www.cortegondina.it*
O hotel é simples, tranquilo, com quartos amplos, e um ótimo café da manhã.

La Morra fica a cinco minutos de carro da cidadezinha *Barolo*. E a quinze minutos de *Alba*.

Cidade de Barolo.

Vinhedos multicoloridos.

Quando reservei o hotel, solicitei ao proprietário Bruno Viberti que recomendasse um guia para fazer as reservas e nos conduzir nas visitas às vinícolas. Ganha-se tempo e há sempre um atendimento preferencial.

O guia Davide Pasquero trabalhou em Bordeaux e Borgonha, na França, e no Vale de Napa, nos EUA. Conhece toda a região do Barolo, sabe muito de vinho e é um ótimo papo. Domina o inglês, francês e italiano. Também oferece um *tour* de bike pelos vinhedos e vendas de vinhos de vários produtores.
Para contatá-lo utilize o e-mail *www.info@terroirselection.com* – site *www.terroirselection.com*

Além da visita às vinícolas, programamos uma tarde e uma noite para visitar e jantar em Alba.

Há restaurantes em todas as cidades da região do Barolo, mas, como não são muitos, recomendo fazer sempre reserva para o jantar.

Vinhedos em declive.

mesma região, plantados com faces *nordeste*, *norte* e *noroeste*.

O *Barbaresco* é o vinho produzido com uvas Nebbiolo, na região demarcada de Barbaresco, a leste de *Alba*.

O *Barbera* é o vinho produzido com uvas *Barbera*, cujos vinhedos são plantados em todas as regiões.

O *Dolcetto* é o vinho produzido com uvas do mesmo nome, *Dolcetto*.

O *Barbera* e o *Dolcetto* são os vinhos mais populares e mais consumidos, do dia a dia.

O vinho *Barolo*, mesmo para a região, é considerado caro. Por ter uma produção limitada, é destinado uma parte ao consumo interno e exportações para Inglaterra e Estados Unidos. O Brasil importa e disponibiliza muito pouco.

Outono no Barolo.

Na região de *ROERO*, os tintos utilizam 95% de uvas *Nebbiolo* e 5% de uvas *Arneis*.

Brancos e espumantes são produzidos com 100% de uvas *Arneis*.

Arneis é uma casta local.

Os solos das regiões do Barolo e Barbaresco são de calcário, pedra e argila.

Roero é uma região mais alta, com o solo mais arenoso, propício aos vinhos brancos.

Visitas às vinícolas

A grande maioria das vinícolas dessa região começou a novamente produzir, vender e exportar vinhos, regularmente, a partir de 1970.

Foi quando a terceira geração de proprietários, mais bem preparada, assumiu o controle das vinícolas.

Em muitos casos, a grande propriedade foi repartida entre os herdeiros, e cada um decidiu produzir o seu próprio vinho.

E é por essa razão que no Barolo existem muitos pequenos produtores, com produções limitadas, em função do *terroir* exigido, fazendo com que esse vinho seja raro e caro.

Vinhedos e flores.

Tudo isso coincidiu com o crescimento do consumo de vinho no mundo a partir dos anos 1970.

Visitamos várias vinícolas e a maioria está comprometida com a qualidade e com a marca *Barolo*, que consideram de muita valia.

Vinhedos com espaçamentos.

Com Chiara Abbona na Vinícola Marziano Abbona.

Excepcionalmente, a vinícola *VIETTE*, na narrativa de sua história, recua até o século XIX.

Ela mantém o edifício antigo como atração, praticamente dentro da cidade *Monforte D'Alba*, com maquinários e mobiliários da época.

O *tour*, conduzido por Elena Penna Currado, foi muito instrutivo, e a degustação foi divertida e saborosa.

Visitamos a *CONTERNO FANTINO* Azienda Agrícola, em Monforte D'Alba, onde fomos muito bem recebidos por Lara Rocchietti.

Na Cantina Histórica *LUCIANO SANDRONE*, a recepção foi de Karin Holzmann.

Quando visitamos a *MARZIANO ABBONA*, em Dogliani, fomos recepcionados pela filha do proprietário Chiara Abbona.

Visitamos ainda a *AZIENDA AGRICOLA AGRITURISTICA FRATELLI REVELLO*, em La

Vinhedos e vilas.

Morra, e *GIANFRANCO ALESSANDRIA*, em Monforte D'Alba.

Todos produzem Barolo, Nebiollo, Barbera e Dolcetto.

Uma das mais importantes GAJA, apesar de estar fisicamente localizada na região do *Barbaresco*, como tem vinhedos, na região do *Barolo*, dentro das condições exigidas pelo DOCG, pode produzir vinhos com a marca *Barolo*.

Os vinhos GAJA estão entre os mais caros e há grande disponibilidade nas lojas locais.

Para visitá-los, é preciso reservar com antecedência e cobram 300 euros por pessoa pela degustação. Segundo informam, esse dinheiro é destinado à caridade

Garrafas de vinho.

Com Elena Penna Currado na vinícola Viette.

Acredito que não têm muito interesse em receber visitantes.

Pela localização, para visitar a região do *Barolo*, o ideal é fazer uma programação conjunta com uma viagem ao sul da França, como fizemos, ou então, com *Milão*, ou ainda visitando *Toscana*, *Florença*, *Siena*, *Montepulciano* e *Montalcino*.

A região do *Barolo* fica também a duas horas da belíssima *Cinque Terre*.

A11
E35
FLORENÇA
Rio Arno
SS67
E35
SS67
SR439
SP1
GREVE IN CHIANT
SR439
SR429
SP7
CASTELLINA IN CHIANT
SP430dir
SR429
SAN GIMIGNANO
SP430dir
MONTERRIGGIONI
SR68
VOLTERRA
SR2
SP101
SR68
SP541
SR439
SP73
SP73bis
SS2
SR439
SP73bis
SR439
SS2

ITÁLIA - TOSCANA
ÁREA AMPLIADA
Rio Arno
E35
Lago di Castelnuovo
R222
RADDA IN CHIANTI
GAIOLE IN CHIANTI
Rio Arno
E35
SS679
SS73
SP408
22
E78
23
SS73
SIENA
SS73
674
SS73
E35
SR2
SS73
SAN GIOVANI D'ASSO
BUONCONVENTO
MONTEPULCIANO
SAN QUIRICO D'ORCIA
SP146
MONTALCINO
PIENZA
E35
SR2

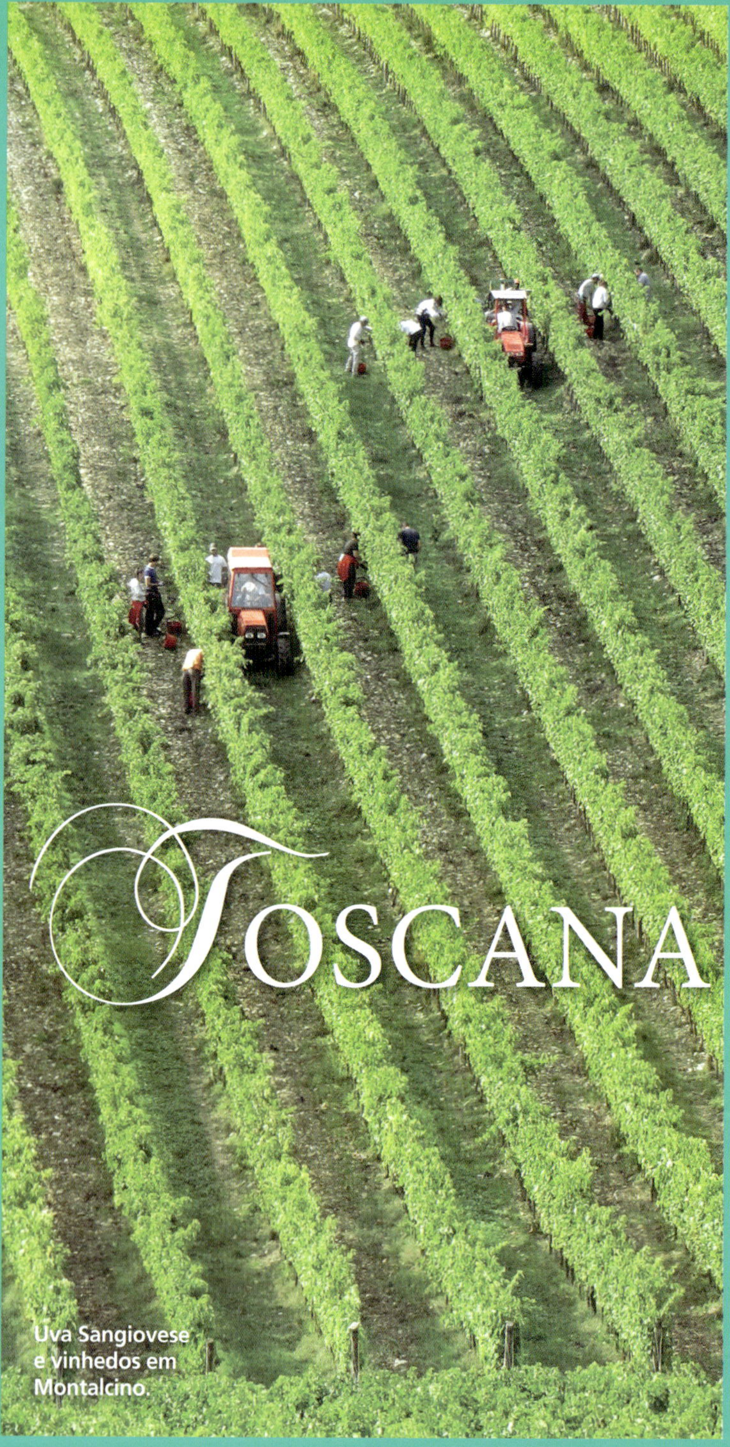

Uva Sangiovese e vinhedos em Montalcino.

A Itália é um país pequeno, mas muito lindo, dividido em regiões, cada qual com sua geografia, clima e características próprias. Regiões como Lazio, Úmbria, D'Abruzzo, Vêneto e Piemonte possuem atrações culturais e turísticas diversas e especiais.

***Toscana** é uma região, no centro da Itália, rica em história, artes, turismo, uvas, queijos e vinhos.*

O desenvolvimento dessa região está ligado à história da civilização etrusca, aos romanos, ao Renascimento no final da Idade Média, às artes, à cultura, ao turismo e à produção, principalmente, de vinhos.

Há registros da civilização etrusca desde 1700 a.C.

Eles dominaram toda a Toscana e parte da Úmbria, Lazio, incluindo algumas ilhas no Mediterrâneo, como a Ilha de Elba. Eram muito evoluídos.

Foram os primeiros a dominar a extração e utilização do minério de ferro.

A maioria das cidades importantes da Toscana foi construída pelos etruscos. Volterra era a capital, por ter minas de ferro, sal e alabastro.

A partir de 283 a.C., aliaram-se aos romanos e com o tempo foram incorporando sua cultura.

Estes, por sua vez, aprenderam a dominar a utilização do minério de ferro na construção de armamentos e artefatos de guerra e tornaram-se poderosos. As armas de bronze utilizadas por outras civilizações eram mais frágeis e se rompiam nas batalhas.

Durante a aliança, dois generais etruscos comandaram legiões romanas.

Aos poucos a civilização etrusca foi sendo absorvida pela cultura romana e desapareceu.

O alfabeto, semelhante ao grego, nunca foi decifrado. Sua história ficou sem registros, perdida no tempo, restando os cemitérios, as tumbas, os sarcófagos e os museus. Os mais importantes ficam em Chiusi, Cortona e, principalmente, Volterra.

Os etruscos já produziam vinhos quando da aliança com os romanos. Coube a estes incrementar a qualidade.

A uva Sangiovese, casta principal dos vinhos da Toscana, talvez tenha sido trazida pelos romanos de suas conquistas no Oriente Médio.

Existe uma teoria que tenha sido trazida por Anibal, o Conquistador.

O nome Sangiovese foi dado

pelos romanos e significa *sangue de jovem*. Ao espremer as uvas nas mãos, acentuava a cor vermelha. Era também chamada de *sangue de Júpiter – sangue dos Deuses*.

VIA FRANCÍGENA

É o caminho que foi utilizado nos séculos XI e XII pelos cruzados vindos da Inglaterra e França com destino a Roma e depois seguindo de barco até a Terra Santa.

O início oficial era na Catedral de Canterbury, Inglaterra. Passava por várias regiões da França, entrava na Itália pelos Valle d'Aosta e Monginevro, no Piemonte, depois pela Toscana e seguia até Roma.

Na Segunda Cruzada, o rei Ricardo Coração de Leão da Inglaterra, o rei Luiz VII da França e o rei Conrad III do Sacro Império Romano-Germânico encontraram-se em Vézelay, na França, e após terem sido abençoados pelo frade Bernardo de Claraval, depois canonizado São Bernardo, seguiram pela Via Francígena até Roma e em seguida à Terra Santa.

Tumba etrusca.

Via Francígena na Toscana.

Na Idade Média, passou a ser o caminho utilizado pelos peregrinos para ir a Roma visitar os túmulos de São Pedro e São Paulo.

Várias aldeias e cidades foram se formando às suas margens, e eram pontos de parada e descanso dos viajantes.

Muitas delas, que tiveram seu auge na época das Cruzadas, foram reativadas na Idade Média pela passagem dos peregrinos.

San Gimignano, Monteriggioni, Montalcino e Siena são algumas por onde passava a Via Francígena. Ainda hoje

são os pontos de parada mais importantes dos peregrinos. Em San Gimignano, as duas principais ruas que cortam a cidade, a Via San Matteo e Via San Giovanni, fazem parte da Via Francígena.

Em Monterregioni, ela passa dentro da fortaleza, ligando as duas entradas, uma em direção a Siena e outra a Florença. Recebeu esse nome por ter origem na França.

Não tem o mesmo apelo religioso e místico do Caminho de Santiago de Compostela, mas é ainda muito utilizado por viajantes que a percorrem a pé, de bicicleta ou a cavalo.

Vários trechos mantêm ainda os calçamentos de pedras da época.

Nas rodovias e nas cidades há várias indicações da Via Francígena.

No site oficial *www.via-francigena.org* você encontra indicações do mapa, itinerários, acomodações e agências que oferecem *tours* acompanhados.

Alguns peregrinos preferem experimentar e caminhar por pequenos trechos, por exemplo, de San Gimignano a Monterrigioni.

Em algumas partes há variações no trajeto. O caminho se subdivide, e o peregrino pode

Rota completa da Via Francígena.

optar pela rota que achar mais interessante.

FLORENÇA

Florença é a principal cidade da Toscana e a capital do Renascimento. A cidade tem muitas atrações culturais, diversos museus, igrejas, pontes e a magnífica escultura de **David, de Michelangelo**.

Consultando os diversos guias de turismo, tanto impressos como na internet, vai ser fácil fazer uma programação de passeios.

São muitas as opções e atrações, mas eu destacaria duas delas.

A primeira é a Basílica de **Santa Croce**, transformada em Panteão, onde estão sepultados Galileo Galilei, Nicolau Maquiavel, Michelangelo Buonarroti, Leonardo Bruni, Guglielmo Marconi, Gioacchino Rossini e Dante Alighieri, entre outros.

A segunda é o **Museo Galileo** – Istituto e Museo di Storia Della

© Diana Ringo/Wikipedia

Basílica de Santa Croce.

Scienza –, com espaços dedicados às descobertas de eletricidade, eletromagnetismo, química, navegação e astronomia.

Como destaque, uma sala dedicada a **Galileo Galilei**, com seus telescópios, lunetas, mapas e outros objetos usados em suas pesquisas e descobertas do universo... Imperdível!

Florença foi locação de vários filmes. Destaco especialmente o segundo *Hannibal*, com Anthony Hopkins, cujas locações podem ser conferidas passeando pelo centro histórico.

Entre Florença e Siena está a região do vinho **Chianti**. De Florença saem *tours* diários para cidades medievais próximas, inclusive a região do vinho Chianti.

SIENA

Siena foi fundada pelos etruscos e durante muito tempo dividiu com Florença o domínio da região. Famosa pela Corrida do Palio e também pelo vinho Chianti.

© Rico Heil/Wikipedia

Túmulo de Michelangelo.

CORRIDA DO PALIO é uma corrida de cavalos que teve origem no século XVII e ocorre duas vezes ao ano, nos dias 2 de julho e 16 de agosto, na Piazza del Campo, com a participação

Via Francígena em Buoconvento.

de cavaleiros representando 18 comunidades.

Palio significa "estandarte", e o ganhador, em vez de uma taça, recebe como premiação um estandarte pintado à mão com a imagem da padroeira Nossa Senhora da Assunção ou Provenzano.

Nos dias 2 de julho e 16 de agosto acontecem as corridas finais, mas durante todo esse período os treinamentos e adestramentos dos cavaleiros, na Piazza del Campo, e diversas atividades e solenidades, acabam movimentando a cidade. Independentemente de assistir às provas finais, ao visitar Siena nesse período, o turista vive toda a movimentação e o clima criado pela Corrida do Palio.

Há agências especializadas em levar turistas, com locais reservados para participar das corridas finais e assistir ao evento. De **Siena** também saem *tours* diários para visitar cidades medievais próximas e a região do vinho Chianti.

Região do Vinho Chianti – A Lenda

Segundo a história ou a lenda, havia uma disputa entre Florença e Siena para a demarcação de suas fronteiras. Para resolver essa questão, criaram uma competição em que dois cavaleiros sairiam de suas cidades ao amanhecer, após o primeiro canto de um galo.

Siena escolheu um galo bonito, forte e muito bem alimentado. Florença, por sua vez, escolheu um galo negro, fraco e que foi deixado sem comer por três dias.

Com fome, o galo negro de

© Mirco/Wikipedia

Corrida de Palio.

Vinhedos na região do Chianti.

Florença cantou primeiro, e seu cavaleiro saiu em disparada em direção a Siena. Quando o galo bonito e forte de Siena cantou, já era tarde: seu cavaleiro correu pouco, porque já encontrou o cavaleiro de Florença a poucos quilômetros de Siena.

Assim, Florença ficou com a maior parte da região de Chianti, e o galo negro como símbolo.

Galo negro, símbolo do Chianti.

Há registro da produção de vinhos nessa região desde 1398 e, curiosamente, vinho branco.

Em 1716, o duque da Toscana estabeleceu uma Lega Del Chianti, compreendida pelas cidades de **Gaiole**, **Castellina**, **Radda** e **Greve**. Já então produzindo principalmente o vinho tinto.

Em 1932, sob a DOC – Denominação de Origem Controlada –, foram incluídas as cidades Barbenio Vale D'Elsa, Chiocchio, Robbiano, San Casciano in Val di Pesa e Strada.

Atualmente sob a DOCG – Denominação de Origem Controlada e Garantida –, foram criadas sub-regiões, mantendo como cidades principais Gaiole, Radda, Castellina e Greve.

Vila de Panzano in Chianti.

Greve in Chianti é hoje a maior de todas e considerada a capital da região. É uma cidade ainda pequena, com uma grande praça central, onde estão localizadas as lojas, os restaurantes e o escritório de turismo. Ela se desenvolveu mais que as outras porque a rodovia SR222, que liga Siena a Florença, passa dentro da cidade.

Há uma autopista ligando Siena a Florença, mas, para conhecer a região, o melhor é utilizar a SR222. É uma rodovia de pista simples, cheia de curvas, subidas e descidas, que passa por dentro das vilas, cidades, vinhedos, e é muito bonita.

A rodovia SR222 passa também dentro de **Castellina in Chianti**, uma vila de uma rua só, muito charmosa. É fácil de

Com Emiliano Frilli – Vignamaggio.

estacionar o carro e vale a pena parar para conhecer.

As outras cidades, **Gaiole in Chianti** e **Radda in Chianti**, ficam a 8 e 10 quilômetros da SR222.

Há uma outra rodovia direta de **Siena** para **Gaiole**, a SP408, rodeada de vinhedos. De lá você pode também seguir para Radda, Castellina e Greve.

Quanto à hospedagem, a escolha depende da programação da viagem e, principalmente, do interesse de cada um. Você pode se hospedar em Florença ou Siena, aproveitar para conhecer as atrações das cidades e pegar um *tour* de um dia para visitar vinícolas. Tanto em Siena como em Florença, há várias opções de *tours* diários.

De carro, o ideal é que já tenha feito reservas nas vinícolas. Ou então ao chegar no hotel, verificar se o concierge ou a recepção podem marcar.

Greve in Chianti

Se o interesse for grande por vinho, o ideal é se hospedar pelo menos duas noites em **Greve in Chianti**.

Há várias opções de hotéis e agroturismos.

Há três castelos belíssimos muito visitados pelos turistas que, além da visita e da degustação, também oferecem acomodações de hotel. São muito especiais, porque são históricos.

O **Castelo da Mona Lisa** – **Castelo da Família Gherardini-Vignamaggio** – fica muito próximo do centro de Greve e, segundo a lenda, foi ali que nasceu **Lisa Gherardini**, imortalizada na pintura **La Gioconda** por **Leonardo da Vinci**. Acreditam que foi nesse castelo que Da Vinci pintou o famoso quadro.

Uma atração muito especial é que esse castelo foi cenário do filme *Much Ado About Nothing* (*Muito Barulho por Nada*), baseada em uma comédia de Shakes-

Castelo da Mona Lisa – Vignamaggio.

Estrada sinuosa, Castelo Vichiomaggio.

peare, com *Emma Thompson*, *Kenneth Branagh* e *Keanu Reeves*.

Você pode reservar um *tour* para simplesmente visitar o castelo, provar os vinhos ou se hospedar. www.vignamaggio.com

O **Castelo Vicchiomaggio** fica também muito próximo, ao norte de Greve, em direção a Florença, na vila de Greti, pela SR222, no topo de uma colina e rodeado de vinhedos. Há *tours* de visitação e degustação em poucos horários. O *tour* das 11h30 inclui visitação, degustação dos vinhos combinados com um almoço no salão principal do castelo. Vicchiomaggio é também hospedaria

No hall de entrada, há uma reprodução do quadro *La Gioconda*. Há registros de que Leonardo Da Vinci se hospedou nesse castelo e pode ter sido ali que pintou parte da obra. Isso porque no La Gioconda há o desenho de uma estrada sinuosa. Olhando do jardim do castelo há realmente uma estrada sinuosa muito parecida com a pintura de Da Vinci.

Quadro La Gioconda.

O **Castelo Verrazzano**, construído em 1170, pertenceu ao nobre e navegador *Bernardo da Verrazzano*. Em 1524, empreendeu com o rei Frederico I da França uma viagem marítima à América, que havia sido descoberta em 1492 por *Cristóvão Colombo*. Coube a ele "descobrir" a costa americana, da Carolina do Sul até o Canadá.

O reconhecimento veio em 1964, quando foi dado seu nome à Ponte **Verrazzano**, que liga Staten Island ao popular bairro do Brooklin, em Nova York, por ter sido o primeiro europeu a navegar as costas da ilha de Manhattan e o Rio Hudson.

Em 1528, empreendeu uma nova viagem à América, da qual não regressou. Acredita-se que tenha sido aprisionado com toda sua tripulação e devorado por canibais.

Esse castelo é muito procurado por turistas e tem uma programação de visita e degustação de vinhos contínua. É também hospedaria.

Além do vinho Chianti de ótima qualidade, produzem um Vinagre Balsâmico – *Aceto* – de

Com Matteo Vanoni no Castelo Verrazzano.

Adegas seculares no castelo.

Secagem de uvas brancas para licores, Castelo Verrazzano.

uma qualidade extraordinária. O vinagre é colocado em grandes barricas de carvalho e fica maturando por oito anos. Nesse período, há uma perda de 85% do líquido, que então é transferido para pequenas barricas de carvalho por mais dois anos, ou seja, um total de 10 anos de maturação. Por todo esse tempo e cuidado, o preço de um frasco pequeno é de 48 euros. Na prova dos vinhos, você pode experimentar uma colherinha de café desse líquido precioso.

www.verrazzano.com

Recomendo fazer reservas com antecedência nos três palácios, para as visitas, degustações e hospedagem. Os sites são muito bem desenhados e muito fáceis de interagir. Eu recomendo fortemente visitar esses palácios. Os guias são muito bons e é um passeio ótimo.

Há também várias opções de hospedagem, mais simples, mais baratas e com uma qualidade ótima. Muito próximo de Greve há os agroturismos *Il Santo*, *Patrizia Falciani* e *Belvedere*. São todos espaçosos, supertranquilos, no meio dos vinhedos, com chalés independentes. Todos eles com acomodações que incluem cozinha completa para que os hóspedes preparem o próprio café da manhã. Ao fazer o *check in*, você recebe as chaves das acomodações e fica por conta própria. A segurança é total. Na cidade há também várias opções de hotéis de todos os níveis.

Na praça principal de Greve in Chianti há uma grande loja/armazém com uma variedade enorme de vinhos, queijos, presuntos, salames, pães e outras iguarias.

A região de Chianti é cheia de colinas e pequenos morros. O **TERROIR** dessa região apresenta um solo de argila e calcário. Há várias áreas de matas que tornam o clima mais úmido. Mesmo assim, é quente durante o dia, e a temperatura cai bastante à noite.

CHIANTI TRADICIONAL – GRAN SELEZIONE – RISERVA – CLASSICO – IGT

Chianti tradicional é aquele com a garrafa em formato arredondado revestido com palha. Algumas vinícolas ainda produzem, para o turismo.

Na época do seu lançamento, foi considerada a garrafa padrão obrigatória. A palha foi incluída porque o vidro era transparente e a claridade prejudicava a longevidade do vinho. O formato arredondado, no entanto, causava problemas para os despachos e a armazenagem.

Aos poucos, pelas exigências de padronização do mercado nacional e internacional, foram substituídas por garrafas com vidro mais escuro e pelos formatos-padrão utilizados em todo o mundo.

Gran Selezione, **Riserva** e

Garrafas do vinho Chianti tradicional.

Válvula de escape de gases dos tonéis criada por Leonardo da Vinci.

Classico são vinhos produzidos dentro da DOCG, que é composta de 14 municípios. Obrigatoriamente, os tintos devem ter 80% de uva Sangiovese e 20% de outras castas, que podem ser Canaiolo, Colorino, Cabernet Sauvignon ou Merlot.

O Classico fica em barris de carvalho por 12 meses, o Riserva, de 18 a 24 meses, e o Gran Selezione, acima de 24 meses.

Essa não é uma regra rígida. Depende da decisão do enólogo, que acompanha a fermentação e maturação do vinho. Após ficarem nos barris, fermentam ainda um tempo nas garrafas antes de ir para o mercado.

Os Chiantis Classico, Riserva e Gran Selezione levam o selo vermelho, com o galo negro em dourado.

Os tintos **IGT – Indicazione Geografica da Toscana** –, produzidos nas sub-regiões ou fora da região demarcada, podem utilizar 50% de Sangiovese e completar com as outras castas.

Os vinhos brancos são produzidos com as uvas Trebbiano e Malvasia.

Na região há aproximadamente 500 produtores de Chianti. Estes são alguns dos principais produtores que recomendo visi-

Vinhedos na região do Chianti.

Vinhedos em Montalcino.

tar: Azienda Agricola Querciabella, Antinori, Brancaia, Barone Ricasoli, Il Molinodi Grace e Castello di Volpaia.

Em Greve in Chianti, o Consorzio del Vino Chianti Classico controla a qualidade e a quantidade da produção dos vinhos desde 1924. Algumas vinícolas estabeleceram uma produção média de uma garrafa para cada cepa de uva.

MONTEPULCIANO

Não há registros históricos precisos sobre sua fundação. É certo, no entanto, que foi uma aldeia etrusca e que se desenvolveu a partir da dominação dos romanos. Fica no alto de uma colina e é totalmente ro-

Uva Sanglovese em Montalcino.

deada de muralhas, que podem ser vistas de muito longe.

Circundando as muralhas, a vista dos vales ao seu redor é também muito bonita. A porta principal de entrada na cidade é pela estrada que vem de Sinalunga. Ao atravessar as muralhas, inicia a rua principal, a Via di Gracciano nel Corso. Ali estão restaurantes, butiques, bazares, lojas para degustação e compra de vinhos, queijos, algumas igrejas e bancos.

Catedral de Montepulciano.

Sarcófagos do museu etrusco.

Já no início no número 82, há uma atração imperdível, a **Azienda Agrícola e Vinícola ERCOLANI**, um grande armazém para degustação e compra de vinhos, queijos, óleos e outras iguarias. Mas a atração maior é que essa loja está sobre uma *Città Sotterranea*.

Descendo as escadas, há uma série de corredores, túneis, salas e tumbas, que fazem parte das ruínas da cidade antiga dos etruscos. É considerado um museu etrusco.

A entrada é gratuita e funciona o dia inteiro.

Ercolani é uma combinação perfeita de turismo gastronômico e cultural. Imperdível!

É proibido entrar de carro pela entrada principal, a Via di Gracciano nel Corso, mas circundando as muralhas há várias outras entradas que levam até estacionamentos dentro e próximos ao centro e à praça central, no topo da colina.

É uma cidade que, pelo fato de estar construída no alto de um morro, possui ruas íngremes que requerem certo esforço para caminhar. Mas vale muito a pena.

Em todas as ruas há lojas e restaurantes. O **Caffe Poliziano** é um dos lugares típicos obrigatórios.

Tradicional, mantém ainda uma atmosfera romântica dos velhos tempos. É um lugar especial para café da manhã, happy hour, almoço e jantar. Se possível, escolha uma mesa próxima da varanda. A vista é maravilhosa.

Na praça central, ao lado da catedral, está a casa do cardeal Roberto Belarmino, inquisidor de **Galileo Galilei**.

Natural de Montepulciano, o cardeal Belarmino foi uma figura importante no período da Inquisição. Sua influência política colaborou para o desenvolvimento de Montepulciano no seu tempo.

A catedral é simples e despojada.

Corrida do Barril

No mês de agosto, há a competição tradicional **Corrida do Barril**.

Dois representantes de cada comunidade rolam um barril de vinho vazio rua acima até a praça principal no topo da colina. Os vencedores recebem como

Pozzo dei Grifi e dei Leoni.

Praça Central de Montepulciano.

Com Francesca, na Boscarelli.

prêmio uma bandeira decorada com referências ao evento, que passa a ser orgulhosamente exibida na comunidade.

O Escritório de Turismo fica na praça da catedral, em frente ao **Pozzo dei Grifi e dei Leoni**. De lá saem pela manhã *tours* diários para visitar vinícolas. É preciso marcar com antecedência.

A cidade tem alguns hotéis dentro das muralhas, mas a maioria está fora. Há muitas opções de agroturismos, como o **Etruria Resort & Natural Spa**, muito próximo da entrada principal, tranquilo, ótimas acomodações e serviços.

Os filmes *O Paciente Inglês* e *O Crepúsculo*, série de vampiros, tiveram cenas rodadas nas ruas e na praça central.

Visita às vinícolas

O ideal para visitar vinícolas em Montepulciano é por meio de um guia que pode fazer a marcação das visitas. Recomendo contatar o Emanuelle na info@tuscanytransfer.it

Há também uma opção econômica pelo *tour* diário do Escritório de Turismo, que sai todas as manhãs da praça central, em frente à Catedral. O *tour* sai logo cedo, e o ideal é que se reserve no dia anterior.

Já visitei vinícolas das duas maneiras e a melhor, sem dúvida, é o *tour* privado. Mesmo porque o guia já tem os contatos e o atendimento é diferenciado.

Visitamos, em uma manhã, três vinícolas muito importantes e de ótimos vinhos, **Boscarelli**, **Poliziano** e **Valdipiatta**. A visita e o atendimento na Boscarelli e Valdipiatta foram mais personalizados. Além da degustação, pudemos visitar os vinhedos e toda a área industrial.

Poliziano é um dos mais importantes produtores do *vino nobile*. Moderna, rodeada de vinhedos, com um atendimento profissional. A visita ficou concentrada na degustação dos vinhos.

Existem hoje cerca de 70 produtores de vinho na região de Montepulciano. Um número relativamente pequeno para a importância do *vino nobile*.

Além das que visitei, recomendo Azienda Casale, Carpineto, Fassati, Castellani Filicheto, Fattoria del Cerro e Il Machione, entre outras.

Vino Nobile

O vinho tinto de Montepulciano é um dos mais antigos da Itália. Há referências a ele em citações de textos dos anos 789, 1350 e 1605. Era conhecido como o Vino Rosso de Montepulciano.

Em 1925, para uma Feira em Siena, o viticultor Adam

Uva Sangiovese e vinhedos em Montalcino.

Com Miriam Caporali, na Tenuta Valdipiatta.

Faretti chamou seu vinho tinto de *Nobile*, para destacar sua qualidade. O vinho foi premiado e, a partir daí, os produtores de Montepulciano começaram também a se referir a seus próprios vinhos como *Nobile*.

O *Vino Nobile de Montepulcino* é produzido com 100% de uva Sangiovese e fica 12 meses nas barricas de carvalho e um tempo mais nas garrafas, antes de ir para o mercado.

O *Nobile Riserva*, 100% Sangiovese, fica 24 meses maturando nas barricas e alguns meses mais nas garrafas, antes de ir para o mercado.

O *Rosso de Montepulciano*, um vinho jovem, é feito com Sangiovese, Canaiolo, Merlot ou Cabernet Sauvignon. Após a fermentação, fica ainda alguns meses maturando nas garrafas antes de ir para o mercado.

Novello é um vinho frisante, rosé, produzido com uma uva local de mesmo nome, para ser bebido fresco, com sobremesa e frutas.

Na década de 1990, foi reconhecido com DOC – Denominação de Origem Controlada – e o Consorzio del Vino Nobile de Montepulciano controla a qualidade e a quantidade produzidas. Em seguida, foi reconhecido com DOCG.

Montepulciano.

L´Aquila, capital de D'Abruzzo.

Muitos produtores preferem se referir à uva Sangiovese como *Prugnolo Gentile*. A justificativa é que a uva de Montepulciano é uma derivação da Sangiovese, mais leve, menos encorpada, mas com muito tanino e sabores que dão um toque mais refinado e elegante ao vinho.

Como tanto em Montalcino como na região do Chianti a referência à Sangiovese é muito intensa, referir-se à uva como *Prugnolo Gentile* acaba sendo uma maneira de destacar a uva de Montepulciano.

Na região, há várias aziendas familiares e empresariais. Com o crescimento do mercado mundial de vinhos, várias empresas estão adquirindo terras e comprando os negócios de pequenos e médios viticultores.

O **Terroir** de Montepulciano é seco, com pouca chuva, e solo composto de argila e granizo. Nas regiões mais baixas, o solo é composto de mais argila, com um pouco de pedras. O verão com dias quentes e o inverno com noites frias são próprios para o plantio de uvas de qualidade.

Montepulciano D'Abruzzo – A polêmica

Este vinho tem uma excelente

Via del Bacio e dell'Amore in Pienza.

distribuição no Brasil e é encontrado em vários pontos de vendas e supermercados a bons preços.

D'Abruzzo é uma região importante da Itália, a nordeste de Roma, banhada pelo Mar Adriático, tendo como capital a cidade de L'Aquila.

Há referências à produção do vinho em Abruzzo desde 247 a.C.

O famoso general e estrategista Anibal, de Cartago, dominou por dez anos essa região, e há registros de que oferecia a seu Exército e a seus cavalos vinho D'Abruzzo.

Acredita-se que a uva Montepulciano tenha sido trazida da Grécia.

Há uma polêmica entre D'Abruzzo e Montepulciano com relação à origem de suas uvas.

Em D'Abruzzo dizem que a uva Sangiovese é uma derivação da uva Montepulciano. Em Montepulciano dizem exatamente o contrário.

Toda essa polêmica acaba promovendo o consumo do vinho nessas regiões.

PIENZA

Perto de Montepulciano, a 20 quilômetros a oeste, fica a cidade de **Pienza**, que, pelo desenho e urbanismo, foi considerada a cidade ideal do Renascimento.

É reconhecida nacional e internacionalmente pelo queijo **Pecorino di Pienza**.

Como fica no caminho de Montalcino, vale muito a pena parar para visitar. Leva no máximo duas horas. É praticamente só uma rua, com lojas, restaurantes e muita degustação do famoso **Pecorino**.

É proibido circular de carro dentro das muralhas. Há estacionamentos a sua volta.

Como fica no alto de uma colina, a vista do vale é muito bonita.

Em um dos cantos da muralha, há um mirante dedicado aos namorados. Chega-se lá por ruas estreitas. Casais ainda hoje trocam juras de amor na **Via del Bacio** e **Via dell'Amore**.

Para quem aprecia **queijo Pecorino**, no caminho de Montepulciano a Pienza, há uma propriedade rural com criação de ovelhas, produção e venda de queijo pecorino, geleias, mel e outros produtos locais. Há uma

Placa indicativa de venda do Pecorino.

placa grande à direita da estrada indicando o local, **Pecorino di Pienza – CUGUSI**. Fazem embalagem climatizada para viagem.

Pecorino é o queijo feito com leite de ovelha (*pecora*).

A vista de Montepulciano de lá é muito bonita.

MONTALCINO

Famosa pelo vinho Brunello, foi fundada pelos etruscos em 814 a.C.

Montalcino desenvolveu-se nos séculos XI e XII por fazer parte da Via Francígena e ser um ponto de parada e descanso dos cruzados em direção a Roma e à Terra Santa.

Com o término das Cruzadas, Montalcino, como várias outras cidades, entrou em decadência.

Na Idade Média, a Via Francígena foi reativada com a passagem dos peregrinos que vinham da França, Inglaterra e Holanda em direção a Roma para visitar os túmulos de São Pedro e São Paulo.

A cidade é pequena, medieval, com prédios e construções muito bonitas, ruas estreitas com lojas, butiques, restaurantes, igrejas e muitos pontos de venda e degustação de vinhos.

No centro da cidade, há uma grande loja *Enoteca di Piazza*, com vinhos de praticamente todas as vinícolas a preços muito bons. Os atendentes conhecem tudo sobre Brunello para bem recomendar. O melhor lugar para comprar um Brunello é na própria vinícola. Se for comprar na cidade, a *Enoteca* é a melhor opção.

A cidade fica em uma colina

Vinhedos em Montalcino.

Cidade de Montalcino.

e pode ser vista de muito longe. No alto, há um castelo em ruínas, de onde se tem uma vista bonita de todo o vale.

Arco e flecha

Em Montalcino há uma competição em agosto de arco e flecha, que é realizada dentro do castelo.

Quatro comunidades indicam seus representantes.

No sábado, ocorrem as preliminares. O alvo é colocado a uma primeira distância, e depois vai recuando à medida que os competidores vão acertando ou errando. Os que erram vão sendo eliminados. Ao fim sobram os dois últimos, o vencedor e o segundo colocado das preliminares vão para as finais no domingo.

O vencedor da preliminar escolhe a primeira distância, e a partir daí o alvo vai sendo afastado até que saia um vencedor.

Ele ganha, em nome da comunidade, uma bandeira decorada e vinhos Brunellos.

Próximo ao centro, há um museu histórico e uma igreja recentemente restaurada, que foi locação de uma cena do filme *Romeu e Julieta*, de *Franco Zeffirelli*.

O filme *O Gladiador*, com *Russell Crowe*, teve cenas externas filmadas na região.

Vino Brunello di Montalcino

Montalcino, assim como algumas cidades da região, vivia no século XIX certa estagnação com a redução do movimento da Via Francígena. Nesse período, já se produzia vinho tinto para consumo local.

Vinhedos em Montalcino.

Em 1850, Clemente Santi, químico e farmacêutico, iniciou sua produção de vinho a partir da seleção de uvas de uma casta local denominada Brunello, chamada assim por sua cor vermelho-escura.

Em 1865, apresentou ao mercado a primeira garrafa de seu vinho, com a marca **Brunello di Montalcino**.

Em 1870, ganhou um importante prêmio na Feira de Siena, e seu vinho ficou conhecido.

Em 1879, o Consórcio do Vinho de Siena concluiu que a uva chamada de Brunello era uma derivação da Sangiovese e passou a exigir que os vinhos produzidos em Montalcino tivessem como referência a casta Sangiovese. Decidiram então manter o nome Brunello como sendo a marca do vinho.

Por volta de 1888, eram produzidas uma média anual de 900 garrafas, e o vinho era raro e caro. Assim continuou nos anos seguintes.

Os pioneiros foram **Biondi-Santi**, **Fattoria dei Barbi**, **Padelletti** e **Constanti**.

A produção sofreu muito com a Primeira e a Segunda Guerra Mundial. Nesse período, a cidade empobreceu. A partir de 1945, com o término da Segunda Guerra, a produção do Brunello voltou, devagar. Muito pequena, era difícil conseguir encontrar e comprar uma garrafa. O preço era muito alto.

À medida que a demanda aumentou, a produção foi crescendo e já havia cerca de 60 produtores em 1968, quando então foram agraciados com o título de DOC – Denominação de Origem Controlada.

Em 1980, recebeu a classificação de DOCG – Denominação de Origem Controlada e Garantida.

A partir de 1995, com o crescimento e consolidação do mercado de vinhos em todo o mundo, viticultores, produtores, investidores e artistas escolheram Montalcino para investir.

Nesse período, houve um grande incremento com a vinda para a região do *Castello Banfi*.

O Brunello já era reconhecido como um vinho da mais alta qualidade.

Em 1969, o presidente da Itália, em um jantar na Embaixada italiana de Londres em homenagem à rainha Elizabeth II, ofereceu a ela e a seus convidados um Brunello Biondi-Santi Riserva 1955.

Biondi-Santi Riserva 1955 foi considerado pela *Wine Spectator* um dos 12 Melhores Vinhos do Mundo do século XX.

Em 1986, um Brunello Casanova di Neri ganhou o Grand Prix e Medalha de Ouro em um evento em Bordeaux.

Desde então, o reconhecimento mundial aconteceu naturalmente. Vários outros produtores de Brunellos receberam prêmios. A marca e a qualidade do vinho se consolidaram.

Hoje há cerca de 250 produtores de Brunellos.

Segundo especialistas, o pico de qualidade de um Brunello é atingido após 12 anos da safra, que é identificada na garrafa. A partir daí, a qualidade pode cair gradativamente. Você pode beber e apreciar a qualquer momento, mas o melhor sabor é por volta dos 12 anos.

Vinhedos da região.

Villa Le Prata, Montalcino.

São considerados, ao lado dos Barolos, os vinhos mais longevos do mundo.

A altura máxima para os vinhedos nessa região deve ser de 600 metros do nível do mar. O solo é de argila e calcário. Clima seco, com pouca chuva, quente durante o dia e frio à noite. O mesmo **terroir** de Montepulciano, com uma pequena diferença: Montalcino fica relativamente mais próxima do Mediterrâneo.

Variedades dos vinhos

Há alguns anos, dentro de todas as obrigatoriedades da produção do Brunello era exigido que o vinho ficasse em barricas de carvalho por 45 meses.

Aos poucos, pelas exigências do mercado e com o cumprimento da manutenção das quantidades e qualidades, os produtores conseguiram reduzir para 36 e depois 24 meses na barrica e mais 12 meses na garrafa.

O Brunello di Montalcino é produzido com 100% de uva Sangiovese e deve ficar em barris de carvalho por no mínimo 24 meses e mais 12 meses nas garrafas, antes de ir para o mercado.

Brunello di Montalcino Riserva fica no mínimo 36 meses em barris de carvalho e mais seis meses na garrafa.

Rosso di Montalcino fica obrigatoriamente 12 meses em barris.

Há vinícolas que, em anos especiais, mantêm o **Brunello Riserva** 45 meses em barris de carvalho, como antigamente.

Apesar de ser reconhecido pelo vinho tinto, produzem um ótimo vinho frisante, licoroso e aromático, **Moscadello di Montalcino**. No passado, utilizavam a uva **moscadella,** que foi dizimada pela **Filoxera**. Hoje é produzido com a casta **moscato bianco**.

Sant'Antimo é um vinho local, mais barato, que é produzido com Cabernet Sauvignon, Merlot, Pinot Noir ou a local Novello.

O vinho branco, com Chardonnay.

O **Biondi-Santi** continua um ícone e é, seguramente, o mais famoso de todos. Sua produção passou de geração para geração. O nome Biondi foi adicionado à marca quando a filha de Clemente Santi casou-se com Jacopo Biondi. O neto Ferrucio Biondi-Santi deu um grande impulso à produção no século XIX.

As gerações seguintes mantiveram o nível e até melhoraram.

O Brunello Biondi-Santi Riserva 1970 é considerado um ícone da enologia mundial.

Seus vinhedos **Il Greppo** são considerados um dos melhores **terroirs** do mundo.

A novela *Terra Nostra,* da rede Globo, foi gravada neste local.

Nos pontos de vendas e lojas, há Biondi-Santi de vários anos e vários preços, a iniciar por 90 euros a garrafa.

Hoje, **Poggio Antico**, **Casanova di Neri**, **Fattoria dei Barbi**, **Castello Banfi**, **Constanti**, **Castello Tricerchi**, **Villa Le Prata** e **Podere Le Ripi** têm seus vinhos reconhecidos como da mais alta qualidade em todo o mundo.

Todas essas vinícolas têm recebido premiações nacionais e internacionais, regularmente.

Visitas às vinícolas

Visitar vinícolas em Montalcino

requer uma programação muito especial. Isso porque elas ficam em quatro estradas que saem da cidade em diferentes direções. E não há estradas menores ou vicinais interligando-as.

Então, se for visitar, por exemplo, a Poggio Antico e a Castello Banfi, que ficam na estrada para o sudoeste, e depois quiser ir a Fattoria dei Barbi, Biondi-Santi e Museu do Brunello, que ficam a sudeste, é preciso voltar a Montalcino. As distâncias são pequenas, mas o passeio requer planejamento.

Das primeiras vezes que fui por conta própria, visitei a Castello Banfi, Poggio Antico e Fattoria dei Barbi. Acabou sendo mais degustação e compras. A Fattoria dei Barbi tem um ótimo restaurante. O Castello Banfi tem agroturismo e hospedagem.

Nesta última viagem contratei os serviços de uma guia muito especializada, info@artemisiaviaggi.it ou nadiabindi@artemisiaviaggi.it.

Com Manuelle Squarcia, Tommaso Squarcia e Nadia Bindi no Castelo Tricerchi.

Abadia de Sant'Antimo.

Nadia tem um ótimo relacionamento com todas as vinícolas. Fez uma programação muito dinâmica. Visitamos cinco vinícolas em um dia, com direito a almoço em uma delas. Em todas, fomos recebidos de uma maneira muito especial.

Visitamos a **Podere Le Ripi**, que fica em uma vila próxima, *Castelnuovo dell'Abate*, onde fomos recebidos pelo enólogo Sebastian Nasello. Essa vinícola fica na mesma estrada da Biondi-Santi, Fattoria dei Barbi, Museu do Brunello e da turística *Abadia de Sant'Antimo*, um convento medieval.

Em seguida, a **Poggio-Antico**,

muito linda, fica em uma região alta, de onde é possível avistar o mar Mediterrâneo.

Como era época da colheita, havia atividade intensa.

Fomos recebidos pela proprietária Paula Gloder. Visitamos todas as instalações e pudemos acompanhar o trabalho de seleção manual das uvas e a entrada nos tonéis de inox para a fermentação.

A qualidade dos vinhos da Poggio Antico está ligada ao respeito que seus produtores têm por reconhecerem que o vinho tem uma natureza viva.

No **Castello Tricerchi** fomos recebidos por Emmanuelle e Tommaso Squarcia, membro

Com Paula Gloder na Poggio Antico.

da família.

Além da visita às instalações, fizemos uma degustação de vinhos muito especial, participando do almoço que os proprietá rios oferecem aos empregados que trabalharam na colheita.

De lá fomos para a icônica **Casanova di Neri**.

Tonéis de inox prontos para fermentação – Poggio Antico.

O nome está relacionado a uma casa nova da família Neri, que havia sido construída na época da instalação da vinícola.

Eles possuem vinhedos em várias regiões de Montalcino.

A visita e degustação foi conduzida por Borjana Bosnjak, com a presença de Gianlorenzo Neri, membro da família.

Casanova di Neri fica bem próxima da entrada da cidade, na estrada para Pienza e San Quirico D'Orcia.

A última visita foi a uma vinícola pequena e familiar, **Villa Le Prata**.

Fomos recebidos pela proprietária Anna Vittoria Brookshaw. Após visitar as instalações e os vinhedos, a degustação foi no casarão e residência da família.

ONDE SE HOSPEDAR

Em Montalcino, ficamos no agroturismo *Canalicchio di Sopra*, que fica a 5 quilômetros da cidade, na estrada que vai para Siena.

São poucos apartamentos, espaçosos, muito bem decorados, confortáveis, todos de frente para a piscina e os vinhedos.

Servem um café da manhã simples. O atendimento é muito bom.

A partir das 18 horas, o hóspede fica por conta própria.

Na porta do *Canalicchio di Sopra* passa a *Via Francígena*.

Há também uma boa opção de ficar em hotel dentro da cidade.

Numa das vezes, ficamos hospedados próximo ao centro no *Albergo Il Giulio*, de propriedade de Mario Machetti, considerado um dos maiores conhecedores de Brunello. Um hotel simples, confortável, com bom preço, bom papo, uma adega muito especial e boas recomendações de visitas e compras.

San Giovanni d'Asso – Trufas

Muito próxima de Montalcino está a cidade medieval de San Giovanni d'Asso, famosa pela trufa branca (tartufo bianco).

Como *Alba* no Piemonte, recebe regularmente turistas interessados em conhecer e degustar essa iguaria.

A vila tem somente cerca de 900 habitantes. Montalcino e San Giovanni estão discutindo a possibilidade de tornarem-se um único município. Há inclusive a programação de um plebiscito para decidir sobre a fusão.

A Festa da Trufa ocorre, como em *Alba*, na última quinzena de outubro e na primeira quinzena de novembro. Recomendo confirmar as datas exatas pela internet.

Cidades Medievais na Rota da Via Francígena

Já saindo de Montalcino em direção a Siena, a 20 quilômetros está a cidade de **Buonconvento**. Pequena, simples e medieval, era uma das importantes paradas dos peregrinos. Mantém ainda uma hospedaria para os peregrinos, a preços

Com Gianlorenzo di Neri na Casanova di Neri.

Triagem manual dos cachos na Poggio Antico.

Festa Medieval em Monteriggioni.

muito econômicos.

Próximo de Montalcino, em **San Quirico D'Orcia**, há também em funcionamento uma hospedaria a preços simbólicos para os peregrinos.

SAN GIMIGNANO foi fundada pelos etruscos em 300 a.C. Hoje, tombada pelo Patrimônio Histórico, é uma dessas cidades que conservam ainda toda a magia do período medieval.

Em seu apogeu, chegou a ter 50 torres-casas. Hoje, são cerca de 14 torres.

A cidade se desenvolveu aos lados da Via Francígena. Era um dos locais mais importantes de parada dos cruzados e depois dos peregrinos.

As duas principais ruas – Via San Matteo e Via San Giovanni – são partes da Via Francígena.

No fim da Via San Giovanni, existe ainda uma hospedaria da época dos cruzados e dos peregrinos.

Em San Gimignano, é produzido o lendário vinho branco **Vernaccia**. Um dos mais antigos vinhos da Itália, citado por **Dante Alighieri** em sua obra épica A *Divina Comédia*, na parte do Purgatório, Canto XXIV.

É produzido hoje com a predominância das uvas Traminer, Moscato Bianco ou Malvasia, com 10% de Riesling ou Sauvignon Blanc. Harmoniza muito

Vinho Vernaccia.

bem com peixes e carnes brancas.

O Museo del Vino Vernaccia abre de abril a outubro.

Fattoria San Donato e Vagnoni são dois bons produtores desse vinho.

MONTERIGGIONI, no topo de uma colina, foi uma importante fortaleza durante as disputas entre Siena e Florença. Estrategicamente localizada, era também um lugar seguro para descanso e pernoite dos cruzados e peregrinos.

A Via Francígena passa dentro da fortaleza ligando as portas em direção a Florença e em direção a Siena.

Atualmente, nos dois primeiros finais de semana de julho, ocorrem as festas medievais, com atrações, música, shows e personagens típicos.

Sugiro, ao programar sua viagem, confirmar antes as datas pesquisando na internet.

VOLTERRA, a capital dos etruscos, foi fundada no século IV a.C. Localizada no centro da Toscana, era rica em veios metálicos, ferro, salinas e alabastro.

Os etruscos foram os primeiros povos a dominar a extração e utilização do ferro.

Rodeada de muralhas, era uma cidade relativamente grande para aquela época. As ruas são estreitas; as construções, muito bem conservadas, igrejas, museus, hotéis, lojas, restaurantes. É, sem dúvida,

Porta de entrada da fortaleza.

Ruínas romanas em Volterra.

Volterra.

uma cidade que, se puder, vale muito a pena conhecer.

O Museo Etrusco Guarnacci é um dos mais completos da Toscana.

Foi importante também durante a dominação dos romanos e conserva ainda ruínas dessa época.

As festas medievais são realizadas desde 1398, e uma das atrações é a **Corrida do Queijo** pela Via Franceschini, em que competidores eleitos por sua comunidade rolam os queijos rua abaixo.

A cidade fica no alto de uma colina, mas dá para chegar de carro quase até o topo, onde há um grande estacionamento subterrâneo.

É uma cidade mais atraente que San Gimignano, inclusive maior, com mais atrações históricas e uma variedade grande de lojas e restaurantes.

Portoferraio.

ILHA DE ELBA

Muito conhecida por ter sido em 1814 o cativeiro de Napoleão Bonaparte por dez meses, hoje faz parte da Toscana e está ligada ao município de Livorno.

Há várias barcas diárias que saem do Porto de Piombino em direção a Portoferraio, e que levam no máximo uma hora.

O ideal é atravessar com o carro para poder circular melhor pela ilha, que é rodeada de praias belíssimas.

Em 1500 a.C., os etruscos já extraíam e exploravam minério de ferro e comercializavam para todo o Mediterrâneo. A ilha é citada em textos gregos da época.

Na *Ilíada* e *Odisseia*, de Homero, há referência a uma ilha no Mediterrâneo da qual dos barcos se avistava fogo no topo da montanha. Acreditam ser Elba, com os etruscos trabalhando o ferro nas fornalhas durante a noite.

Conhecida pelos gregos e cartaginenses, na mitologia grega é citada como a ilha onde *Jasão* e os *Argonautas* passaram na busca pelo *tosão de ouro*.

Durante a dominação dos romanos, floresceu como fornecedora de matéria-prima para confecções de armamentos, o que lhes deu uma vantagem sobre povos que lutavam com armamentos de cobre.

As minas hoje estão desativadas, depois de terem sido bombardeadas na Segunda Guerra Mundial, mas há *tours* para visitação.

Portoferraio é a capital da ilha,

© Phili Tizzani/Wikipedia

Praias da Ilha de Elba.

voltada para o lado do continente. Movimentada pelo porto, é o centro de negócios. À sua volta há praias com um mar azul e transparente do Mediterrâneo.

Capoliveri, construída em 1000 a.C., é uma pequena cidade no interior da ilha, próxima das minas de ferro e que, apesar de ter hoje uma arquitetura mais medieval, guarda a história daqueles tempos.

Capolíbero, ou *Capolivri*, como era conhecida até o século XIII, era uma espécie de cidade livre para pessoas que tivessem cometido algum delito e estivessem fugindo da lei no continente. Hoje a ilha vive totalmente do turismo, atraindo principalmente alemães, austríacos, nórdicos e, claro, italianos.

Aleatico dell'Elba é um

vinho licoroso produzido com a uva aleática, secada ao sol, que harmoniza muito bem com doces, chocolates e frutas, principalmente o pêssego.

Elba produz vinhos tintos de muito boa qualidade. O solo é arenoso e granítico, o clima é seco, com umidade, maresia e ventos do mar.

A maioria dos tintos é produzida com 80% de Sangiove-

Uva aleática ao sol.

se e 20% de Syrah.

O Aleatico dell'Elba está dentro de uma DOC – Denominação de Origem Controlada.

Duas marcas muito recomendadas são Aleatico Passito dell'Elba e Aleatico Sapereta dell'Elba.

O Passito era o preferido de Napoleão Bonaparte.

A Toscana é rica em história, beleza natural e vinhos da mais alta qualidade. Você pode iniciar uma viagem por Florença, Milão ou Roma. Todas têm voos diários de várias partes do mundo. As cidades são próximas umas das outras, as estradas são pequenas, muito bem conservadas e com pouco movimento, o que facilita a circulação. Há várias opções de hotéis e agroturismo. É uma região muito linda.

Portugal

Alentejo • Dão • Douro

Estátua de Pedro Álvares Cabral, Belmonte, sua cidade natal.

PORTUGAL

***Portugal** é um país que se orgulha de ter sido um importante protagonista nos Grandes Descobrimentos dos séculos XV e XVI, da riquíssima língua portuguesa e de seus vinhos.*

Um país pequeno, espremido entre a Espanha e o Oceano Atlântico, com microrregiões e microclimas que proporcionam uma variedade grande de terroirs propícios ao plantio da uva e à produção do vinho.

Eu vivi em Lisboa dois anos, e depois voltei a cada ano, por razões de negócios.

Neste período todo pude visitar e conhecer as diversas regiões de vinho, aprendendo muita coisa.

Portugal produz excelentes vinhos tintos em diversas regiões. Produz o vinho do Porto no Alto Douro, o vinho Verde próximo do Minho, o vinho da Madeira na ilha de mesmo nome, Espumantes no Dão e na Bairrada.

Se pensarmos numa visita a *Portugal* como simples turismo, tudo começa em *Lisboa* e *Porto*.

E de lá sair conhecendo as cidades e os lugares dentro da sua programação.

Eu aconselho a programar o roteiro em *Portugal* a partir dos lugares históricos.

Quando vivi em Portugal, aprendi muito sobre a sua história e, sempre que programava um passeio ou uma viagem, buscava saber que fato histórico havia acontecido no lugar, e assim o passeio ganhava uma dimensão maior.

Um pouco de história

Como em outros países da Europa, estiveram por ali os romanos, que também introduziram a cultura da uva e o vinho.

Existem vários sítios arqueológicos no país, como *Conímbriga*, próximo de Coimbra, e em Braga, a importante cidade romana *Bracara Augusta*.

Quem nasce em *Braga* é chamado de *bracarense*.

Depois vieram os visigodos, uma pequena invasão de *vikings* e, finalmente, os *árabes*.

Até 1128, *Portugal* não existia como país.

O *Ducado Portucalense*, em Guimarães, e o *Ducado da Galícia* eram subordinados ao *Ducado de Leão*, em *Toledo*, na Espanha.

A *Duquesa D.Teresa de Leão*, viúva, caiu de amores pelo *Duque da Galícia, Fernão Peres de Travas*.

O nobre *Afonso Henriques*, filho e herdeiro, do *Ducado Portucalense*, orientado por seu educador e mentor *Egas Moniz*, declarou guerra a ambos.

Sua mãe ficou do lado do amante.

Castelo de Afonso Henriques em Guimarães.

Estátua de Afonso Henriques em Guimarães.

Afonso Henriques venceu a ambos na batalha de *São Mamede, em Guimarães,* em 24 de junho de 1128.

Esse dia é considerado por muitos como a data da fundação de *Portugal.*

A partir daí, *Afonso Henriques* iniciou as conquistas dos territórios ao sul. Depois, com ajuda de seu filho e guerreiro *Sancho I*, estabeleceu as divisas territoriais do país.

Em 1140, ele mesmo se declarou rei e passou a assinar documentos com esse título.

Em 1179, o *papa Henrique III* reconheceu *Afonso Henriques como rei de* Portugal.

Ele sempre teve boas relações com os judeus, tanto que nomeou para ministro das Finanças, com a função de coletar impostos, o *grão-rabino Yahia Ben Yahia.*

Essa tradição de nomear judeus para a área financeira foi mantida por vários reis.

A história de *Portugal* é heroica e romântica. Seria necessário um livro todo para contá-la. Mas vale a pena enfatizar algumas personagens e lugares relacionados aos fatos.

A trágica e romântica história de *Dom Pedro I* e Inês de Castro. A *Fonte das Lágrimas em*

Coimbra, onde ela foi executada. E os túmulos, um de frente para o outro, em *Alcobaça*.

Dom Diniz foi fundador da Universidade de Coimbra, e sua esposa era *Izabel, a Rainha Santa*. Seu esquife de ouro na Igreja de Santa Clara, em Coimbra, é aberto pelos religiosos de tempos em tempos, e seu corpo permanece intacto.

A rainha *Filipa de Lencastre*, inglesa e mãe de uma geração de grandes portugueses, entre eles, o *Infante Dom Henrique*, que criou a *Escola de Sagres* e deu início aos *Grandes Descobrimentos*.

Dom Manuel, o Venturoso, que teve uma importância tremenda nas conquistas de além-mar.

Dom Sebastião, que desapareceu na *Batalha de Alcácer-Quibir*, levando consigo a espada e o escudo de *Afonso Henriques*.

Sua irmã, casada com o rei *Felipe da Espanha* e herdeira do trono, fez com que *Portugal* ficasse sob o domínio da *Espanha* de 1580 a 1640.

D.Maria, Dom João VI, Carlota Joaquina e *Dom Pedro IV* (*nosso Pedro I*).

Se for a Portugal, há referências a todos eles, incluindo *Pedro Álvares Cabral, Vasco da Gama, Luiz Vaz de Camões, marquês de Pombal, rei Dom José (do terremoto), Fernando Pessoa, Eça de Queiroz, José Maria de Bocage, Amália Rodrigues* e *José Saramago*.

Eu poderia recomendar vários roteiros, mas meu foco são as regiões vinícolas.

Apesar de conhecer e apreciar vinhos tintos da Bairrada, Catanhede, Cartaxo, Colares e Setúbal, preferi focar três regiões nobres, com características, inclusive sociais, e *terroirs* completamente diferentes.

Escolhi o Alentejo, a região do *Rio Dão* e a linda região do *Douro*.

Museu de Armas no Castelo.

PORTUGAL – ALENTEJO
ÁREA AMPLIADA
N251
N4
IGREJINHA
ARRAIOLOS
N2
N114
N4
Abuferia da Barragem do Divôr
Rio Almansor
A6
A6
A6
IP2
ÉVORA
N254
N2
N114
IP2
N254
N2
N2
N257
N254

N245
EB02
ESTREMOZ
N4
N18
A6
A6
N4
N255
6
N254
N254
N255
Abuferia da
Barragem
da Vigia
N255
EB02
N256
REGUENGOS DE MONSARAZ
N256
N255
Rio Guadiana
Rio Guadiana

Castelo em
Arraiolos.
ALENTEJO

*O **Rio Tejo** nasce na Espanha, um pouco acima de Toledo, cruza Portugal, passa por Lisboa e desemboca no Oceano Atlântico, na altura de Estoril e Caiscais.*

*As terras do outro lado do rio, as mais distantes, o interior, foram chamadas de além do Tejo, ou seja, **Alentejo**.*

Diferentemente de outras regiões de vinhos, que são cercadas de vinhedos, a paisagem do *Alentejo* é constituída por olivais, nogueiras e sobreiros, a árvore que produz a cortiça.

Uma das cidades mais importantes é *Évora*, considerada a referência do vinho tinto *alentejano*.

Já estive nessa região muitas vezes e me hospedei em pousadas de *agroturismo* e em diversos hotéis. Nesta última viagem, como pretendia visitar várias vinícolas, fiz uma programação especial.

Évora, em termos de geografia, fica no centro da região.

As vinícolas ficam em cidades menores à sua volta, com estradas saindo para norte, sul, leste e oeste.

Évora é uma cidade da época dos romanos, cercada de muralhas e com algumas portas de entrada.

Há vários hotéis, inclusive alguns antigos edifícios medievais e conventos superatraentes no centro da cidade.

Preferi ficar em um hotel/pousada na principal entrada da cidade, a Porta da Lagoa, também conhecida como Porta Nova, pela qual era fácil entrar e sair das muralhas, de carro.

A *Albergaria do Calvário* é aconchegante e tem um serviço da mais alta qualidade. O segredo é a simplicidade, a atenção e o carinho que dedicam aos hóspedes.

Não é um lugar ideal para crianças. Há outras opções na cidade.

Possui estacionamento próprio para os carros dos hóspedes.

Há vários hotéis em Évora e *agroturismo* em toda a região.

Eu havia programado ficar três dias e estava buscando um hotel que pudesse me ajudar a marcar com antecedência as visitas às vinícolas, e o pessoal da *Albergaria do Calvário* fez todo o agendamento para mim.

O ideal é marcar as visitas às vinícolas por localização.

Se for em direção a *Estremoz*, onde está a vinícola *Dona Maria*, que fica a nordeste, programe o dia inteiro para conhecer vinícolas nessa região.

Capela dos Ossos em Évora.

A mesma coisa se for para o sudeste, para *Reguengos de Monsaraz*, onde está o Esporão.

Não há estradas secundárias interligando a região. É preciso voltar sempre a Évora, para tomar outra direção.

Dedique no mínimo três dias para o Alentejo. Dois para visitar vinícolas e um para conhecer a cidade.

ÉVORA – Cidade Histórica

Évora é uma povoação *pré-romana*, toda cercada de muralhas.

No centro histórico há um muito bem preservado *templo* dedicado a *Diana*, *termas romanas* e ruínas de um *aqueduto.*

O castelo de *Dom Manuel, o Venturoso*, onde planejou com *Vasco da Gama* a viagem às *Índias.*

Vasco da Gama, apesar de ter nascido à beira-mar, em *Sines*, vivia na cidade de *Vidigueira*, muito perto de lá.

Sabemos pouco de *Dom Manuel* no Brasil, mas foi um rei ativo e importante nos Grandes Descobrimentos.

Há também na cidade vários museus, igrejas e prédios do período medieval.

No museu da catedral, há um relicário com um pequeno fragmento de madeira trazido por *Dom Afonso Pires Farinha*, que seria da cruz de *Cristo.*

Na igreja dos Lóios, transformada em museu, está o túmulo de *Rui de Sousa*, representante português que, em 1494, assinou o Tratado de Tordesilhas, na cidade do mesmo nome, perto de *Valladolid.*

Uma das maiores atrações de *Évora* é a Capela dos Ossos, construída no século XVII na Igreja de São Francisco e decorada com ossos retirados de um antigo cemitério.

O objetivo é mostrar a transitoriedade da vida, reforçada com uma mensagem já na entrada:

Nós Ossos Que Aqui Estamos Pelos Vossos Esperamos!

A cidade tem muitos bons restaurantes, lojas de artesanatos em cortiça e vinhos.

A História do Elefante Branco

Durante as festas juninas, celebram, com um desfile, um presente que o rei *Dom Manuel* ofereceu ao *papa Leão X*, um Elefante Branco.

Em 1514, *Afonso de Albuquerque*, então governador português na Índia, enviou de presente a *Dom Manuel* um elefante branco, muito raro.

Era o primeiro paquiderme a chegar à Europa e foi uma atração incrível em *Portugal*.

O rei então decidiu presentear o *papa Leão X*.

O elefante foi levado a Roma, em comitiva por uma nau comandada pelo navegador *Tristão da Cunha*.

Ao receber presente, o papa riu muito e teria dito:

"O que eu faço com este elefante branco?"

Esta pode ter sido a origem da expressão "elefante branco".

A celebração que se faz todos os anos em *Évora*, no início de julho, representa o desfile do elefante pelas ruas de Roma. Há personagens representando os portugueses, o papa, uma

Desfile do Elefante Branco do Papa em Évora.

Vinhedos no Alentejo.

música alegre de época e um grande elefante branco.

Reforma agrária e a produção do vinho

Na formação do país *Portugal*, as regiões central e norte foram naturalmente constituídas de pequenos e médios agricultores e proprietários de terras.

Já na região sul, onde está o *Alentejo*, havia os grandes latifúndios. Os grandes proprietários com muitas terras improdutivas.

A partir do século XVIII, iniciou-se uma pequena produção de vinhos nessa região.

Portugal viveu durante muitos anos um regime forte, ditatorial, controlado por Antônio de Oliveira Salazar.

Com sua morte, foi instalado o Estado Novo.

Em 25 de abril de 1974, esse regime foi derrubado com a Revolução dos Cravos.

Durante alguns anos, o país viveu um período de transição, até que a democracia foi finalmente instalada.

Nesse período de transição, no *Alentejo*, os trabalhadores do campo fizeram por conta própria uma reforma agrária, expulsando os proprietários e tomando posse das terras.

Muitas vinícolas foram tomadas pelos trabalhadores.

Algumas cooperativas foram formadas e continuam até hoje produzindo vinho.

Em algumas propriedades, os trabalhadores, reconhecendo a incapacidade de produzir e gerar receitas, devolveram as terras aos antigos donos, pois assim teriam como receber um valor pelo trabalho.

Hoje, a região está consolidada.

É muito interessante, ao visitar as vinícolas, saber suas histórias, principalmente após todo esse movimento social e político.

CASTAS DAS UVAS

Até bem pouco tempo, nos rótulos dos vinhos não havia a identificação das castas.

O vinho sempre foi reconhecido pela região, pela herdade e pela marca estampada no rótulo.

Como a maioria dos vinhos é produzida com no mínimo três castas, nunca foi importante saber.

Por outro lado, há em *Portugal* um número tão grande de castas que, na verdade, deixa de ser mesmo importante.

Segundo especialistas, são 166 castas para os vinhos tintos e 152 para os brancos.

Para os tintos, as mais utilizadas são *Touriga Nacional*, *Trincadeira*, *Alicante Bouschet*, *Touriga Franca*, *Tinta Roriz* ou *Aragonez*.

Para os brancos, *Alvarinho*, *Arinto*, *Antão Vaz*, *Fernão Pires* e *Malavasia*.

Algumas castas têm nomes diferentes nas três importantes regiões como *Aragonez*, *Tempranillo* e *Tinta Roriz*, que são todas a mesma uva.

Trincadeira tem nove nomes diferentes.

Alvarinho é a principal casta do vinho verde. Em muitos lugares é confundida com uma marca de vinho.

Há vinhedos que têm uma mistura tão grande de castas que não dá para colocar nos rótulos. Acabam sendo rotuladas como *Vinhas Velhas*.

Os vinhos continuam a ser reconhecidos pelas origens e pelas marcas.

Touriga Nacional.

VISITA ÀS VINÍCOLAS

Programei com o pessoal da *Albergaria do Calvário* visitas a diversas herdades.

Fundação Eugênio Almeida – é o produtor dos vinhos *Cartuxa* e do lendário *Pêra-Manca*.

O prédio para visita e degustação de vinhos fica mesmo em *Évora*, muito próximo da cidade.

Era um convento jesuíta do século XVI, e está em poder da família de Eugênio Almeida desde o século XIX.

A reserva pode ser feita pela internet, e precisa ser confirmada pela Enoturismo Cartuxa.

O *tour* inclui visitas às instalações e ao pequeno museu histórico, com explicações sobre a produção dos vinhos, apresentação de dois vídeos e degustação.

Havendo disponibilidade, só é permitido comprar uma garrafa de *Pêra-Manca* por pessoa.

Pêra-Manca

Pêra-Manca é uma marca de vinho produzida há mais de 500 anos e citada em correspondências de reis desde o século XV.

O nome foi inspirado no terreno onde estavam plantados os primeiros vinhedos, um barranco com pedras soltas. Diziam à época que as pedras rolavam, moviam, mancavam. Das pedras mancas surgiu o *Pêra-Manca*.

Produzido inicialmente pelos frades do Convento do Espinheiro, por ser muito dispendioso, em 1517 arrendaram os vinhedos e a produção do vinho ao escudeiro do rei, Álvaro Azedo.

Há referência ao *Pêra-Manca* em uma carta enviada em 1488 à Câmara de Évora pelo rei *D.João II*.

Em um texto do século XVI, Duarte Leão Nunes escreveu: "Em Alentejo há os vinhos de Évora, que são muy estimados os de Peramanca em sabor e substância"

Vendido a granel, foi vinho levado pelos portugueses em suas viagens às Indias e ao Brasil

"*Sendo o vinho preferido de Pedro Alvarez Cabral, descobridor do Brasil, levava nas suas caravelas pipas deste vinho, um tinto feito próximo de Evora, baptizado de Pêra-Manca, que dizem os registros ter sido usado para selar o encontro entre Cabral e os aborígenes*" (texto extraído de publicação em Portugal)

No século XIX, o conselheiro

Icônico Pêra-Manca.

Catedral de Évora.

José Antônio d'Oliveira Soares, da famosa Casa Soares, então proprietário da marca, transformou o vinho a granel em um sofisticado vinho em garrafa.

Com a Filoxera, no fim do século XIX, a Casa Soares deixou de produzir o vinho e, no lugar de seus vinhedos, plantou oliveiras e sobreiros.

Somente em 1987, o *Pêra-Manca* foi recuperado. O herdeiro da extinta Casa Soares, José Antônio de Oliveira Soares, ofereceu a marca à Fundação Eugênio Almeida, que passou a produzir e utilizar o rótulo original da marca, desenhado por Roque Gameiro. Em 2003, foi criado um novo rótulo pelo ilustrador inglês Bill Sanderson.

A **Fundação Eugênio Almeida** foi criada com o objetivo de promover a cultura e os conhecimentos na região de Évora. Suas receitas são de doações e da produção e venda dos vinhos Cartuxa e do mítico *Pêra-Manca*.

O *Pêra-Manca* só é produzido em anos de uma safra de uva de qualidade excepcional. O primeiro foi produzido da safra de 1990. Depois foram produzidos nas safras 1991,1994,1995,1997,1998, 2001, 2003, 2005, 2007, 2008, 2010 e 2011. As castas utilizadas são *Trincadeira* e *Aragonez*.

Hoje há uma opção do *Pêra-Manca* branco produzido com as castas *Antão Vaz* e *Arinto*.

Em anos normais, o vinho produzido é o *Cartuxa*, *Reserva ou Colheita*, e recentemente a marca *EA*.

Sobre a marca *EA*, fiz uma

anotação no livro de visitantes de que essa marca não dá uma boa identificação de marketing.

Não só no Brasil, como também em *Portugal*, poucas pessoas relacionam o *EA* com a Eugênio Almeida e com um vinho de qualidade.

A identificação deveria ser com as marcas *Cartuxa* e *Pêra-Manca.*

Mencionei também que o design do rótulo não destaca o vinho na prateleira da loja.

Estando em Évora, a Fundação Eugênio Almeida é visita obrigatória.

ARRAIOLOS

Ao norte, a trinta minutos de *Évora* fica a cidade de *Arraiolos*, conhecida pelos tapetes.

Ali perto, na vila de *Igrejinha*, fica a **Herdade dos Coelheiros**.

Há algum tempo, ofereciam também hospedagem.

Há dois anos, nos hospedamos lá.

Foi bom, mas ficava um pouco fora de mão para visitar as outras vinícolas e voltar todas as noites.

Estivemos lá recentemente e a pousada estava fechada para reforma.

Rodeada de vinhedos, a visita e a degustação são completadas com um teste de aromas muito divertido.

Além dos vinhedos, a propriedade possui uma reserva fechada para caça de veados e coelhos.

Em época específica, um caçador pode "comprar" a autorização para a caça de um veado e três coelhos.

Eles também plantam oliveiras, nogueiras e têm alguns hectares de sobreiros.

Há uma opção de passeio

Castelo em Arraiolos.

Museu dos Coches na Herdade Monte da Ravasqueira.

pelo coutada de jipe. Com sorte, dá para ver os animais.

Coelheiros produzem um dos melhores vinhos do *Alentejo*.

Os rótulos das garrafas são também de extremo bom gosto.

Fica a vinte minutos de carro de *Évora*, e recomendo visitar.

Na direção norte, atravessando *Arraiolos*, há outra herdade muito especial, a **Sociedade Agrícola D. Diniz, Monte da Ravasqueira**.

Foi uma das propriedades tomadas pelos empregados na reforma agrária.

Na época, eram importantes produtores de frutas.

O proprietário era também reconhecido por suas ações sociais, tanto que, após alguns anos, voltou e, com a concordância dos antigos empregados, reassumiu o controle da propriedade.

Foi quando decidiu mudar a produção de frutas para uvas e vinho.

A visita a essa herdade, além dos vinhedos e degustação, inclui um museu com uma coleção de aproximadamente cinquenta coches e uma criação de cavalos.

Em épocas anteriores, os proprietários participavam de corridas de coches nacionais e internacionais.

Reguengos de Monsaraz

Essa cidade fica a sudeste de Évora e é onde se concentram grandes e importantes produtores de vinho.

Reguengos de Monsaraz significa *Terras do Rei*, e ali a reforma agrária foi bastante forte. Vários proprietários perderam suas terras. Alguns

Vinhedos no Alentejo.

voltaram e reassumiram, outras viraram cooperativas e estão produzindo até hoje, e em outras ainda os donos não regressaram e as vinhas ficaram abandonadas.

O que aconteceu foi que, ao assumirem, os empregados não souberam tocar o negócio e, ao fim de um tempo, perceberam que não tinham renda para sobreviver, então pediram aos patrões que regressassem.

Alguns se organizaram em cooperativas e produzem bons vinhos, como a **Adega Cooperativa de Reguengos de Monsaraz** – Carmim, que representa um número grande de pequenos agricultores.

Produz 15 milhões de litros de vinho por ano e é um dos lugares a ser visitado.

A **Herdade Ervideira** produz

Barris de carvalho.

vinhos desde o século XIX.

De propriedade da Família Leal da Costa, descendentes diretos do *Conde da Ervideira*, foi tomada pelos empregados durante a Reforma Agrária.

Após alguns anos, os empregados solicitaram aos antigos proprietários que reassumissem.

Tiveram, praticamente, de começar do zero, replantando, iniciando novos vinhedos, renovando instalações e máquinas.

Estão já produzindo ótimos

vinhos, inclusive fazendo experiências com castas francesas e vinhos *monocasta*.

No espaço da degustação, há uma exposição de antigas garrafas de vinhos produzidos pela *Ervideira* em 1880.

O **Esporão** foi talvez o vinho tinto do *Alentejo* que, depois da reforma agrária, primeiro se destacou em *Portugal*.

Na década de 1980, era considerado o melhor vinho do país.

Até então, o domínio havia sido dos vinhos do *Dão*.

A visita pode ser agendada pela internet.

Oferecem também passeios de jipe pelos vinhedos e olivais.

Como há *tours* a cada hora, não é difícil fazer a visita sem a marcação antecipada.

Há muitas outras herdades na região de *Reguengos de Monsaraz*.

Ali perto, no alto de uma montanha, a vila medieval de *Monsaraz*, rodeada de muralhas, é um lugar a ser visitado. De lá se vê a Espanha.

Cortiçadas e sítios arqueológicoS

A oeste de *Évora*, pela rodovia N 114, em direção a Montemor-o-Novo, na aldeia de *S.Sebastião da Giesteira* fica a **Herdade das Cortiçadas**.

Produz vinho desde o século XIX.

De todas que visitei, é a herdade mais simples.

Está em um processo de renovação de todas as instalações e substituição das vinhas velhas.

Diferentemente dos outros lu-

Megalíticos Cromeleques dos Almendres, Évora.

gares, fomos atendidos e ciceroneados pelo engenheiro agrônomo responsável pelos vinhedos e pela produção do vinho.

Visitamos os vinhedos, tivemos uma apresentação mais técnica da produção e degustamos, além do tinto, um bom branco seco, produzido com a uva *Fernão Pires*.

Na visita, pudemos apreciar os antigos lagares, barris e maquinários do século XIX.

SÍTIOS ARQUEOLÓGICOS

Próximo da *Cortiçadas*, na vila de *Nossa Senhora de Guadalupe*, há o sítio arqueológico *Cromeleques dos Almendres* com mais de 8.000 anos, que inclui cerca de *80 megalíticos em círculos, um Menir e a anta de Zambujeiro*.

Este sítio arqueológico é considerado o mais antigo de toda a Europa, sendo 2.000 anos mais velho que *Stonehenge*, na Inglaterra.

ESTREMOZ

Estremoz fica a meia hora de Évora, na direção norte.

A cidade fica na rodovia N4, antiga estrada *Lisboa-Badajoz*, na Espanha.

É rodeada de muralhas. No alto, há um castelo transformado em hotel, museus, pequenas lojas e restaurante.

Dentro das muralhas é uma cidade de porte médio, bem movimentada.

A primeira visita foi à belíssima

Vinhedos em Estremoz.

QUINTA DO CARMO, com seu palácio do século XVIII, que pertencia a *Dona Maria*, na época, amante do rei de Portugal.

O produtor Júlio Bastos, atual proprietário, iniciou em 2003 uma muita bem-sucedida produção de vinhos tintos e brancos e homenageou a antiga dona, nomeando a herdade **Dona Maria Vinhos**.

Fica na saída de *Estremoz* para *Portalegre*, pela rodovia N245.

Pode ser visitada sem agendamento prévido, durante a semana, no horário comercial.

Mas recomendo contatar antecipadamente.

A visita consiste em conhecer o palácio, a capela do século XVIII, os jardins, os lagares de mármore, os tonéis de carvalho e a degustação.

Há também uma visita muito especial, que pode ser programada com antecedência e depende da disponibilidade. A visita inclui um almoço no palácio para no máximo oito pessoas.

Normalmente, um dos proprietários recepciona os visitantes.

Nossa reserva foi feita pelo pessoal da *Albergaria do Calvário*.

Fomos recebidos pela proprietária D. Isabel Bastos, que nos acompanhou na visita, contando a história do palácio, da antiga proprietária *Dona Maria*, da capela do século XVII, de como a Quinta do Carmo foi adquirida e do início da bem-sucedida produção de vinhos.

O almoço com sua presença foi servido na sala de jantar do palácio com toda elegância e formalidade do local.

O vinho servido foi um tinto *Dona Maria Reserva*.

Paisagem do Alentejo.

Foi uma visita muito especial, diferente de todas as outras, principalmente pela recepção e simpatia da anfitriã.

Vale a pena conhecer a Quinta do Carmo.

Se puder programar um almoço, vai ser inesquecível.

JP RAMOS, *José Portugal Ramos*, fica na rodovia N4, próximo de *Estremoz*.

É um produtor relativamente novo. Iniciou em 1991, mas já se tornou um dos mais importantes do *Alentejo*.

Seu carro-chefe é o *Marquês de Borba*.

A visita, também reservada com antecedência, funciona como todas as outras, ou seja, visita às instalações, ao espaço para os tonéis de carvalho e a degustação.

Fiquei impressionado com o número de tonéis no espaço reservado ao estágio dos vinhos. São 2.000 tonéis de carvalho!

HERDADE DAS SERVAS fica também na N4, próximo da JP Ramos.

É muito bonita porque fica no alto de um morro, rodeada de vinhedos.

Na frente do prédio, há um vinhedo com as diversas castas de uva para que o visitante possa conhecer e identificar as diferenças dos formatos das folhas.

Aqui também a visita é com marcação antecipada.

Nosso *tour* foi especial. Fomos recebidos pelo enólogo, que forneceu explicações mais técnicas sobre as características da produção de vinho.

Essa herdade, além da visita normal, oferece passeios a pé, de jipe ou de trator pelas vinhas.

Na época da vindima, é possível fazer a pisa da uva.

Em domingos especiais, há cursos vínicos e culinários da região.

O ALENTEJO

O *Alentejo* pode ser visitado o ano todo.

A partir de *abril*, com a primavera, começam a aparecer as folhas e os cachos de uva.

Em *abril* também, os campos de sobreiros ficam cobertos de flores.

Em *junho* e *julho*, início do verão, os termômetros variam de 30 a 40 graus centígrados.

Recomendo programar as visitas pela manhã e após as 15 horas. Das 12 horas até as 15 horas, o calor é muito forte.

Agosto e *setembro*, além de ter temperatura mais agradável, é a época da vindima.

Setembro, em algumas herdades é possível participar da pisa da uva nos lagares.

Visitar o Alentejo é passear pela história de Portugal, degustando ótimos vinhos e apreciando a gastronomia local. Évora está a duas horas de Lisboa. Recomendo fortemente conhecer essa região.

Fortaleza
inexpugnável
de Marvão
CIDADES
HISTÓRICAS

Continuando minha viagem a ***Portugal****, após visitar várias vinícolas no* ***Alentejo****, antes de ir direto para a região do* ***Dão****, reservei dois dias para, no caminho, visitar alguns lugares bem interessantes e que, para quem puder, eu recomendo.*

Marvão

Saindo de *Estremoz* pela N245 em direção ao norte, após uma hora de carro, passando a cidade de *Portalegre*, há uma entrada à direita indicando *Marvão.*

É uma região montanhosa que faz divisa com a *Espanha.*

Marvão é uma vila no alto de uma montanha a 843 metros de altura, rodeada de muralhas e considerada no passado uma "fortaleza inexpugnável".

Foi construída no século IX pelo dissidente árabe Ibn Marwan, que se rebelou contra o *Emirado de Córdoba.*

Foi conquistada por *Afonso Henriques*, que a anexou a *Portugal.*

A vila tem só uma rua, muita estreita, de direção única, onde se entra por uma porta da muralha e sai pela outra.

Em fins de semana e temporada não é permitido entrar de carro.

A atração principal são as ruínas do castelo, muito bem conservadas e mantidas por uma ONG local.

No mês de outubro há uma celebração islâmica, com músicas e comidas árabes em homenagem ao fundador *Ibn Marwan.*

Há durante todo o ano eventos culturais e concertos musicais.

Não são muitos os hotéis e pousadas dentro das muralhas.

Eu me hospedei na Pousada *D. Dinis*, com os quartos com vista para a Espanha.

À noite veem-se luzes de cidades espanholas a 30 quilômetros.

Você pode também se hospedar na vila de *Santo Antônio das Areias*, à beira do Rio *Server*, que fica abaixo de *Marvão.* Há também um camping com piscinas públicas.

A divisa com a *Espanha* fica a menos de cinco quilômetros.

Belmonte – Pedro Álvares Cabral

Após *Marvão*, continuando em direção ao norte, fomos para *Belmonte*, a cidade natal de *Pedro Álvares Cabral.* A cidade fica próxima à *Serra da Estrela.*

Belmonte tem várias atrações.

O Museu dos Descobrimentos, com muitas referências ao Brasil.

Ruínas de um castelo que pertenceu à *família Cabral.*

Na igreja de São Tiago, transformada em museu, estão os túmulos de membros da família *Cabral*, e uma urna de pedra com partes dos restos mortais do

Jardins do Castelo de Marvão.

próprio *Cabral*, retirada de seu túmulo na cidade de *Santarém*.

A história dos restos mortais de Cabral

Cabral morreu em *Santarém*, em 1520, e foi enterrado em um túmulo provisório. Quando sua esposa, *Isabel de Castro*, faleceu, foram ambos sepultados na Igreja de Santa Maria da Graça.

Em 1871, *D. Pedro II* iniciou um movimento para trazer para o Brasil os restos mortais de *Cabral*, para a catedral da cidade do Rio de Janeiro.

Em 1903, ao abrir a sepultura em *Santarém*, encontraram restos mortais de oito pessoas, sendo cinco homens, uma mulher e duas crianças. As ossadas estavam misturadas. Não havia como identificar.

Como solução, montaram dois esqueletos completos e enviaram um para o *Brasil* e outro para *Belmonte*. Acredita-se que, nos dois esqueletos, alguns ossos são realmente de *Cabral*.

Sinagoga Judia

Uma das atrações de *Belmonte* é a antiga Sinagoga, recentemente restaurada.

Nessa região, após a expulsão dos judeus, em 1497, por *D. Manuel*, uma comunidade judaica continuou mantendo suas tradições.

Muitos judeus foram embora do país, alguns se converteram em *cristãos-novos*, outros foram para localidades no interior e continuaram a professar em sigilo suas tradições.

Há hoje em *Portugal tours* específicos para visitar antigas sinagogas espalhadas pelo país.

Serra da Estrela

Continuando viagem em direção ao *Dão*, há de cruzar a *Serra da Estrela*.

Ali está "*a torre*", o ponto mais alto do país, com 2.000 metros de altura.

Dá para chegar até o alto de carro. Lá em cima há lojas de produtos da região.

No inverno essa parte fica, muitas vezes, coberta de neve.

Perto está a cidade mais alta de Portugal, *Guarda*. E a vila mais alta, *Sabugueiro*, também conhecida pelos famosos cães da serra e o queijo de cabra.

No alto da serra há nascentes de dois importantes rios. Próxima à cidade de *Manteigas*, fica a do Rio *Zêzere*.

Do outro lado, no caminho da cidade de Seia, próxima ao Hotel Penhas Douradas, está a nascente do Rio *Mondego*, que depois passa dentro de *Coimbra*.

Penhas Douradas é um *resort/spa* no alto da serra, a 1.600 metros de altura.

Além das instalações completas de um *spa*, há trilhas e passeios pela região.

Tanto em *Marvão* quanto nas *Penhas Douradas*, fora de temporada, a diária é de cerca de 100 euros, incluindo o café da manhã.

Na descida da serra, logo na entrada da cidade de Seia há um Museu do Pão, que vale a pena visitar.

De lá até a cidade de *Mangualde*, no vale do Rio Dão, leva-se no máximo uma hora.

Túmulo de Pedro Álvares Cabral em Belmonte.

Torre na Serra da Estrela, ponto alto de Portugal.

N227
A24
N229
N16
E1
PENALVA DO CASTELO
A25
VISEU
N229-2
N2
A25
N230
N16
MANGUALDE
E1
IC2
N234
N231
N17
EB01
SEIA
A35
N234
N230
N17
N231
N337
SERRA DA ESTRELA
E1
IP3
A14
N231
N17
N230
N2
N238
N347
N112
A13
N112
A34
Rio
Zêzere
N241-1
IC8
EB02
IC3
IC9
N244
N2
A13
A23
IP2
N18
A23
Rio Tagus
N118
N246
N243
N2
N244

N226
IP2
N221
N332
A25
A25
17
A23
N332
BELMONTE
EB02
N233
ESPANHA
N239
N239
A23
2
N240
PORTUGAL – DÃO E CIDADES HISTÓRICAS
ÁREA AMPLIADA
MARVÃO
N246-1

D.Duarte (1391-1438), Rei de Portugal, em Viseu

DÃO

O ***Vale do Rio Dão*** *foi considerado durante muitos anos os melhores vinhos de Portugal.*

Com o crescimento da produção nas regiões do Alentejo e Douro, seu prestígio caiu muito.

Hoje está em franca recuperação. É uma região muito bonita para visitar e conhecer.

VISEU

Viseu é considerada a capital da Região Demarcada do vinho *Dão*.

A *Comissão Vitivinícola Regional do Dão* ajuda a controlar a produção, a distribuição e os negócios dos muitos produtores regionais.

O *Solar do Vinho do Dão* mostra e conta a história da região.

É uma cidade de porte médio, com um centro histórico muito bem conservado, com museus, igrejas e casario colonial.

Há um museu especial dedicado ao pintor *Grão Vasco*, do século XVI.

Vasco Fernandes (1475-1542), conhecido como *Grão Vasco*, nascido em Viseu, é considerado o pintor quinhentista mais importante de Portugal.

O Rio *Dão* é só uma referência para a região, mesmo porque a maioria dos vinhedos não fica às suas margens.

MANGUALDE

Mangualde é a cidade que centraliza a maior parte da produção do vinho.

É de porte médio para pequeno, com boas opções de hotéis, sendo o *Hotel Senhora do Castelo*, que fica no alto da cidade, com uma vista panorâmica, sem dúvida a melhor opção.

Eu havia planejado ficar nesse hotel, mas não fiz reserva, e quando cheguei na sexta-feira estava lotado.

Recomendaram-me e, inclusive, gentilmente telefonaram para verificar se havia vaga em um hotel/palácio, *A Casa da Ínsua*, que fica a 20 quilômetros de *Mangualde*, na cidadezinha de *Penalva do Castelo*.

O hotel *A Casa da Ínsua* é um palácio do século XVIII, em estilo barroco, construído por *Luís de Albuquerque de Mello Pereira e Cáceres*, governador e capitão-general de Cuiabá e Mato Grosso, depois que ele retornou a *Portugal*.

Em 2009, foi restaurado e transformado em hotel.

O palácio mantém toda a

suntuosidade de época, com as salas, os salões, as acomodações, os quartos bem amplos.

Há dois jardins ao redor, um em estilo francês e outro, inglês, com direito a duas sequoias.

Há um grande tanque com flor de lótus, um lago com dois cisnes, piscina e um pomar de frutas.

Apesar de ser um palácio, os preços são justos e variam por temporada.

Quando chegamos, solicitamos à recepção que marcassem visitas a algumas vinícolas.

Como era um fim de semana, muitas não estavam atendendo.

O Rio *Dão* passa bem perto de *Penalva do Castelo* e há várias atrações às suas margens, inclusive uma *ponte romana*.

Um pouco da história do vinho Dão

Até meados dos anos 80, o vinho tinto do *Dão* reinava praticamente sem concorrência.

Os vinhos *Grão Vasco*, *Meia Encosta* e *Caves Velha*, entre outros, eram dos mais consumidos.

Nessa época, o *Alentejo* enfrentava a reforma agrária e o *Douro* ainda priorizava o vinho do Porto.

Sem concorrência, passaram a produzir grandes quantidades, com menos qualidade.

A partir dos anos 1990 começaram a enfrentar problemas.

Alentejo e *Douro* começaram a produzir vinhos de ótima qualidade, além de investir em distribuição e marketing.

Em pouco tempo, passaram a dominar o mercado e serem mais reconhecidos em outros países.

Castas do Dão

Como nos outros lugares em Portugal, a variedade de castas é também muito grande.

Para os tintos, as mais importantes são *Touriga Nacional*, *Jaén*, *Aragonez*, *Alfrocheiro*,

Rio Dão.

Tinto-Cão, Trincadeira, Rufete, Alvarelhão e *Bastardo*.

Para os brancos, as mais utilizadas são *Encruzado, Malvasia-Fina, Bical, Barcelo, Cachorrinho, Verdelho* e *Uva-Cão*.

Algumas dessas uvas têm nomes diferentes em outras regiões, como *Aragonez*, por exemplo, que em outros lugares é chamado de *Tinta Roriz* ou *Tempranillo*.

Apesar de estar descrito nos rótulos a composição do *blend*, os vinhos são reconhecidos e escolhidos pelas marcas.

Touriga Nacional

Touriga Nacional é uma uva originária do *Dão*, utilizada no país inteiro e motivo de orgulho nacional.

Há informações de que essa casta está sendo plantada e utilizada em outras partes do mundo.

Em conversa com o presidente da ***Adega Cooperativa de Mangualde***, sugeri mudarem o nome para *Touriga Portugal* ou *Touriga do Dão*, para identificar a origem.

Visitas às vinícolas

O *Dão* ainda hoje luta para recuperar o prestígio e a posição no mercado, mas continua a enfrentar dificuldades.

Conversei com *Antônio Rodrigues*, que foi por 27 anos presidente da Adega Cooperativa de Mangualde. Ele me deu a seguinte explicação.

Na região do *Dão* há um número muito grande de pequenos produtores. Só na

Degustando na Casa da Ínsua.

Cooperativa de Mangualde são mais de 700 associados. É impossível estabelecer controles e limitar a produção de cada um. O pequeno viticultor busca produzir o máximo possível para poder tocar o negócio com lucro. Assim, acaba priorizando a quantidade sobre a qualidade.

Os vinhos *Dão* sempre foram identificados como *intensos, fortes* e *encorpados*, com uma tonalidade *rubi*, para serem consumidos com alimentos, de preferência nas refeições.

É diferente dos vinhos do *Alentejo* e *Douro*, que têm sido mais leves, *florais* e *aromáticos*, e muitas vezes podem ou devem ser consumidos fora de refeições, com pães e tira-gostos.

Um problema apresentado por *Antônio Rodrigues*, presidente da cooperativa, é a dificuldade em convencer os associados a investir dinheiro em marketing.

"Na última reunião, apresentei um Plano de Marketing para cerca de 700 associados e não foi aprovado!

São pequenos e médios produtores, gente simples do campo, e acham que é jogar dinheiro fora!

Por outro lado, no Alentejo e no Douro os grandes produtores se unem e fazem propaganda até na televisão!

Aqui vai ser muito difícil convencer esta gente!"

Com isso, o vinho do *Dão* vai continuar a ser a terceira força no mercado.

Independentemente de tudo isso, é uma região a ser visitada, mesmo porque fica no meio do caminho entre *Alentejo* e *Douro*.

CASA DA ÍNSUA é também produtora de vinhos. Os lagares, os tonéis de carvalho, todas as instalações ficam junto ao hotel.

A degustação pode ser feita tanto lá como nas dependências do hotel.

Como era um fim de semana, fizemos a degustação no hotel, com o *sommelier Paulo Fernandes*, autor de um excelente texto sobre a produção do vinho no Dão.

A ADEGA DA CORGA fica no caminho de *Mangualde* por uma pequena estrada, rodeada por vinhedos.

É uma herdade familiar, com uma pequena produção de vinhos tintos de alta qualidade.

Fomos recepcionados por um dos proprietários,

Colheita da uva no século passado.

Casa da Ínsua, Penalva do Castelo.

Fausto Formoso.

Os vinhos para degustação são retirados diretamente das torneiras das cubas de aço inoxidável.

Se preferir, pode também fazer a degustação com vinhos das garrafas.

ADEGA COOPERATIVA DE MANGUALDE fica na entrada da cidade, pela rodovia N234, Nelas-Mangualde.

A cooperativa abriga cerca de 700 associados produtores.

No local não há produção, somente o armazenamento de vinhos em tonéis e garrafas.

Há um museu muito interessante que conta a história do vinho na região do *Dão*, com fotos, ferramentas e pequenas máquinas da época.

Vários vinhos de marcas conhecidas fazem parte dessa cooperativa e estão à disposição

Cisne na Casa da Ínsua.

para degustação.

Vale a pena visitar, principalmente pelo museu histórico.

Foram praticamente dois dias nessa região, um dia inteiro visitando vinícolas e um dia para *Mangualde* e *Viseu*.

Próximo destino, a região do *Douro*.

De *Viseu* à cidade do *Peso da Régua*, às margens do Rio Douro pela rodovia A24, são exatamente 70 quilômetros.

N206
A24
N2
A7
N206
N212
A7
N2
N212
N2
A24
N15
A4
IP4
VILA REAL
N15
A4
IP4
A4
A4
A4
A24
N15
SANTA MARTA DO PENAGUIÃO
PINHÃO
N101
MESÃO FRIO
PESO DA RÉGUA
N222
N108
N222
Rio Douro
N108
N2
A24
N2
N226
N226
A24

PORTUGAL – DOURO
ÁREA
AMPLIADA
N15
A4
IC5
IC5
212
N215
N214
IP2
IP2
Rio Douro
EB02
N222
FOZ CÔA
N222
N222
N229
EB02
N229

Rio Douro

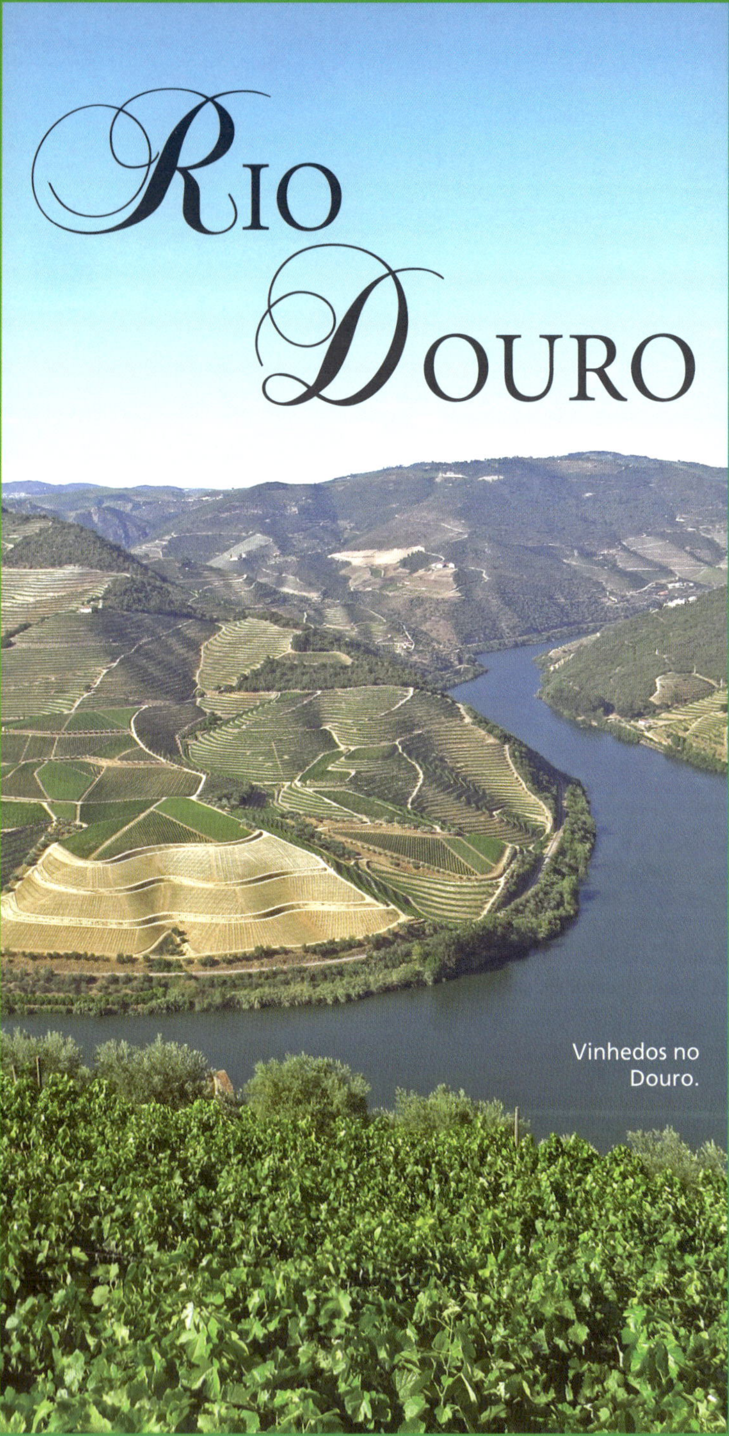

Vinhedos no Douro.

No século XVIII, durante o reinado de Dom José, o primeiro-ministro Sebastião José de Carvalho e Melo, que seria depois agraciado com o título de Marquês de Pombal, decidiu criar em Portugal regiões demarcadas com o objetivo de controlar a quantidade, a qualidade da produção e a exportação de vinhos em várias regiões, entre elas ***Bairrada, Colares, Minho, Dão, Madeira*** *e* ***Douro****.*

Douro é a região demarcada mais antiga do mundo (1756).

A região é composta de 250.000 hectares, sendo 45.000 plantados com vinhedos, e estende-se de leste a oeste, de *Mesão Frio* até a divisa com a Espanha, e de norte a sul, de *Alcântara* até próximo de *Viseu*.

Já se produziam vinhos nessa região há 2.000 anos.

Apesar de ter sido dominada por *fenícios, cartaginenses* e *gregos*, foram os *romanos* que sistematizaram a produção de vinho, azeite e cereais.

Essa é uma região climática muito especial. É protegida pelas Serras do Marão e Montemuro, que evitam que os ventos úmidos do Atlântico cheguem com força. Isso faz com que haja invernos bem rigorosos e verões muito quentes.

O solo tem a predominância do *xisto*.

Se fizéssemos nele um corte lateral, poderíamos ver perfeitamente as camadas de *xisto* superpostas. As raízes das vinhas penetram e buscam espaços entre essas camadas, até atingirem profundidades que lhes proporcionem nutrientes e frescor.

Esse tipo de solo é propício para a manutenção da umidade, das chuvas e do sereno.

Outra característica que torna a região muito bonita são os vinhedos nas encostas do Rio Douro, dando impressão de uma gigantesca colcha de retalhos, de várias tonalidades de verde a amarelo.

Com a entrada de *Portugal* na Comunidade Europeia, as regiões demarcadas passaram a ser identificadas como DENOMINAÇÃO DE ORIGEM CONTROLADA (DOC).

É a região vinícola mais linda do mundo!

Tratado dos Panos e Vinhos (1703)

Em dezembro de 1703, Portugal assinou com a Inglaterra um tratado comercial para aquisição de tecidos e lãs. Os ingleses, por sua vez, comprariam vinhos do Porto. Ambos os comércios seriam isentos de tarifas alfandegárias.

Barco de passageiros descendo o rio Dão.

Isso fez com que vários agricultores decidissem plantar vinhedos em suas regiões.

Preocupado com a qualidade e com o excesso de produção, o *Marquês de Pombal* decidiu criar as regiões demarcadas não só para controlar a produção de vinho, como também para estimular e implantar a plantação de frutas, cereais, oliveiras e amendoeiras em todo o país.

Foram estabelecidas aos agricultores quotas de produção por hectare, conhecidas também como *benefícios*.

Muitos desses pequenos agricultores possuem "*benefícios*", mas não são produtores de vinho. Suas quotas de produção são adquiridas pelos grandes produtores.

No século XVIII e início do XIX, a produção do vinho do Porto foi incrementada, chegando a diversos países de todo o mundo.

Dona Antônia Adelaide Ferreira

Dona Antônia Adelaide Ferreira (1811-1896) é, sem dúvida, a personalidade mais importante e carismática da história do *Douro*.

Nascida em uma família abastada, seu pai, *José Bernardo Ferreira*, além de muito rico, possuía várias propriedades e vinhas.

Casada com um primo, que não se interessou pelos negócios e acabou perdendo muito dinheiro, ficou viúva aos 33 anos de idade.

Foi então que decidiu ir à luta.

Saiu da sua situação de dona de casa e, despertada por sua vocação empresarial, resolveu tocar os negócios da família.

Com a ajuda do administrador *José da Silva Torres*, que se tornaria seu segundo marido, investiu nas plantações de vinhedos e na produção de vinhos, apesar da falta de apoio dos governos.

Tornou-se em pouco tempo uma grande exportadora de vinhos do Porto para a Inglaterra e para o resto do mundo.

Durante o tempo em que esteve à frente dos negócios, sua preocupação com os trabalhadores e com suas famílias fez com que passasse a ser admirada e querida por todos.

Durante a *Filoxera*, quando vários agricultores tiveram seus vinhedos destruídos pela praga, *Dona Antônia* socorreu financeiramente muitos deles, inclusive adquirindo as propriedades contaminadas, ou então dando empregos em suas propriedades.

Dona Antônia, a Ferreirinha.

Há inclusive na *Quinta do Vesúvio* um muro grande e alto, sem nenhuma função aparente, que, por causa do seu formato, é chamado de biblioteca. Construído pelos trabalhadores nessa época, foi uma das maneiras que *Dona Antônia* utilizou para proporcionar trabalho e condições de vida a sua gente.

Nesse período, procurou aprender a lidar com a *Filoxera* e tornar seus vinhedos produtivos novamente.

Quando faleceu, em 1896, era proprietária de cerca de trinta quintas na região do *Douro*, entre elas a Quinta do Vallado, Vale do Meão e Vesúvio.

Dona Antônia Adelaide Ferreira, carinhosamente chamada de *Ferreirinha*, deu inúmeras contribuições sociais, incluindo a construção do Hospital da Régua.

Em maio de 2015, foi leiloada pela Sotheby's, na Torre de Londres, em homenagem ao espírito filantrópico de *Dona Antônia*, para fins sociais, uma garrafa de um P*orto Ferreira Vintage 1815*, que atingiu o valor de 6.800 euros.

Barão de Forrester

José James Forrester (1809-1861) é outra personalidade importante da região do *Douro* no século XIX.

Em 1831, foi trabalhar com um tio em uma empresa vinícola do Porto.

Em um texto escrito em 1844, chamou a atenção e denunciou os produtores que estavam adulterando o vinho, e que poderiam causar problemas para a comercialização e o reconhecimento mundial.

Pintou aquarelas e desenhou mapas de toda a região do *Douro*.

Em 1855, o rei D.Fernando II concedeu-lhe o título de *Barão de Forrester*, por sua contribuição na regência do seu filho e sucessor, *Dom Pedro V*.

Dona Antônia Adelaide Ferreira e o Barão de Forrester – a lenda...

Na região, alguns afirmam que é história, enquanto outros dizem que é uma lenda.

Segundo contam, *Dona Antônia* e o *Barão de Forrester* viveram um romance que terminou de maneira trágica.

Em 1861, em um passeio de barco no Rio Douro, na região chamada de *Cachão da Valeira*, o barco virou e *Forrester* morreu afogado, arrastado para o fundo do rio pelo cinto cheio de moedas de ouro.

Seu corpo nunca foi encontrado.

Dona Antônia se salvou porque suas saias-balão a ajudaram a flutuar, até ela ser resgatada e levada às margens do rio.

Diz o ditado que, se a lenda é mais atraente que a história, melhor ficar com a lenda!!!

Castas das uvas

Como em todo Portugal, a varie-

Quinta do Vesúvio.

Antigos tonéis de carvalho.

dade de castas é muito grande.

Várias quintas possuem vinhedos com mais de cinquenta diferentes castas e formam *blends* com um número bem grande delas. A solução é chamar o vinho de *Vinhas Velhas*.

No *Douro*, as principais castas para o tinto são *Touriga Nacional, Touriga Franca, Tinta Barroca, Tinto Roriz (Aragonez e Tempranillo), Tinto Cão, Alicante Bouschet* e *Trincadeira (Tinta Amarela)*.

Para os brancos, *Alvarinho, Loureiro, Arinto, Encruzado, Bical* e *Fernão Pires*.

Os melhores vinhos utilizam uma porcentagem maior de *Touriga Nacional* e *Touriga Franca*.

Há um crescimento grande da produção de vinhos tinto de mesa.

Os novos produtores têm

Tonéis modernos.

preferido competir nesse mercado, principalmente porque é muito difícil concorrer com as grandes e consolidadas marcas de Vinho do Porto.

Visita às vinícolas

Por uma razão de sequência histórica, vou começar por uma atração que fica a 42 quilômetros do Peso da Régua, ***A CASA DE MATEUS***, retratada nas garrafas do mundialmente reconhecido vinho *Mateus Rosé*.

O palácio fica na rodovia N322, próximo à cidade de *Sabrosa*, terra natal de Fernão de Magalhães.

Foi construído no século XVII por Luis Antonio Mourão, que havia sido governador da Capitania de São Paulo, e que ao retornar recebeu o título de nobreza de 3º Morgado de Mateus.

O *Mateus Rosé* nasceu na zona de Mateus, em Vila Real. Em 1942, o proprietário e fundador da Sogrape Vinhos, *Fernando van Zeller Guedes*, assinou um acordo para utilização da imagem da Casa de Mateus nas garrafas dos vinhos Mateus Rosé.

O mítico vinho, com um design especial de garrafa que lembra um cantil da Primeira Guerra Mundial, em pouco tempo tornou-se conhecido em todo o mundo.

A visita ao palácio pode ser feita só aos jardins, belíssimos, ou completa, o que inclui as dependências internas, adega, mobiliário e maquinários da época.

A SOGRAPE foi recentemente reconhecida como A Melhor Produtora de Vinhos do Mundo de 2015, premiação outorgada pela Associação Mundial de Críticos e Jornalistas de Vinhos e Bebidas Espirituosas.

A sede fica em *Vila Nova de Gaia*, vizinha à cidade do Porto. Ou seja, do outro lado do Rio Douro, onde está a maioria dos grandes produtores.

A Sogrape tem vinhas em Portugal, no *Douro, Alentejo, Bairrada, Dão, Jerez, Madeira* e na região do *Vinho Verde*, além

Vinhedos da Sogrape.

Propriedade da Sogrape em Pinhão.

de *Espanha, Argentina, Nova Zelândia* e *Chile.*

É dona das marcas vinho do Porto Ferreira e *Sandeman*, e todos os tintos da *Casa Ferreira*, incluindo o mítico *Barca Velha, Reserva Especial, Quinta da Leda, Papa Figos* e o novo *AAF - Antônia Adelaide Ferreira.*

No Dão, entre outras marcas a Sogrape produz o famoso *Grão Vasco.*

Você pode visitar a Sogrape em *Gaia* ou na *Quinta do Seixo*, em Pinhão.

Nas duas últimas viagens, visitamos os dois lugares.

A ***QUINTA DO SEIXO*** fica no alto de um morro com uma vista exuberante do Rio *Douro.*

Fomos recepcionados pela *press officer* Inês Vaz, que primeiro fez um tour pelos vinhedos próximos à sede e depois nos conduziu pelas instalações, contando a história da empresa.

A degustação é feita em um salão de vidros com uma vista magnífica do rio. Experimentamos o *Papa Figos, Quinta da Leda* e *Vinha Grande*. É muito difícil escolher um deles. São todos muitos bons.

Há um *tour* regular para visitantes em que o guia se apresenta com as roupas e caracterização da personagem *Sandeman.*

Na visita que fizemos alguns dias depois às Caves Ferreira, em *Vila Nova de Gaia*, junto à cidade do Porto, fomos muito bem recepcionados pela gestora de enoturismo *Salomé Machado.* Ali, degustamos alguns vinhos do Porto, inclusive o

Paisagem da região do Douro.

Porto Ferreira Branco Seco, que é o meu preferido.

Visitas à Sogrape, tanto em *Gaia* como na *Quinta do Seixo*, são obrigatórias. Eles produzem uma quantidade de marcas da mais alta qualidade. Além disso, são muito atenciosos e profissionais no atendimento aos visitantes.

A Sogrape e todos os seus funcionários buscam manter viva a tradição, o legado e a contribuição histórica de Dona Antônia Adelaide Ferreira, a Ferreirinha!

Barca Velha e o Reserva Especial

Em 1952, o enólogo *Fernando Nicolau de Almeida*, da Casa Ferreira, na Quinta *Vale do Meão*, em Vila Nova de Foz Coa, assumiu o desafio de produzir um vinho tinto de mesa com a mesma qualidade dos *Bordeaux* e *Borgonha*.

Para a primeira produção desse vinho, as uvas foram colhidas de vinhedos em *Foz Côa*, às margens do Rio *Douro*, onde havia um antigo barco que fazia a travessia das pessoas. Essa teria sido a razão do nome do vinho.

O primeiro lote do *Barca Velha* foi para o mercado em 1960.

Foi decidido que o vinho só seria lançado como *Barca Velha* em anos de safras excepcionalmente boas. Em caso de hesitação, sairia como *Reserva Especial*.

Em 66 anos, somente 18 safras tiveram a qualidade exigida para ser um *Barca Velha*.

O último lançado, o *Barca Velha 2008*, foi para o mercado

em outubro de 2016.

Estive em Portugal em novembro e não consegui comprar. A Sogrape estava liberando pequenos lotes, e as garrafeiras estavam atendendo somente clientes que haviam feito pedidos antecipadamente.

O *Barca Velha 2008* foi produzido com *50% de Touriga Franca, 30% de Touriga Nacional, 10% de Tinta Roriz* e *10% de Tinto Cão*, com uvas de vinhedos da *Quinta da Leda*, em *Foz Côa.*

O *Barca Velha* anterior foi o 2004, lançado em 2008. Foi o primeiro produzido com uvas da Quinta da Leda. Todos os demais anteriores foram produzidos com uvas da *Quinta Vale do Meão.*

Nesse período de 66 anos, foram *lançados 16 lotes com a marca Reserva Especial*. Ótimos vinhos que não conseguiram atingir o nível de um Barca Velha.

O vinho tem de nascer, crescer e amadurecer como um Barca Velha, explica o enólogo Sottomayor.

Sobre a *Quinta Vale do Meão*, ela pertence hoje a *Francisco Olazabal*, trineto de *Dona Antônia Adelaide Ferreira.*

Em 2014, a revista *Wine Spectator* indicou os 100 melhores vinhos. Entre os cinco primeiros colocados, estavam três portugueses do Douro.

O vinho tinto de mesa *Quinta do Vale do Meão DOC Douro 2011* foi o 4º colocado. Foi produzido com as castas *Touriga Nacional, Touriga Franca, Tinta Barroca* e *Tinto Roriz.*

Vinhedos plantados nas pedras.

Vinhedos avançam sobre a cidade.

Uma honraria imensa para quem tem a tradição de família.

Na última viagem, visitei *Vila Nova de Foz Côa*. De *Pinhão* até lá são 77 quilômetros, ou quase duas horas. A estrada é estreita e sinuosa, mas muito linda, com vinhedos dos dois lados o tempo todo.

No caminho, passa-se pela cidade de *São José da Pesqueira*, conhecida por sua grande produção de vinhos.

A histórica *Quinta do Vesúvio* fica também nessa estrada.

A cidade de *Foz Côa* é pequena e tem poucas atrações. Há um museu que recomendo mais para engenheiros agrônomos.

Não é permitido visitar a *Quinta da Leda*, que produz o *Barca Velha*, e também a *Quinta do Vale do Meão*.

A viagem a *Foz Côa* só vale a pena pelo passeio entre os vinhedos e as Quintas.

Praticamente dentro da cidade de *Pinhão* está a *QUINTA DO BOMFIM*.

Inaugurada em maio de 2015, oferece tours e degustação de vinhos produzidos pela *SYMINGTON*.

Antes de falar dessa importante produtora de vinhos, vale a pena enfatizar que, entre os cinco melhores vinhos do mundo de 2014 anunciados pela revista *Wine Spectator*, dois foram dessa vinícola.

O *Dow's Porto Vintage 2011* foi o primeiro colocado, e o *Chryseia DOC Douro 2011* ficou em terceiro lugar.

Fundada pelo escocês Andrews *James Symington* em 1882, tornou-se uma das maiores produtoras de Portugal.

Dona de várias quintas, entre elas a do *Vesúvio, Tua, Cavadinha* e *Senhora da Ribeira*, possui mais de 2.000 hectares de terras, dos quais 1.100 de vinhedos.

Entre suas principais marcas estão os Portos *Down e Graham's* e o premiado tinto *Chryseia*.

A visita à *Quinta do Bomfim* se inicia pelo museu, com fotos, gravuras, mobiliários e maquinários da época, um passeio pelas instalações e uma degustação em um salão com vista para o Rio *Douro*.

Se marcar com antecedência, há a possibilidade de visitar vinhedos em uma de suas quintas.

Quinta das Carvalhas - Real Companhia Velha

A sede dessa quinta fica na entrada da cidade de *Pinhão*, antes de atravessar a ponte.

Estivemos lá há dois anos e fizemos o *tour* tradicional.

Um trenzinho, puxado por um trator, sobe o morro, passando pelos vinhedos e leva os visitantes até o topo, de onde

Paisagem no Alto Douro.

Ruínas romanas próximo de Foz Côa.

Famosa Porca de Murça.

Vinhedos em degraus às margens do Douro.

se tem uma vista magnífica da cidade e do rio.

Depois, há a visita às instalações, a degustação e as compras.

Nessa segunda visita, quando da reserva pela internet, expliquei o objetivo e solicitei uma atenção especial.

Quinta da Carvalhas, além dos vinhedos, possui uma grande área nativa de preservação ambiental.

Fomos recebidos pelo agrônomo *Álvaro Martinho*, que nos levou a percorrer primeiro uma grande área de preservação, que mantém para criar um equilíbrio ambiental, e depois os vinhedos.

Ele é um estudioso não só dos temas relacionados às vinhas, às cepas e à produção do vinho, como também dos temas que envolvem o comportamento da natureza como um todo.

Dedicamos um bom tempo a um vinhedo específico, no topo do morro, com uma vista fantástica do Rio *Douro*, onde há uma variedade grande de castas.

Tivemos a oportunidade de caminhar por entre as cepas e ele foi identificando as diversas castas pelas folhas, explicando as características de cada uma delas.

Foram três horas de ensinamentos. Aprendemos que, independentemente de conhecer o solo, o clima, as uvas e as estações, é muito importante compreender e entender, com sensibilidade, o comportamento das plantas.

Na degustação, provamos um *Carvalhas Branco* e um *Porca de Murça Reserva*, ambos muito bons. Aproveitei e trouxe uma garrafa de cada um.

Dois outros produtores de ótimos vinhos. A ***Quinta do Crasto*** tem um excelente tinto *Vinhas Velhas*. Oferece *tours* para visitação e degustação. No entanto, é preciso fazer reserva com bastante antecedência e insistência. Demora um pouco para atender.

Niepoort, do excelente tinto Batuta, foi-me recomendada pelo José Bonifácio, o Boni, mas não consegui marcar visita pela internet.

Há na região do *Douro* dezenas de produtores. Começando por *Mesão Frio*, passando pela *Régua, Santa Marta do Penaguião, Lamego, Pinhão, Sabrosa, São José da Pesqueira* e *Vila Nova de Foz Côa*, há um número tão grande que, ao planejar sua viagem, vai ser muito importante decidir onde ficar e quais vinícolas visitar, antecipadamente.

Apesar de esses lugares serem todos muito perto um do outro, há sim a necessidade de programação para aproveitar melhor seu tempo.

Rio Douro em Vila Nova de Gaia. Do outro lado do rio, a cidade do Porto.

Cidade de Pinhão.

Portugal é um país pequeno, com microrregiões e microclimas e produz vinhos em muitos lugares.

Nos meus textos enfatizei as regiões do *Douro, Dão* e *Alentejo*. No entanto, se for a Portugal e não puder ir a tantos lugares, estando em Lisboa, você está muito perto das vinícolas de *Setúbal* e *Colares*.

Se estiver em Coimbra, pode visitar a *Bairrada e Cantanhede*.

Se for ao *Porto, Braga* ou *Guimarães*, além das caves do *Vinho do Porto*, em *Vila Nova de Gaia*, pode dar uma esticada até o *Minho*, na região de *Monção*, onde se produz o vinho Verde.

Para terminar, quero fazer uma sugestão.

Ao beber um desses vinhos especiais, como *Barca Velha, Pêra-Manca, Reserva Especial, Quinta da Leda, Porca de Murça Reserva, Cartuxa Reserva, Batuta, Vinhas Velhas, Vale do Meão, Chryseia* e muitos outros, não só de Portugal, como de outros países, minha recomendação é que dê prioridade

a saborear o vinho.

Deguste acompanhado de alguns tira-gostos, como um bom pão, se possível italiano, sardela, porções generosas de salame ou outros embutidos a gosto, azeitonas e queijos, de preferência pecorino.

Eu diria que beber esses vinhos em uma refeição normal é um pecado venial!

Recomendo também uma boa companhia e um bom papo!

Muitas vezes, guardamos a garrafa e ficamos esperando uma ocasião especial. Abrir um desses vinhos, beber e saborear já é uma ocasião muito especial!

ONDE FICAR

Quando se fala no *Alto Douro*, as referências são as cidades de *Peso da Régua e Pinhão.*

Há muitas *quintas* tanto na *Régua* como em *Pinhão*. As mais importantes ficam mais perto de *Pinhão.*

Antes de ir é bom definir se deseja ficar em uma quinta de *agroturismo*, em meio de vinhedos, ou se prefere ficar mais próximo ao Rio *Douro*.

Há várias delas nessas duas regiões.

Há uma estrada margeando o Rio *Douro*, ligando essas duas cidades, com muitas opções. Há também várias opções de *agroturismo*.

Algumas, além de funcionar como pousadas ou hotéis, produzem vinhos, oferecem passeios, tours e degustação de seus produtos.

Outras são simples pousadas e hotéis.

Nas duas últimas vezes que estivemos lá, ficamos em dois lugares completamente diferentes.

Em uma das vezes, nos hospedamos por quatro dias no ***SOLAR QUINTA DA PORTELA***, na vila de *Santa Marta do Penaguião*, que fica entre as cidades de *Vila Real* e a *Régua*.

Na verdade, são 20 minutos de carro até a *Régua*.

Esse hotel de agroturismo fica no meio de vinhedos, é bastante familiar, com um atendimento muito especial, que faz você se sentir em sua própria casa.

As acomodações são simples e limpas, os preços são convenientes e a tranquilidade é total.

De lá dá para ir tranquilamente a *Régua* e *Mesão Frio*.

Com um pouco mais de tempo, também até *Pinhão*.

Neste ano, resolvemos ficar na cidade de *Pinhão* pela programação que fizemos de visitar quintas nessa região, e ir até *Foz Côa*.

Escolhemos o *Nau Vintage Hotel*, que fica na entrada da

Solar Quinta da Portela, em Santa Marta do Penaguião.

Vista do rio Douro do Nau Vintage Hotel em Pinhão.

cidade, logo depois de atravessar a ponte do Rio Douro.

É um hotel em estilo Inglês, com uma variedade de quartos, suítes de frente para o rio e preços adequados ao que oferecem.

De lá, dá para ir caminhando até a *Quinta do Bomfim* e *Quinta das Carvalhas*, ao cais do porto, à estação do trem e aos restaurantes locais.

Interior do Nau Vintage Hotel, em Pinhão.

Na estrada *Régua-Pinhão*, margeando o rio, há várias opções de *quintas* para se hospedar, entre elas a *Quinta do Tedo*, familiar, tradicional, e *Quinta do Pégo*, mais moderna, internacional, ambas com quartos com vista para o *Douro*.

Do outro lado do rio, sendo necessário passar por dentro da cidade de *Pinhão*, há várias opções, como a *Quinta Nova*.

Próximo ao *Peso da Régua* destaco a *Quinta do Vallado*, de propriedade de descendentes diretos de *Dona Antônia*.

Atravessando o rio, próximo de *Lamego*, destaco a *Wine House Hotel e Restaurante*, *Casa dos Viscondes da Várzea* e *Lamego Hotel Rural*.

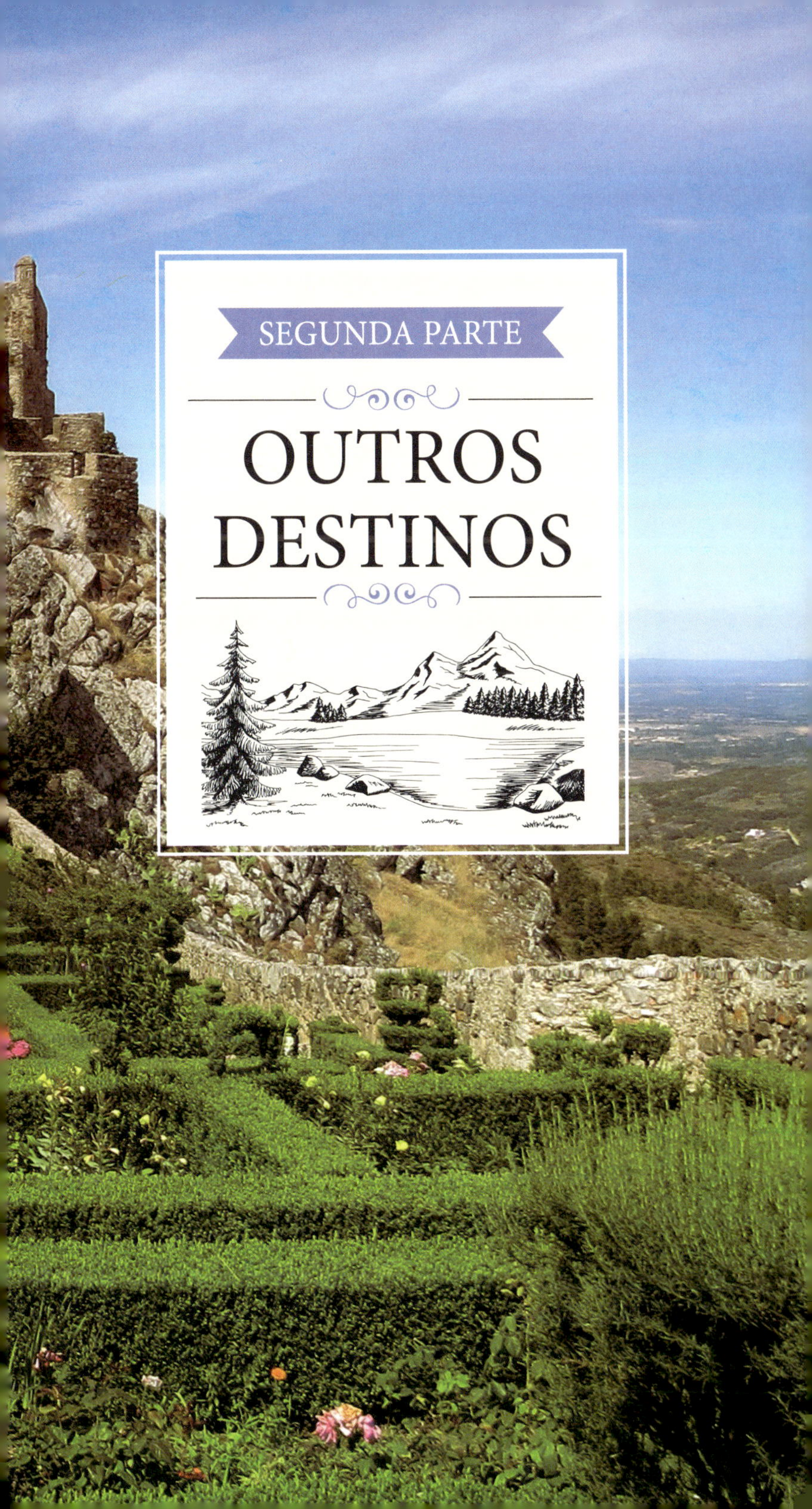

SEGUNDA PARTE

OUTROS DESTINOS

Alema

© Berthold Werner/Wikipedia

iha

Munique • Estrada Romântica

WURTZBURG
LAUDA-KÖNIGSHOFEN
WEIKERSHEIM
ROTHENBURG OB DER TAUBER
DINKELSBÜHL
NÖRDLINGEN
HARBURGO
DONAUWÖRTH
LANDSBERG AM LECH
ROTTENBUCH
STEINGADEN
SCHWANGAU
FÜSSEN
Bodensee
Obersee

ALEMANHA
ÁREA
AMPLIADA
3
299
9
299
15
92
3
299
92
299
99
MUNIQUE
95
99
304
299
8
304
11
472
8
8
BERCHTESGADEN
305
A10

Oktoberfest
em Munique.
MUNIQUE

***Munique** é uma das cidades mais incríveis que conheci.*

É a capital mundial da cerveja, e a Oktoberfest é a maior celebração da famosa "loira" em todo o mundo.

Só podem participar da Oktoberfest cervejarias que estão localizadas dentro do perímetro urbano da cidade de Munique.

Sou um apreciador de vinho, mas não abro mão de uma cerveja de qualidade.

É surpreendente como em Munique, mesmo no outono e no inverno, o prazer de beber cerveja é muito grande, maior do que em outros lugares.

A cerveja é intensa, impressionantemente leve e com muito sabor.

A dosagem alcoólica também é perfeita.

Estive lá várias vezes e tive o prazer de degustar várias marcas.

Independentemente da cerveja, Munique é uma cidade completa.

São tantas as atrações que fica fácil e ao mesmo tempo difícil escolher o que fazer.

Como programar suas visitas e passeios

Sugiro que consulte na internet as atrações e programe sua estadia em função de seus interesses.

Há vários sites que listam as principais atrações. Vou apresentar minha lista, sem fazer grandes comentários sobre aquelas que penso ser muito atraentes.

• Para começar, o tradicional *city tour* com aqueles ônibus vermelhos com dois trajetos ótimos.

Um trajeto mais curto pelo centro da cidade, e outro mais longo, até os arredores, incluindo o Parque Olímpico.

• **Parque Olímpico** – As instalações da Olimpíada de 1972, consideradas as mais modernas da época. A piscina em que Mark Spitz ganhou sete medalhas de ouro. O estádio de atletismo e futebol, onde o Bayern jogava até construir o Allianz Arena. A torre do mirante oferece uma vista de 360 graus. O local do atentado do grupo árabe Setembro Negro que acabou vitimando nove membros da equipe olímpica de Israel, e que manchou os Jogos. Esse parque tem muita história.

• **Museu da história da BMW**, muito próximo do Parque Olímpico.

Praça Marienplatz.

• **Oktoberfest** – Criada há dois séculos, quando o rei da Baviera, para agradar a seus súditos, ofereceu uma semana de cerveja grátis. No ano seguinte, os súditos pediram e foram atendidos para repetir a dose. No terceiro ano, as próprias cervejarias criaram a Oktoberfest. Ocorre todos os anos no início de outubro.

• Visita e **degustação de cervejas** em diversas cervejarias. Este *tour* só funciona nos fins de semana, mas você pode ir direto aos locais.

• ***Deutsches Museum* de Ciência e Tecnologia** – Fica próximo do centro. Dá para ir caminhando da praça principal, *Marienplatz*. Vale a pena dedicar pelo menos meio dia. O museu tem história de tudo: aviação, navegação, automóveis, instrumentos musicais, tecnologia, ciência, medicina, física, química. Impressionante como é completo. Você pode escolher os temas e visitar somente o que lhe interessar.

• Futebol – **Allianz Arena**, o estádio do Bayern de Muni-

que. Não há necessidade de pegar um *tour* específico. De metrô, saindo da *Marienplatz*, você chega em meia hora, e lá no estádio pega o *tour* de visitação. A sala de troféus é impressionante e o estádio é maravilhoso.

• Há várias opções de *tours* específicos em ônibus especiais ou ***walking tours*** sobre *nazismo*, Hitler e Segunda Guerra Mundial. Os *walking tours* são mais intimistas e levam você a lugares especiais.

• Diversos prédios, museus e locais por onde circularam as personagens da Segunda Guerra Mundial, como a cervejaria *Hofbrauhaus*, onde o Partido Nazista se reunia. Também o edifício onde os nazistas guardavam os quadros e objetos de artes roubados nas invasões.

• História – ***Palácio Nymphenburg***, residência de verão do rei da Baviera. Fica nos arredores da cidade e é um ponto de parada do *city tour*. Vale a pena visitar pelos jardins e residências construídas na propriedade.

• História – **Palácio Residencial Real**, no centro da cidade, hoje um museu.

• A cidade tem a mais importante indústria cinematográfica e de **estúdios de gravações** de músicas da Alemanha. Beatles, Rolling Stones, Queen e outros grupos e astros ingleses gravaram vários de seus discos em Munique. Há

Allianz Arena do Bayern de Munique.

ONDE SE HOSPEDAR

A cidade é grande e é muito importante definir a localização do hotel.

Há vários hotéis próximos da estação central de trem, a *Hauptbahnhof*, e no centro da cidade, próximo da praça *Marienplatz*.

Marienplatz é a praça principal de *Munique*, o coração da cidade.

A *Hauptbahnhof* e a *Marienplatz* estão ligadas pela rua *Neuhauserstrabe*, um calçadão onde estão as principais lojas da cidade. É uma rua de comércio supermovimentada.

Se puder, prefira ficar em um hotel próximo da *Marienplatz*. Você estará perto de tudo: lojas, metrô, city tour e várias atrações. De lá você também pode circular melhor pela cidade.

Ficar próximo da *Hauptbahnhof* não é ruim, porque não é longe, mas perto da *Marienplatz* é melhor.

Recomendo consultar os hotéis no TripAdvisor ou então buscar a ajuda de um agente de viagem.

tours especiais para visitar os estúdios de cinema.

- **Teatros e shows** todas as noites.

- **Tours para cidades medievais** da Romantische Straße, castelos e palácios da região, como o *Neuschwanstein*, em Fussen, que serviu de modelo para o castelo na Disneylândia. E a cidade medieval e histórica de *Rothenburg ob der Tauber*.

- **Tour para Salzburgo**, na Áustria, cidade natal de *Mozart* e locação do filme *A Noviça Rebelde*. O *tour* inclui uma visita à mina de sal subterrânea que deu origem ao nome da cidade.

- Tour especial, no início da semana, para ***Eagle's Nest***, ou Ninho das Águias, a casa de *Hitler* na montanha, na divisa da Alemanha com a Áustria.

- Diversos **restaurantes e cervejarias** típicas espalhadas pela cidade. A comida é ótima e a cerveja, melhor ainda.

- **Compras/lojas** – Além do turismo, a cidade é boa para compras. Vale a pena dedicar um tempo para visitar as lojas. Há sempre promoções.

Eagle's Nest – Ninho das Águias

Na última viagem, fui conhecer o Ninho das Águias, casa de *Hitler* no alto da montanha, na divisa

Ninho das Aguias, residência nos Alpes de Hitler.

da Alemanha com a Áustria.

Este *tour* dura um dia inteiro. Só sai na segunda e terça-feira, bem cedo, pela manhã.

Antes de se filiar ao *Partido Nacional Socialista*, ou *Partido Nazista*, *Hitler* fazia parte do Polícia de Munique. Enviado em uma missão policial para interrogar um morador da cidade de *Berchtesgaden*, ficou encantado com o local.

Além de linda, a cidade ficava na divisa da Alemanha com a Áustria, sua terra natal.

Voltou várias vezes em férias, inclusive com suas irmãs.

Quando se tornou primeiro-ministro da Alemanha, adquiriu uma casa de veraneio em um lugar especial, com vista para a Áustria.

Cerca de um terço do tempo que ficou como líder dos alemães, de 1933 a 1945, ele

Homenagem a Hitler no museu próximo do Ninho das Águias.

passou nessa casa.

Muitas das reuniões e decisões, inclusive com outros líderes mundiais, durante esse período ocorreram em *Berchtesgaden*.

Em 1938, os ministros de *Hitler* resolveram homenageá-lo, com a construção de uma casa-bunker no topo de uma montanha próxima.

A construção, feita em tempo recorde de 12 meses, foi lhe

O que restou da casa de Hitler no pé da montanha.

dada de presente na data do seu aniversário de 50 anos.

A casa fica no topo da montanha a 1.834 metros do nível do mar. Para chegar até ela, há uma estrada muito estreita, de sete quilômetros, de mão única.

Há uma central que controla as subidas e descidas dos poucos micro-ônibus e carros, autorizados.

Hitler esteve lá no topo somente cinco vezes, uma delas com Mussolini.

Ele achava o local inseguro. Não tinha para onde fugir.

A verdade, no entanto, é que ele tinha *acrofobia*, ou medo de alturas.

Quem utilizou com mais frequência o lugar foi sua companheira, Eva Braun.

A vista do topo é maravilhosa para todos os lados. Inclusive, vê-se ao longe Salzburgo, na Áustria.

Foram os soldados americanos que invadiram e tomaram posse do local, sem nenhuma resistência.

A casa de veraneio de *Hitler* no pé da montanha foi totalmente destruída pelos bombardeios.

Próximos ao que restou da casa há um museu e um bunker subterrâneo, com várias

salas e corredores construídos para a proteção do *Fuhrer*.

Ainda hoje os habitantes de *Berchtesgaden* lamentam o fato de *Hitler* ter escolhido a cidade para ter sua casa de veraneio.

Acabou sendo muito visada pelas bombas dos aliados.

Hoje a cidade está totalmente reconstruída.

A estação do trem por onde chegavam os visitantes para se reunirem com o *Fuhrer* foi totalmente restaurada e ficou muito bonita.

A cidade celebra todos os anos uma semana dedicada a Anne Frank, menina judia presa em Amsterdã e morta anonimamente, com milhares de judeus, no campo de concentração de Bergen-Belsen, próximo de Hannover.

Corredor homenageando Anne Frank no bunker subterrâneo.

Estrada Romântica

Nordlingen, construída dentro de uma cratera.

©Luftbild Siebengebirge/Wikipedia

*A **Romantische Straße,** ou Romantic Road, ou ainda Estrada Romântica, vai de Wurtzburg, na região central da Alemanha, até Fussen, no sul, já perto dos Alpes.*

É uma estrada de 410 quilômetros que passa por 28 cidades medievais, muito perto umas das outras.

É possível guiar por todos os 410 quilômetros em um dia. Mas, se você quiser conhecer melhor a região, o ideal é dedicar no mínimo três dias.

*A **Romantische Straße** foi uma ideia de turismo brilhante.*

Todas essas cidades estavam no passado ligadas entre si por estradas pequenas, e era o caminho de Frankfurt e Wurtzburg para Munique, no sul do país.

Com as construções das autopistas, essas estradas tornaram-se secundárias.

Muito da economia que era gerada pelo tráfego interno nessas rodovias secundárias ficou comprometido.

A ideia de transformar essas pequenas estradas em uma Estrada Romântica, além de estimular a economia, criou polos turísticos atraentes.

Antes de viajar, fiz uma programação e um planejamento das cidades às quais eu iria dedicar mais tempo e aquelas onde iria dormir.

O mapa e as descrições das cidades são encontrados facilmente na internet.

Aluguei um carro no aeroporto de Frankfurt e, como eu já conhecia Wurtzburg, iniciei o passeio pela segunda cidade, Tauberbischofsheim.

Região vinícola

Essa região toda em volta de Wurtzburg faz parte da *Francônia*, considerada a mais importante na produção de vinhos da Alemanha.

Segundo registros históricos, o vinho é produzido nessa região há 1.000 anos. Há, inclusive, um documento datado do ano 777 pelo qual Carlos Magno doou uma vinícola inteira a um monastério da região.

Logo no início, nos quilômetros 41 e 63, as cidades de Lauda-Konigshofen e Weikersheim são produtoras de vinho.

Predomina o vinho branco produzido com as uvas Silvaner, Muller-Thurgau e Riesling, que representam 80% de toda a produção.

© Elena Kharichkina/Shutterstock

Wurtzburg, início da Estrada Romântica.

Degustando vinho
em Lauda-Königshofen.

O vinho tinto é produzido principalmente com a uva Pinot Noir.

Visitei algumas vinícolas e degustei vários vinhos.

Não sou muito apreciador do vinho branco, mas os que experimentei eram muito bons.

Já os tintos, para o meu gosto, deixaram a desejar.

Não vale a pena ficar muito tempo nessas cidades.

São cidades de passagem onde você pode parar, conhecer, degustar alguns vinhos e seguir em frente.

Rothenburg ob der Tauber

No primeiro dia dormimos em Rothenburg ob der Tauber.

Você pode entrar de carro dentro das muralhas, seguir as indicações e buscar um hotel.

Já estive nessa cidade várias vezes, e volto sempre.

É uma cidade medieval, com prédios e casarões antigos, cheia de atrações. É indescritível. Só indo lá para ver como é linda.

Uma cidade tão atraente que há tours diários de Frankfurt e Munique, que ficam a mais de 200 quilômetros.

A cidade tem muitas atrações, mas há um lugar que faço questão de visitar.

Uma livraria muito charmosa, que eu, inclusive, usei como referência para o *showroom* na Rua Tabapuã, na época da Makron Books.

Como chegar lá?

Vá até a praça principal, onde está o chafariz. Se ficar de frente para o relógio astronômico, é uma ruazinha à direita, que tem lojas de sapatos e que vai dar em um dos arcos de saída da cidade.

A livraria fica no fim da rua à esquerda.

Há também todos os dias, às 20h, um tour a pé que sai da praça central, guiado por um personagem muito especial.

Ele mostra lugares especiais, escuros, escondidos, relacionados à história.

Custa 7 euros por pessoa e dura uma hora.

A cidade é cheia de histórias, e uma delas, muito especial.

História da Segunda Guerra Mundial

Já no fim da Segunda Guerra Mundial, os americanos e franceses bombardearam com aviões várias cidades onde havia destacamentos nazistas.

Guia do passeio noturno em Rothenburg ob der Tauber.

Rua central em Rothenburg ob der Tauber.

Quando os aviões sobrevoaram Rothenburg, havia uma neblina tão intensa que não conseguiram localizar.

Jogaram algumas bombas, fizeram um pequeno estrago e desistiram.

Resolveram então enviar um contingente por terra para tomar a cidade.

O general americano John McCloy, comandante do destacamento, quando chegou aos arredores e viu as muralhas, veio à sua memória imagens e histórias da sua infância.

Sua mãe sempre lhe contara de uma cidade medieval que ela havia conhecido na Alemanha e que, de tão linda, havia lhe inspirado a pintura de várias telas.

Ele reconheceu em Rothenburg a cidade medieval das histórias e das telas da sua mãe, e tomou uma decisão.

"Não vamos bombardear. Vamos dar uma oportunidade aos nazistas de deixarem a cidade."

O comandante alemão, por sua vez, tinha assumido o posto fazia poucos dias e já sabia que a guerra estava perdida. Para proteger a si e seus comandados, aceitou entregar a cidade no dia seguinte.

Dito e feito. Na manhã seguinte, todo o destacamento alemão abandonou a cidade e os americanos puderam assumir sem disparar nenhum tiro.

Essa é a razão por que

Rothenburg ob der Tauber foi uma das poucas cidades que conservaram suas muralhas, prédios e edifícios intactos.

Em 1952, o general McCloy, já reformado, voltou à cidade e foi devidamente homenageado.

Seguindo viagem

No dia seguinte, continuamos a viagem logo após o almoço.

O próximo pernoite seria em Nordlingen.

No caminho eu havia anotado quatro cidades na minha

Prédios coloridos na bela cidade de Dinkelsbuhl.

programação, após Nordlingen, mas, ao chegar, vi que não havia nada de especial em nenhuma delas.

Fui surpreendido quando passei por Dinkelsbuhl, uma cidade onde eu não havia programado parar.

Uma cidade de tamanho médio, com prédios, edifícios medievais, cores bem vivas, ruas largas, grande movimento de pessoas, lojas, restaurantes, igrejas belíssimas, castelo, museus, gente bonita, muito linda. Foi uma agradável surpresa.

Uma recomendação: depois de Rothenburg ob der Tauber, vá direto para Dinkelsbuhl, em seguida para Nordlingen.

Nordlingen

No fim da tarde chegamos a Nordlingen para pernoitar.

Essa cidade fica em uma cratera formada pela queda de um meteoro há 15 milhões de anos.

Vale a pena uma descrição maior.

Há 15 milhões de anos, um grande meteoro caiu nessa região da Romantische Straße.

O impacto gerou uma expansão de energia tão intensa que fez a terra recuar como uma onda, formando um círculo uniforme de montanhas e um vale com um diâmetro de aproximadamente 50 quilômetros.

Com a chuva, todo esse vale ficou coberto pelas águas, formando um grande lago.

Com o passar dos séculos, a água foi escoando por fendas nas montanhas, e o lugar acabou ficando uma planície uniforme e fértil.

Oficialmente, Nordlingen foi fundada em 898 da era cristã, mas recentemente escavações descobriram um castelo romano de 85 a.C.

Os estudos científicos e as descobertas sobre a queda do meteoro foram iniciados há 50 anos.

Ainda hoje são realizadas escavações em várias partes, encontrando provas concretas.

Acredita-se que, com o impacto, foram criadas várias toneladas de pequenos fragmentos de diamantes que estão incrustados nas rochas.

Na cidade, várias igrejas e prédios construídos com pedras escuras estão sendo analisadas, e acredita-se serem partes do meteoro.

Mapa da cidade de Nordlingen.

Museu da Cratera Ries

Uma das atrações da cidade é o Museu da Cratera *Ries*, como ela foi denominada. Ali estão vários fragmentos do meteoro, diversas rochas e pedras resultantes do impacto e da energia desprendida.

Há também fragmentos de meteoros de diversas partes do mundo.

A grande atração é uma pequena pedra trazida da Lua em uma das missões Apollo.

Outras atrações e curiosidades

Como as outras cidades, Nordlingen tem vários museus, igrejas, torres e lugares para visitar.

Nordlingen, *Rothenburg ob der Tauber* e *Dinkelsbuhl* são as únicas três cidades medievais da Alemanha que conservaram todas as suas muralhas intactas após a Segunda Guerra Mundial.

Aqui também o reino é da cerveja.

A cervejaria *Ankerbrau*, fundada em 1608, produz cerveja de ótima qualidade.

Outra curiosidade é que Nordlingen é a cidade natal de *Gerd Muller*.

Castelo Harburg.

É aquele centroavante baixinho da Alemanha, na Copa do Mundo de 1974; autor do gol da vitória nos 2 x 1, na final contra a Holanda.

Seguindo viagem

Saindo de Nordlingen, a primeira cidade, *Harburg*, fica no alto de uma das montanhas da cratera *Ries*.

A atração é um castelo medieval de 1150, muito bem conservado e considerado uma atração turística importante.

Os tours de *Munique* para *Rothenburg ob der Tauber* incluem uma passagem por *Harburg* para visitar o castelo.

É um lugar muito procurado para casamentos.

Michael Jackson o considerava o "castelo de seus sonhos". Inclusive, tentou comprá-lo.

Pedra da lua trazida em uma missão do projeto Apollo.

O que não se fala nos *tours*, e que vale a pena mencionar, é que foi nessa região que a água do lago formado pelas chuvas na cratera *Ries*, há muitos séculos, vazou, formando o vale de Nordlingen.

Estudos identificaram as fendas por onde a água correu.

Donauworth

A próxima cidade que vale a pena mencionar é *Donauworth*.

O lendário Rio Danúbio, na Europa chamado de *Donau*, nasce na Floresta Negra, perto de *Freiburg*, e passa por lá, ainda relativamente pequeno.

É superinteressante ver o Rio Danúbio com toda a imponência, importância e navegável em Budapeste, e vê-lo em *Donauwoth* ainda em formação.

Landsberg am Lech

Seguindo em direção ao sul, a próxima estadia foi em *Landsberg am Lech*.

Essa cidade foi cenário de acontecimentos históricos importantes.

Adolf Hitler, após uma tentativa de golpe político, foi preso e ocupou a cela nº 7 da prisão local.

Ali, em coautoria com *Rudolf Hess*, escreveu seu livro *Mein Kampf* (Minha Luta).

De 1933 a 1945, a cela nº 7 tornou-se um lugar sagrado de visitação dos simpatizantes do nazismo.

Hoje, não é permitida a entrada na prisão para visitas.

Como curiosidade, durante a dominação política dos nazistas, o livro *Mein Kampf* era oferecido pelo governo federal como um presente de casamento a todos os casais, durante a cerimônia.

O governo imprimia exemplares do livro e distribuía aos lugares que celebravam os casamentos civis, para serem entregues aos casais.

Encontro do Rio Danúbio com o Rio Wornitz em Donauworth

Landsberg am Lech.

Uma estratégia de doutrinação.

O governo federal da Alemanha pagava a *Hitler* os direitos autorais dos livros distribuídos.

Outra grande fonte de renda que deu a *Hitler* muito dinheiro foram os selos postais.

Todos os selos postais tinham sua imagem, e ele recebia do governo os "direitos de imagem" do correio alemão.

Segunda Guerra Mundial

Landsberg am Lech foi o berço da *Juventude Hitlerista*.

Estrategicamente muito importante, esse movimento proporcionou renovação, filiação e continuidade do Partido Nazista por meio da integração dos jovens.

Em pouco tempo, contagiou a juventude de toda a Alemanha.

A cidade abrigou também um dos primeiros e maiores campos de concentração de judeus.

Foi descoberto e libertado em 28 de abril de 1945 pelo general Telford Taylor.

Chocado com o que encontrou, o general Taylor chamou a imprensa internacional para registrar e mostrar ao mundo as atrocidades, para que no futuro ninguém dissesse que não havia ocorrido o Holocausto.

Além disso, ele obrigou alemães que viviam na cidade a enterrarem os mortos encontrados no campo de concentração.

A série de TV *Band of Brothers* retrata esse momento da Segunda Guerra Mundial.

De 1945 a 1950, o lugar foi transformado em um campo de refugiados de judeus para reintegração, restabelecimento da religião e da cultura judaica.

Hoje, no lugar, não há nada além de poucas ruínas e algumas lápides.

A principal igreja no centro da cidade é católica e é belíssima.

Faço esta menção porque a grande maioria das igrejas hoje na Alemanha é protestante.

Na verdade, quase todas as igrejas na Alemanha tiveram origem católica, mas com a aceitação, pelos governos da época, das teses de Martin Lutero, a maioria foi desapropriada da Santa Sé e transferida para o controle dos protestantes.

As pessoas de *Landsberg am Lech* não se sentem à vontade para falar sobre a Segunda Guerra Mundial, e se fazem de desentendidas.

Seguindo viagem

O trecho final da *Romantische Straße* tem as nove últimas cidades.

Em Rottenbuch e Steingaden, há duas belíssimas igrejas.

Construídas em 1085 e 1147, foram reformadas e redecoradas no século XVIII. Para quem aprecia, vale a pena parar para visitar.

As últimas cidades da Estrada Romântica são *Schwangau* e *Fussen*, que têm as mais importantes atrações turísticas do trajeto, os Castelos de *Hohenschwangau* e de *Neuschwanstein*.

Hohenschwangau foi construído em 1837 pelo rei Maximiliano da Baviera em homenagem ao seu filho Ludwig II.

Ruínas do campo de concentração.

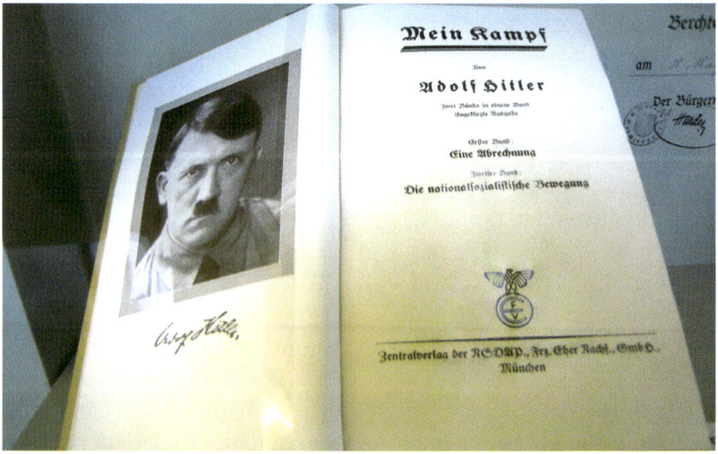

O livro *Mein Kampf* com a assinatura do autor.

Castelo de Neuschwanstein.

Neuschwanstein, por sua vez, foi erguido por Ludwig II para homenagear o compositor Wagner, de quem era admirador e protetor.

Ludwig II construiu vários castelos suntuosos e fantásticos, endividando o Estado.

Preocupados com a economia, os ministros conseguiram derrubá-lo do trono sob uma falsa alegação de insanidade.

No dia seguinte a sua deposição, ele foi encontrado morto, boiando no lago *Starnberger*, no castelo de *Berg*, para onde havia sido conduzido.

Quem for visitar os castelos, vale a pena ler e saber mais sobre a história desse rei, que era considerado "louco", mas na verdade estava muito à frente da história.

As receitas do turismo e da economia geradas hoje pelos castelos e palácios superam em muito os valores investidos.

Considerada hoje uma das *Maravilhas do Mundo*, o castelo de *Neuschwanstein* serviu de referência para Walt Disney construir em 1957 o Castelo da Bela Adormecida na Disneylândia de Anaheim, perto de Los Angeles, na Califórnia.

Uma réplica bem maior do castelo foi construída nos anos 1970 na Disney World de Orlando.

Assim completo todo o roteiro da Estrada Romântica.

Hungria

Budapeste

Ponte Margaret
Parque Olimp
Id. Antall József rkp
Rio Danúbio
Margit krt
Csalogány u
PARLAMENTO HÚNGARO
Kossut Lajos tér
Szilágyi Dezső
Sztehlo Gábor rkp
SAPATOS À BEIRA DO DANÚBIO
Sziklakórház Múzeum
BUDA
Attila út
Krisztina krt
Széchenyi Lánchíd
Lánchíd u.
Friedrich Born
Rio Danúbio
Alagút u.
CASTELO BUDA
Mészáros u
Krisztina krt
Szabadidőközpont
Hegyalja út
Hegyalja út

Szent István
Váci út
Praça dos Heróis
Podmaniczky u
Honvéd tér
Teréz krt
Andrássy út
Bajcsy-Zsilinszky út
Honvéd u
PESTE
Andrássy út
Király u.
Ersébet krt.
zsef Attila u
Erzsébet tér
HUNGRIA
ÁREA AMPLIADA
Elisabeth
Rio Danúbio

Monumento Sapatos à Beira do Danúbio.

BUDAPESTE, na Hungria, é uma cidade dividida: de um lado, Buda; de outro lado, Peste; e no meio, o lendário Rio Danúbio.

***Buda** foi fundada no século IV a.C. e, três séculos depois, foi conquistada pelos romanos.*
Os domínios dos romanos nessa região tiveram como limite a margem sul do Danúbio. Do outro lado do rio, o que é hoje Peste, mantinham um pequeno destacamento para oferecer resistência a um possível ataque de inimigos.
Foi nesse período que a cultura do vinho foi introduzida.

***Peste** começou como um pequeno povoado do outro lado do Rio Danúbio e cresceu lentamente.*

Pela localização estratégica, propícia à navegação, no meio do caminho entre Eslováquia, Áustria, Alemanha, Sérvia e o Mar Negro, a cidade de Buda foi alvo de invasões e dominações durante grande parte da sua história.

Primeiro os romanos, que dominaram a região por cerca de 200 anos. Depois os mongóis chefiados por Batu Khan, filho de Gengis Khan. Em seguida houve o domínio otomano, liderado pelo sultão e califa Suleyman, o Magnífico, responsável por muitas atrocidades.

O príncipe Drácula

Foi combatendo a dominação dos turcos que o príncipe da Valáquia, hoje Transilvânia, Vlad III, também conhecido como Vlad Tepes (O Empalador), ou então Vlad Dracul (Filho do Dragão), teve seu nome registrado na história.

Contam as lendas que ele empalava seus inimigos, expunha seus corpos mutilados e chegava a beber seu sangue.

Foi baseado nessa lenda/história que o irlandês Bram Stoker, que nunca esteve na Transilvânia, escreveu em 1897 o livro com a personagem Drácula.

Após a Segunda Guerra Mundial, a Transilvânia passou a fazer parte da Romênia.

De 1526 até o fim da Primeira Guerra Mundial, em 1918, a dominação foi do Império Austro-Húngaro.

Em seguida vieram os nazistas e, após a Segunda Guerra Mundial, em 1945, os comunistas.

A verdade é que a Hungria teve pouco tempo independente.

Sapatos no Danúbio.

SAPATOS À BEIRA DO DANÚBIO

De todos os monumentos históricos, incluindo o dos Heróis da Pátria, há um monumento muito singelo e significativo, denominado Sapatos à Beira do Danúbio.

São pares de sapatos de homens e mulheres, em bronze, à beira do Rio Danúbio, em Peste, próximo do Parlamento.

Marca o local onde judeus, que não cabiam nos trens para os campos de concentração, conduzidos até ali, eram obrigados a tirar os sapatos antes de serem executados a tiros. Seus corpos desciam rio abaixo. Os sapatos tinham algum valor.

Vale a pena visitar Budapeste, por sua história, sua beleza e sua gente, que, apesar de tudo, é um povo alegre, hospitaleiro e, hoje, feliz.

Do lado esquerdo, Buda; do lado direito

E ainda hoje há uma dependência relativa da Rússia.

Do mesmo modo que temos o Mercosul e a União Europeia, os países que até a queda do Muro de Berlim pertenciam ao bloco soviético hoje fazem parte de um bloco econômico liderado pela Rússia.

Ela é a grande importadora dos produtos agrícolas da Hungria.

Isso ajuda entender por que a Rússia não ficou nada contente com a opção da Ucrânia de sair do seu bloco e aderir ao europeu.

Desde sua fundação, passando por todas as dominações, a Hungria possui hoje somente um terço de seu território original. Grande parte de suas terras foi tomada pela Áustria, transferida para a Romênia

© Niyazz/Shutterstock

'este; e no meio, o lendário Rio Danúbio.

ou se perdeu com a criação da Eslováquia.

Quem a visitou antes da queda do Muro de Berlim nota claramente a mudança, não só no país como um todo, mas no comportamento das pessoas, hoje mais expansivas e alegres.

Sobre uvas e vinhos

A Hungria, ao lado da Grécia e da Turquia, são os três únicos países do mundo que não usam a palavra do latim *vinum* para denominar o vinho. Na Hungria, o vinho é chamado de *Bor*.

Isso se deve em parte à influência do período de dominação otomana de Suleyman, que inclusive foi responsável pelo desenvolvimento da cultura do vinho, introduzindo castas trazidas de regiões que controlava.

Tokaji, o rei dos vinhos, o vinho dos reis.

Hoje a Hungria é a maior produtora de vinhos do Leste Europeu e a 11ª no mercado mundial, produzindo vinhos da mais alta qualidade.

Tokaji

O vinho licoroso Tokaji, produzido na região demarcada

© Pontus Wallin/ Divulgação

Mercure Budapest City Center, na principal rua da cidade.

e considerada Patrimônio da Humanidade Tokaji-Hegyalja, a noroeste do país, contribui com a maior fatia da produção e exportação.

Ele é produzido com as uvas Furmint, Harslevelu e Muscat.

O Tokaji Aszu é considerado um ícone nacional.

Nos séculos XVIII e XIX já era apreciado em toda a Europa. O rei Luiz XIV da França o chamou de "o rei dos vinhos, o vinho dos reis".

O Tokaji é citado no Hino Nacional da Hungria e é referenciado na peça teatral "O Fantasma da Ópera". No filme "Amadeus/ Mozart", o ator aparece segurando uma garrafa desse vinho.

Na Hungria há o ditado "Não morra antes de experimentar um Tokaji!".

Tintos e brancos

Tanto os espumantes como os brancos e tintos são muito bons.

Utilizam uma variedade grande de castas locais e outras trazidas das regiões mais orientais.

Nos últimos anos, com a intenção também de abrir os mercados para o Ocidente, o país tem produzido muitos vinhos usando as castas Chardonnay, Cabernet Sauvignon, Merlot, Pinot Noir e outras bem conhecidas.

Hoje existem 22 regiões produtoras, mas cinco delas com uma força maior.

Estão espalhadas pelo país

ONDE SE HOSPEDAR

Em **Budapeste**, o ideal é ficar em um hotel do lado de **Peste**, o lado mais agitado, onde estão os centros comerciais, lojas, butiques, bancos e os restaurantes. **Buda**, do outro lado do Danúbio, é a atração maior de turismo por sua história e construções antigas. Tem também alguns hotéis internacionais e bons restaurantes. O movimento do lado de **Buda** é de turistas durante o dia. À noite só há movimento nos restaurantes.

todo. Não há uma concentração em uma única região.

Tanto os Tokaji como os tintos e brancos podem ser encontrados em distribuidoras em São Paulo, mas não em grande variedade.

Experimentei vinhos Pinot Noir, que não devem nada em comparação com um produzido na Borgonha, e um de uma casta oriental, Kardaka, também muito bom.

Em três dias, você conhece bem Budapeste. Se quiser visitar vinícolas, vai precisar de pelo menos mais dois dias.

Passeios e atrações

Outra atração são os banhos turcos oferecidos em lugares especiais e próprios e em alguns antigos hotéis.

Como em toda cidade turística, existe o City Tour regular, com aqueles ônibus vermelhos e azuis, com a parte superior aberta, e que passam pelos pontos mais importantes da cidade.

São oferecidos tours para Transilvânia, Eslováquia e arredores.

Há também um catamarã que vai de Budapeste a Viena, subindo o Danúbio, um trajeto percorrido em cerca de seis horas. Eu já fiz essa viagem e é tranquila.

Transporte de mercadorias pelo Rio Danúbio.

Peru

Cuzco • Machu Picchu • Ollantaytambo
Urubamba • Lima

288
288
MACHU PICCHU
ÁGUAS CALIENTES
288
Rio Urubamba
OLLANTAYTAMBO
3S
3S
109
3S
Rio Apurímac
3SF

PERU
ÁREA AMPLIADA
Lares
Carretera Occobamba
URUBAMBA
o Urubamba
288
288
288
Huaypo
Puray
28G
28G
3S
3S
3S
3S
CUZCO
Carretera a Paruro
122
© Estúdio Jambú

Estatua do inca Pachacutec – Cuzco.

Machu Picchu é o mais importante destino turístico da América do Sul. Sua fama é maior que a de seu próprio país, o Peru. As pessoas, quando planejam a viagem, dizem: "Eu vou para Machu Picchu". E, ao chegarem lá, descobrem que há também ***Cuzco****, o* ***Vale Sagrado*** *e* ***Ollantaytambo****, além da história e cultura dos incas, que são ricas e devem fazer parte da programação da viagem.*

Resolvi escrever sobre a minha viagem porque sei que é o sonho de muita gente, como foi o meu. E quero mostrar que, programando bem, é relativamente fácil e não exige muitos dias.

Um pouco de história

É importante começar falando da história para que você possa acompanhar melhor a descrição da viagem.

A civilização que conhecemos como os **incas**, na verdade, era dos **quéchuas**, que viviam no altiplano da Cordilheira dos Andes. No início do século XIII, com a união da cultura e dos costumes de dois povos, surgiram os Quéchuas.

O líder dos Quéchuas tinha o título de **inca**. Ou seja, **inca** era um título de liderança, como rei ou imperador.

Essa civilização, que durou aproximadamente três séculos, foi governada por 16 incas oficiais e dois nomeados pelos espanhóis. O primeiro e criador do povo quéchua foi o legendário *Manco Capac*. Esse povo foi exterminado pelos espanhóis, no século XVI, com a execução do último Inca, *Tupac Amaru II.*

Não há registros históricos sobre esse povo. Tudo que se sabe se deve a textos escritos por historiadores espanhóis da época. Foram eles que passaram a referir-se aos quéchuas como os incas.

Do início dos anos 1200 até 1438, os incas dominaram um território no altiplano dos Andes, com o poder central em Cuzco, a 3.400 metros acima do nível do mar.

De 1438 a 1471, governou o nono e mais importante dos incas, *Pachacuti* ou *Pachacutec.* Com seu filho *Tupac Yupanqui*, ele estendeu seu domínio do Equador ao Chile.

A estratégia de anexação dos territórios se valia do alto nível de conhecimento de agricultura que tinham.

A primeira abordagem a outros povos era sempre política, com a promessa de facilitar a obtenção de alimentos. Em uma segunda etapa, ofereciam uma de suas filhas

Representação dos 18 incas — celebração e representação em Cuzco.

ou uma jovem da nobreza para desposar o outro líder, e assim consolidar a anexação. Se isso não funcionasse, a dominação era pela força.

Quando um povo aceitava a dominação inca, o líder deste povo tornava-se um parceiro e continuava a liderar sua gente.

Os Incas tinham uma índole pacífica.

Seus deuses eram ligados à natureza. *Pacha Mama* – Mãe Terra ou Mãe Natureza – era a maior divindade. O cultivo dos alimentos – principalmente batata, cevada, milho, quinoa e chá – era a base da agricultura. O Sol, a Lua, as estrelas eram também muito cultuados pelas informações das estações do ano, do equinócio, do solstício, importantes para a agricultura.

Era o inca que dominava os conhecimentos e os segredos da agricultura. Eram ele e alguns colaboradores fiéis e próximos que sabiam interpretar o movimento dos astros, anunciando as estações e o clima.

A língua falada por todos era a *quéchua*. No entanto, para que mantivessem esses segredos, o inca e os nobres utilizavam um dialeto próprio.

Todas as pessoas tinham direitos aos alimentos produzidos. O Inca e seus colaboradores eram responsáveis pela produção e distribuição. A dominação era exercida basicamente por esses conhecimentos e pela garantia do fornecimento do alimento.

Todas as pessoas, a partir de certa idade, eram obrigadas a se dedicar e trabalhar durante um período do ano, para a produção dos alimentos. Havia um escalonamento de modo que sempre houvesse trabalhadores colaborando para o bem comum.

A chegada dos espanhóis

Os espanhóis começaram a dominação pelo México e pela América Central. Estabeleceram uma importante base no Panamá e daí saíram para a dominação da América do Sul.

Francisco Pizarro, natural da Extremadura, na Espanha, veio para a América Central trazido por Hernán Cortés.

Por volta de 1530, teve autorização para explorar lugares na América do Sul, onde diziam haver muita riqueza.

Quando chegou com um pequeno grupo de soldados e cavalos em Lima, ficou maravilhado com os objetos de ouro e prata que os nativos ostentavam. Tomou conhecimento de que, no alto dos Andes, havia uma cidade com edifícios adornados com ouro e prata, onde vivia o grande líder desse povo. Ambicioso, marchou em direção a Cuzco.

Os incas tinham uma lenda de que os deuses iriam chegar vestidos com roupas de gala. Quando Pizarro apareceu com seus soldados, usando armaduras, elmos e cavalos, os Incas pensaram que eles eram os deuses e foram muito amistosos.

Com a confirmação da existência de muita riqueza,

Quadro de Francisco Pizzarro.

Detalhe da Coricancha.

Plaza de Las Armas, onde foram executados os últimos incas.

de ouro e prata em abundância, em pouco tempo Pizarro mandou virem vários contingentes de soldados para dar apoio e estabelecer a dominação.

Os últimos incas e o extermínio de um povo

Com a descoberta de ouro, prata e muitos alimentos, a Espanha decidiu estabelecer em Lima um Vice-Reinado, de onde poderia controlar todos os seus territórios. A cidade de Cuzco, e toda a região andina ao seu redor, passou a ter importância fundamental.

No início, os espanhóis trataram os incas como parceiros, respeitando sua cultura e suas tradições. Com o fortalecimento do contingente militar, iniciaram um processo de dominação e implantação da cultura espanhola.

Percebendo o que estava ocorrendo, o inca *Atahualpa* iniciou um movimento de resistência e conseguiu juntar cerca

de 80.000 guerreiros. Os espanhóis eram em número menor, mas tinham armas e cavalos.

Francisco Pizarro, ardiloso e estratégico, armou uma emboscada. Convidou *Atahualpa* para um jantar, com o objetivo de celebrar a paz. O inca compareceu com uma comitiva pequena de guerreiros e foi surpreendido e aprisionado.

Para conseguir sua libertação *Atahualpa* ofereceu a Pizarro uma quantidade de ouro e prata que coubesse na cela da sua prisão. Pizarro estava inclinado a aceitar, mas, por ordens superiores e, principalmente, pela importância estratégica de eliminar o grande líder, decidiu executá-lo.

No dia 16 de novembro de 1532, *Atahualpa*, o 13º Inca e o último a governar em Cuzco, foi executado em praça pública. Ele iria ser queimado vivo, mas, no último momento, foi convencido por um padre a se

Ruínas de Sacsayhuaman, onde estavam o Templo do Sol e o altar de sacrifícios em Cuzco.

batizar cristão. Por isso, a pena de morte foi convertida em enforcamento por garrote.

Depois disso, os espanhóis nomearam dois incas, irmãos de *Atahualpa*, que não foram reconhecidos como líderes pelo povo.

A partir de 1537, os incas ofereceram resistência, primeiro em *Ollantaytambo* e depois em Vilcabamba. Um líder emergiu sob o nome de *Manco Inca*, em homenagem ao lendário *Manco Capac*.

De 1570 a 1581, a resistência dos incas foi conduzida por *Tupac Amaru I* e por *Tupac Amaru II*, que acabaram sendo os últimos líderes. Em 1581, *Tupac Amaru II* foi executado em praça pública em Cuzco, com sua esposa, filhos e principais colaboradores.

Durante os anos 1960, um grupo de guerrilheiros do Uruguai criou uma facção com o nome de Tupamaros, em homenagem aos dois Tupac Amaru, heróis da resistência Inca.

Os espanhóis trataram de eliminar toda a cultura quéchua. O povo e sua língua passaram a

Plaza de las Armas, centro de Cuzco.

Estátua de Pachacutec no centro da praça.

ser tratados com inferioridade. Aos poucos, o aculturamento espanhol ocorreu normalmente, os edifícios, inclusive os religiosos, foram tomados e a resistência acabou. Várias ordens religiosas cristãs se instalaram na cidade.

Durante muito tempo, falar a língua quéchua era sinal de que a pessoa vinha de um nível inferior. A língua, no entanto, foi preservada pelos nativos e transmitida através das gerações. Hoje, poucas pessoas falam quéchua, mas há uma nova tendência de recuperar e valorizar a língua.

Os incas não dominavam a escrita e não criaram um alfabeto. Há vários desenhos e símbolos que foram reproduzidos principalmente nos vestuários que estão sendo objeto de estudos.

Incas em trajes típicos.

Cuzco – Vale Sagrado – Ollantaytambo – Machu Picchu

Ao programar sua viagem para Machu Picchu, considere incluir na programação alguns lugares históricos e religiosos importantes da civilização inca.

Demonstração das cores.

Cuzco

Fundada possivelmente entre os séculos XI e XII, foi o local escolhido pelo primeiro inca, *Manco Capac*, no século XIII, para a sede do povo quéchua. Cuzco foi durante três séculos a capital da civilização inca. Está situada a 3.400 metros de altitude.

A *Plaza de las Armas* é uma das atrações da cidade. No centro, há uma grande estátua do inca *Pachacutec*. À sua volta, estão importantes edifícios históricos, museus, a catedral, vários restaurantes e lojas. Nessa praça foi executado o último dos incas, *Tupac Amaru II*.

A cidade é dividida em duas partes: a histórica e a moderna. Na parte histórica, está ainda muito bem conservado o edifício *Coricancha*, que, segundo a lenda, foi desenhado pelo inca *Pachacutec* e era onde estava centralizado o poder político e religioso. Depois da invasão dos espanhóis, foi transformado em convento religioso cristão.

Nos arredores de Cuzco, no alto da colina, estão as ruínas de *Sacsayhuaman*, o Templo do Sol e os altares de sacrifício de animais e crianças.

Quando queriam agradar aos deuses, principalmente nos períodos de seca ou de pouca produção agrícola, além de animais, sacrificavam um menino perfeito. Ele era conduzido pelos sacerdotes em uma procissão até o topo da colina. Não podia chorar nem se lamentar. Quando isso acontecia, e era na maioria das vezes, davam-lhe uma bebida para adormecer.

Eu recomendo programar dois dias inteiros para Cuzco. Sobre a questão da dificuldade de respirar a 3.400 metros de altitude, vou abordar mais à frente quando contar sobre a minha viagem.

Chincheros – Moray – Salinas de Maras

Saindo de Cuzco em direção ao Vale Sagrado, que fica a 80 quilômetros aproximadamente, há algumas atrações imperdíveis.

Chincheros é uma cidade pequena que conserva muito a tradição quéchua. A principal atração é uma fábrica artesanal de tapetes e rendas. Os turistas podem acompanhar o trabalho das tecelãs, incluindo uma demonstração de onde se obtêm e são extraídas as cores utilizadas nos tecidos.

Moray

No caminho de Moray, a uma altitude de 3.800 metros, a estrada passa por campos de plantações de cevada, trigo e quinoa. Ao fundo, a Cordilheira dos Andes, com seus picos nevados a 6.000 metros de altitude, formam um contraste belíssimo.

Moray, para mim, foi uma das descobertas mais surpreendentes.

Os espanhóis, quando se apoderaram das riquezas, não prestaram muita atenção, ou os próprios incas talvez tenham escondido esse lugar. Quando das escavações, os arqueólogos pensaram tratar-se de altares religiosos. Os estudos mostraram depois que se tratava de um laboratório de desenvolvimento e obtenção de sementes de cereais.

São grandes buracos em forma circular, com degraus em níveis decrescentes. Cada degrau, cada nível representava uma diferença de temperatura de 1° C. O desenvolvimento era feito da seguinte maneira: o último degrau, o mais alto, representava a altitude local, ou seja, 3.500 metros do nível do mar.

Pastores de ovelhas no alto dos Andes.

Moray, laboratório de cereais.

Salinas de Maras, exemplo de cooperativismo.

Ali eram plantados diversos tipos de batatas e cereais, como cevada, quinoa e milho. Dois anos depois, as sementes obtidas eram replantadas, no degrau abaixo, que representava uma altitude de 2.500 metros, para adaptação. Após mais dois anos, as sementes obtidas na altitude de 2.500 metros eram replantadas, no degrau abaixo que representava a altitude de 1.800 metros, de novo para adaptação, e assim sucessivamente até chegarem ao nível do mar.

Quando os incas dominavam ou aculturavam uma nova tribo, as sementes fornecidas para plantio eram aquelas obtidas no degrau correspondente à altitude onde habitava essa nova tribo. E a adaptação era perfeita. Há pouco tempo, pesquisadores americanos que estão armazenando sementes de todos os alimentos do mundo descobriram, no Peru, o cultivo de quinoa ao nível do mar. Isso comprova o sucesso do projeto incaico de adaptação e climatização das sementes dos cereais.

Moray é chamado e considerado o "Umbigo do Mundo".

Salinas de Maras

Ficam relativamente próximas de Moray. Na altitude de 3.500 metros, uma montanha inteira de sal, recoberta de vegetação natural, com um pequeno riacho de água muito salgada, que alimenta 4.000 tanques e poças. Cada tanque produz cerca de 300 quilos de sal por mês. O sistema, que vem da época dos incas, é comunitário entre famílias. Cada família tem os direitos sobre 40 tanques. A produção é individual, e a comercialização é feita em forma de cooperativa. O sal produzido é direcionado para a alimentação, para fins medicinais e banhos. Os principais clientes são os orientais, como japoneses e chineses.

No local, há diversas lojas com uma variedade grande de produtos que levam sal. Os sais para banhos e as bananinhas secas salgadas são compras obrigatórias.

URUBAMBA é uma cidade mais moderna, que fica ao pé do altiplano, a 2.790 metros do nível do mar, e é banhada pelo rio do mesmo nome, Rio Urubamba. Com várias opções de bons hotéis e restaurantes, é onde tem início o Vale Sagrado dos incas. É também de onde sai o trem para Águas Calientes e Machu Picchu. Muitas agências preferem colocar os turistas nos hotéis de Urubamba, para que eles saiam de lá para os passeios.

OLLANTAYTAMBO é a cidade histórica mais importante do Vale Sagrado. Está situada ao lado de Urubamba. É a única cidade da era inca ainda habitada pelos descendentes da nobreza. Foi construída por *Pachacutec* para ser um centro militar, administrativo, religioso e observatório dos astros. Era chamada de Fortaleza por causa da altura de seus muros e servia de alojamento militar (tambo) para proteção

Rio Urubamba e o Rio Amazonas

O Rio Urubamba nasce na Cordilheira Vilcanota, segue com esse nome até chegar à cidade de Urubamba, passa por Ollantaytambo e segue até Águas Calientes, formando o Vale Sagrado. Com muita correnteza e pedras, desce de uma altitude de 2.790 metros em Urubamba até 2.100 em Águas Calientes, já dentro da Floresta Amazônica. Seguindo, encontra o Rio Tombo e formam o Rio Ucayali. O Ucayali corre por 724 quilômetros até Puerto Atalaya e muda de nome para Amazonas. Oficialmente, é onde começa o Rio Amazonas. Na fronteira com o Brasil, em Tabatinga, muda de nome para Solimões, e em Manaus, quando encontra o Rio Negro, volta a chamar-se Amazonas. De Tabatinga até a foz, ou seja, no território brasileiro, o rio tem 1.700 quilômetros.

Rio Urubamba, em Machu Picchu.

do Vale Sagrado. Ollantaytambo era utilizado por Pachacutec como Palácio Real e para estudos da movimentação dos astros para fins da agricultura.

A cidade mantém ainda diversas construções, palácios e, principalmente, o sistema de captação de água. A água que vem das montanhas corre em canais pela cidade e nas ruínas dos edifícios incaicos. No início do domínio espanhol, foi o primeiro centro de resistência dos incas.

O Templo do Sol é uma construção magnífica, levando-se em conta como foi projetado e construído, com pedras enormes, ou monólitos, trazidos de longe.

O curioso é que as pedras utilizadas na construção vieram de algum lugar não identificado e são gigantescas, deixando no ar como foram transportadas e levadas até o alto.

O templo foi construído diante de uma grande montanha e de frente para o sol. Quando o sol nascia, dependendo de onde ele surgia atrás dessa montanha, o inca podia saber qual era a época do ano. Os raios se refletiam em um grande painel de pedra que ajudava a identificar as estações do ano. Esse era um conhecimento que somente o inca e alguns colaboradores fiéis dominavam. O domínio do inca sobre seu povo era estabelecido pelo conhecimento.

Nessa montanha que servia

de base para identificar o nascer do sol, há uma construção no alto, que pensavam se tratar de uma prisão. Posteriormente, descobriram que eram silos de alimentos. Ficava no alto para que, em dias quentes, o vento constante refrescasse o lugar. Há também nessa montanha o desenho de um rosto, esculpido em uma de suas laterais, causado pela movimentação de rochas após um terremoto.

A cidade tem vários pequenos hotéis, pousadas e restaurantes de comida crioula.

Viagem para Machu Picchu

O passeio começa na estação de trem em Urubamba com destino a Águas Calientes.

Faz uma primeira parada em Ollantaytambo. Muitos turistas preferem se hospedar por aqui, por estar mais próximo de Machu Picchu e do Vale Sagrado. Tambem é de Ollantaytambo que sai uma Trilha Inca de oito dias e sete noites em direção a Machu Picchu.

O trem segue em direção a Águas Calientes margeando o rio Urubamba.

Muitos turistas preferem se hospedar em Ollantaytambo

Canais de águas correntes em Ollantaytambo.

Templo do Sol, os degraus eram utilizados para plantios de cereais.

ou em Urubamba e de lá sair para visitar as atrações do Vale Sagrado e de Machu Picchu.

ÁGUAS CALIENTES tem este nome porque é um lugar de águas quentes termais. Fica à margem do Rio Urubamba, a 2.100 metros do nível do mar. Foi originariamente um acampamento de trabalhadores para construção de uma ferrovia. A cidade fica espremida entre montanhas, já na umidade da mata amazônica e, se olharmos para cima, quase não vemos o céu. A região é muito úmida, com muita chuva.

Em Águas Calientes fica a estação final do trem que vem de Urubamba e Ollantaytambo trazendo os turistas, e é de onde saem os ônibus para levá-los até Machu Picchu. Somente ônibus autorizados sobem a serra. Alguns aventureiros sobem a pé.

A cidade é muito pequena, com alguns hotéis, pousadas, restaurantes e muitas lojas de artesanato.

Teorias sobre Machu Picchu

Machu Picchu está a 2.438 metros de altitude, ou seja, abaixo de Ollantaytambo e Urubamba, que estão a 2.790 metros, e de Cuzco, a 3.500 metros do nível do mar.

A história da sua origem, construção e descoberta é muito controversa. Não se sabe quando e quem construiu, e há três teorias:

- Teria sido um local onde o inca, seus familiares e principais colaboradores ,vindos de Cuzco e Ollantaytambo, utilizavam para descanso e veraneio.
- Teria sido um centro de estu-

Montanha sagrada que marcava a posição do sol.

Machu Picchu é uma construção com várias pequenas dependências.

dos de astronomia, interpretação dos movimentos do Sol, da Lua e das estrelas, para aplicação na agricultura.

O objetivo seria preparar jovens da nobreza inca.

Era também o lugar onde melhor se comunicavam com os deuses, por intermédio do condor, uma ave de rapina dos Andes que voa muito alto. Eles acreditavam que a ave pudesse levar aos deuses suas preces e pedidos.

Deixavam em um lugar determinado, uma espécie de templo, restos de animais para atraí-lo, e os pedidos de proteção.

- Teria sido simplesmente um ponto de parada de viajantes que transitavam pela Mata Atlântica. As construções mostram claramente um prédio central e várias salas, que poderiam ser quartos individuais, parecendo

Observatório astronômico: os incas localizavam as constelações através das estrelas refletidas no espelho de água.

uma espécie de pousada, ou então aposentos individuais de estudantes, da teoria anterior.

A descoberta oficial

Antes da sua "descoberta" oficial, em 1911, entre os anos 1867 e 1870 o alemão Augusto Berns, ligado à empresa que construía a ferrovia, explorou o local. Com

O Templo do Condor, em Machu Picchu.

autorização do governo peruano, vendeu a colecionadores americanos e europeus objetos e relíquias encontrados. Em contrapartida, repassava ao governo peruano parte do lucro.

Em 1874, o alemão Herman Goring localizou e desenhou as ruínas da cidade perdida em um mapa na época.

Em 24 de julho de 1911, Hiram Bingham, professor da Universidade Yale, explorava a região em busca da mítica Vilcabamba, lugar da resistência inca aos espanhóis.

Subindo o Rio Urubamba, foi informado pelo campesino Melchor Arteaga da existência das ruínas de uma cidade inca, no topo da montanha.

O lugar estava todo coberto de vegetação. Era habitado por duas famílias, que plantavam milho e criavam cabras. Um dos filhos do casal conduziu e apresentou as ruínas ao pesquisador.

Bingham registrou em seu diário: *Would anyone believe what I have found?*

Bingham voltou a Yale, fez um relato da descoberta e conseguiu uma grande verba de pesquisa para explorar o local. Em 1912, com a autorização do governo peruano, retornou com um grupo de arqueólogos e colaboradores.

O local estava coberto pelo mato e a maioria dos prédios, destruída pelo tempo.

No local, foram encontrados vasos, objetos de bronze, cobre, prata e cerâmicas, que identificavam a época.

Após anos de trabalho, a vegetação que cobria as ruínas foi removida e as construções, restauradas.

O turismo ainda levou certo

tempo para ser impulsionado, principalmente pelas dificuldades de acesso. Aos poucos, foi ganhando corpo, sendo a cidade visitada por pessoas ligadas a religiosidade, esoterismo e espiritualidade. Foi quando o governo peruano viu uma grande oportunidade e decidiu investir, construindo a ferrovia de Urubamba a Águas Calientes.

A imagem de esoterismo e espiritualidade foi bastante explorada em seu marketing de turismo, e Machu Picchu se tornou o mais importante destino turístico da América do Sul.

Visitar Machu Picchu é realizar um sonho!

O desafio a Huayna Picchu

A montanha de **Huayna Picchu**, com 2.720 metros de altitude, é uma das atrações. Nas fotos ela aparece imponente, compondo o cenário lindo do lugar.

Há uma trilha para subir até o topo. São autorizadas 400 pessoas por dia, 200 no horário das 7h e outras 200 pessoas no horário da 10h. A preferência é pelo horário das 10h, porque muitas vezes há nevoeiro no topo e quem sobe não consegue ver as ruínas do alto. Durante os dias chuvosos e com nevoeiros intensos, a subida não é permitida. Dizem que a vista de lá de cima é muito bonita.

Por outro lado, é preciso subir com muito cuidado, pois a trilha é rústica, com degraus muito pequenos e íngremes e requer muito cuidado, principalmente na descida.

Sem pressa, o tempo para subir e descer é de duas horas e meia. Se quiser fazer a trilha, é importante pernoitar em Águas Calientes. Como minha progra-

A montanha Huayna Picchu completa o cenário bonito de Machu Picchu.

Programando a Viagem

Há três maneiras de ir para Cuzco, Vale Sagrado e Machu Picchu. A primeira é ir de avião para Lima e fazer uma conexão direta para Cuzco.

A segunda é pela Bolívia, saindo através de Corumbá, no Mato Grosso do Sul, do outro lado da fronteira, em Puerto Quijarro, e pegar o famoso Trem da Morte para Santa Cruz de La Sierra.

De lá, seguir de ônibus até a cidade de Copacabana, na margem do Lago Titicaca. Atravessar de balsa até Puno, já no Peru, e de lá seguir de ônibus até Cuzco ou Urubamba. Leva no mínimo três dias.

A terceira via é pelo Acre. Saindo de Rio Branco, de carro, até Porto Maldonado, já no Peru, e de lá, por uma espécie de transamazônica, chegar a Cuzco. São dois dias de viagem e muita aventura.

Fui com minha esposa, Ruth, pela opção mais fácil, de avião, via Lima. No aeroporto de Lima, como havia um tempo para a conexão, fomos caminhar e, numa loja, a vendedora perguntou se estávamos indo para Cuzco e se já tínhamos tomado o chá de coca.

– Não? Vocês vão sentir falta de ar. Chupem pelo menos algumas pastilhas de coca.

Pensamos sinceramente que ela estava só querendo vender. Mesmo assim, compramos e decidimos chupar uma na saída e outra na chegada. Ao desembarcar no aeroporto de Cuzco, no caminho de pegar as malas, já sentimos o mal-estar.

O choque é incrivelmente forte. No hotel, no check-in, nos ofereceram uma xícara do chá de coca e recomendaram que, em Cuzco, é necessário beber de três a quatro xícaras do chá por dia e muita água. Todo o tempo que ficamos em Cuzco, sentimos a diferença. Durante a noite, acordamos com a boca seca e tivemos de beber água. Os movimentos ficam lentos e cansativos.

Chuva sobre plantações de cereais no Andes.

mação em Machu Picchu era de um dia, preferi utilizar mais meu tempo para caminhar e conhecer as ruínas. Se tiver duvidas sobre subir ou não, entre no Google. Ali há vários depoimentos sobre pessoas que subiram.

Almoçamos, mais tarde, em um restaurante *self-service* lá no alto, voltamos de ônibus e passeamos um pouco por Águas Calientes. Compramos algumas lembranças, pegamos o trem, o carro em Urubamba e volta mos para Cuzco já perto das 22 horas. Foi um dia puxado.

O terceiro dia foi dedicado a Chincheros, onde visitamos a fábrica artesanal de tapetes, acompanhando o trabalho das artesãs e a demonstração das origens das cores aplicadas nos trabalhos. Os preços dos tapetes são melhores do que em Cuzco.

Em Moray, visitamos o laboratório agrícola e a adaptação de sementes.

Nas Salinas de Maras, passeamos por entre tanques, provamos a água salgada do riacho e compramos sais medicinais.

Ollantaytambo foi onde dedicamos a maior parte do dia, subindo as escadarias do Templo do Sol e passeando por todo o local.

No caminho, passamos por um altiplano extenso com plantações de cevada e de quinoa a 3.800 metros de altitude. O lugar é mesmo muito lindo. O contraste da Cordilheira dos Andes, com seus picos nevados a 6.000 metros de altitude, e os campos de cereais são exuberante.

Nesta viagem, fixamos nossa base em Cuzco, onde dormimos quatro noites e de lá saímos para os passeios.

Uma sugestão que eu daria — e que, se eu voltar, vou seguir — é chegar de avião a Cuzco e já descer para Urubamba. Ficar em um hotel por três noites e de lá sair para visitar Moray, Salinas, Vale

Sagrado, Ollantaytambo, Águas Calientes e Machu Picchu.

Todas essas atrações ficam mais próximas de Urubamba do que de Cuzco. Conta com ótimos hotéis e restaurantes. Inclusive, como a altitude é de 2.790 metros, sente-se menos mal-estar comparativamente a Cuzco, que está a 3.400 metros.

Após fazer todos os passeios do Vale Sagrado, subir então para Cuzco.

Eu recomendaria dois dias inteiros para conhecer Cuzco.

Viagem para Lima

Continuando, voltamos de avião para Lima, onde ficamos dois dias.

Lima, capital do Peru, foi a sede do Vice-Reinado da Espanha durante a dominação dos espanhóis e foi libertada pelo general argentino San Martin, em 1821.

Restam poucas referências históricas dessa época.

É uma cidade grande, com um bom centro comercial, lojas e restaurantes.

Recomendo fazer um *tour* para conhecer o centro histórico. Umas das atrações são as catacumbas no subsolo da catedral, que são realmente assustadoras pela quantidade de ossos humanos expostos. O ar lá dentro é úmido e pesado.

Não deixe de conferir o altar onde está sepultado Francisco Pizarro. Foi morto em 26 de junho de 1541, pelo também espanhol Diego de Almagro, em uma disputa pelo poder. Seus restos mortais foram recentemente encontrados e identificados quando da reforma da catedral.

Em Lima, ficamos hospedados na região do Molecom, onde estão os melhores hotéis e é bem próxima do centro comercial. Dá para ir caminhando.

Múmia encontrada na Huaca Pucillana.

Huaca Pucllana.

Na cidade há duas pirâmides pré-inca, *Huaca Huallamarca* e *Huaca Pucillana*. Depois de visitar Cuzco, Ollantaytambo e Machu Picchu, essas duas pirâmides têm um impacto bem menor. Na *Huaca Pucillana*, há um bom restaurante de comida local e crioula, com vistas para a pirâmide.

Túmulo de Francisco Pizarro.

Como disse no início, é uma viagem dos sonhos. Não é preciso muitos dias e é relativamente fácil de fazer. É preciso alguns cuidados. Nos lugares a ser visitados há sempre muitas escadarias íngremes que requerem certo esforço físico. Há também o problema da falta de ar, principalmente em Cuzco. O chá de coca é uma bebida natural como qualquer outro. Em Cuzco, no café da manhã do hotel e nos restaurantes, é oferecido normalmente com os outros chás. A recomendação é que bebamos quatro xícaras de chá por dia e muita água. Evite bebidas alcoólicas e carne vermelha. Há uma variedade muito boa de peixes, frutos do mar, frutas e legumes.

Os lugares são lindos. Se você for já sabendo um pouco da história dos incas, vai aproveitar mais a viagem. Uma civilização de pouco mais de 300 anos, mas que deixou marcas profundas nos povos andinos.

Programação dos passeios

Ruínas de Sacsayhuaman, em Cuzco.

Nossa programação foi ficar quatro dias e três noites em Cuzco e de lá sair para visitar o Vale Sagrado e Machu Picchu. Como eu tinha o objetivo de escrever este texto para o blog, contratei um tour privado, com uma guia com muito conhecimento de história. Recomendo sem dúvida a www.colturperu.com.

Ficamos hospedados no centro de Cuzco, a duas quadras da Plaza de Las Armas, no *Belmond Hotel Monasterio*. Na cidade, há vários bons hotéis de nível internacional. Minha recomendação é que você fique em um deles próximo da praça central. As agências que promovem os *tours* oferecem preços especiais, às vezes mais baratos do que diretamente pela internet. Recomendo que vá com uma programação já contratada de *tours*, privado ou em grupos, que inclua o hotel. Há várias opções de hotéis e pousadas mais econômicas, para todos os bolsos.

No primeiro dia, visitamos as atrações em Cuzco, o palácio *Coricancha*, no centro da cidade, e as ruínas de *Sacsayhuaman*, com seu altar de sacrifícios em uma colina próxima. À tarde, visitamos a catedral, Igreja da Sagrada Família, e o museu inca. Neste último, o guia local fez uma ótima narrativa da história dos incas.

No segundo dia, saímos cedo de Cuzco, de carro, direto para a estação do trem em Urubamba. Esse trecho de carro leva cerca de uma hora. A viagem até Águas Calientes leva cerca de duas horas. O trem para na estação de Ollantaytambo, para a entrada dos turistas que se hospedaram ali. Depois, para novamente no quilômetro 104.
Ali descem pessoas que vão fazer a Trilha Inca de um dia e uma noite.

Estação de Urubamba.

O trem margeia o tempo todo o Rio Urubamba. No trajeto, é nítida e clara a mudança da vegetação de altitude para a mata amazônica.

Na estação de Águas Calientes, estava nos esperando um guia local, também com ótimos conhecimentos da história inca.

Pedra maquete de Machu Picchu.

Os ônibus que sobem até Machu Picchu saem um em seguida do outro, assim que os lugares são todos ocupados. A estrada em aclive é cheia de curvas, sem *guardrail*, mas, subindo com cuidado, passa certa segurança. O caminho e a vista são lindos.

Chegar a Machu Picchu é um sonho. É muito emocionante quando a gente vê pela primeira vez as ruínas.

Durante três horas percorremos todos os locais, ouvindo as histórias e as explicações do guia e tirando fotos.

República

Tcheca
Praga

CASTELO DE PRAGA
MALÁ
STRANA
Letenská
Vojanovy
Sady
Mostecká
IGREJA DO MENINO JESUS DE PRAGA
Kinského
zahrada
Újezd
Museu
Kampa
Střeleck
ostro
Vitézná
PRAGA
ÁREA
AMPLIADA
Újezd
Zborovská
Janáckovo nábr

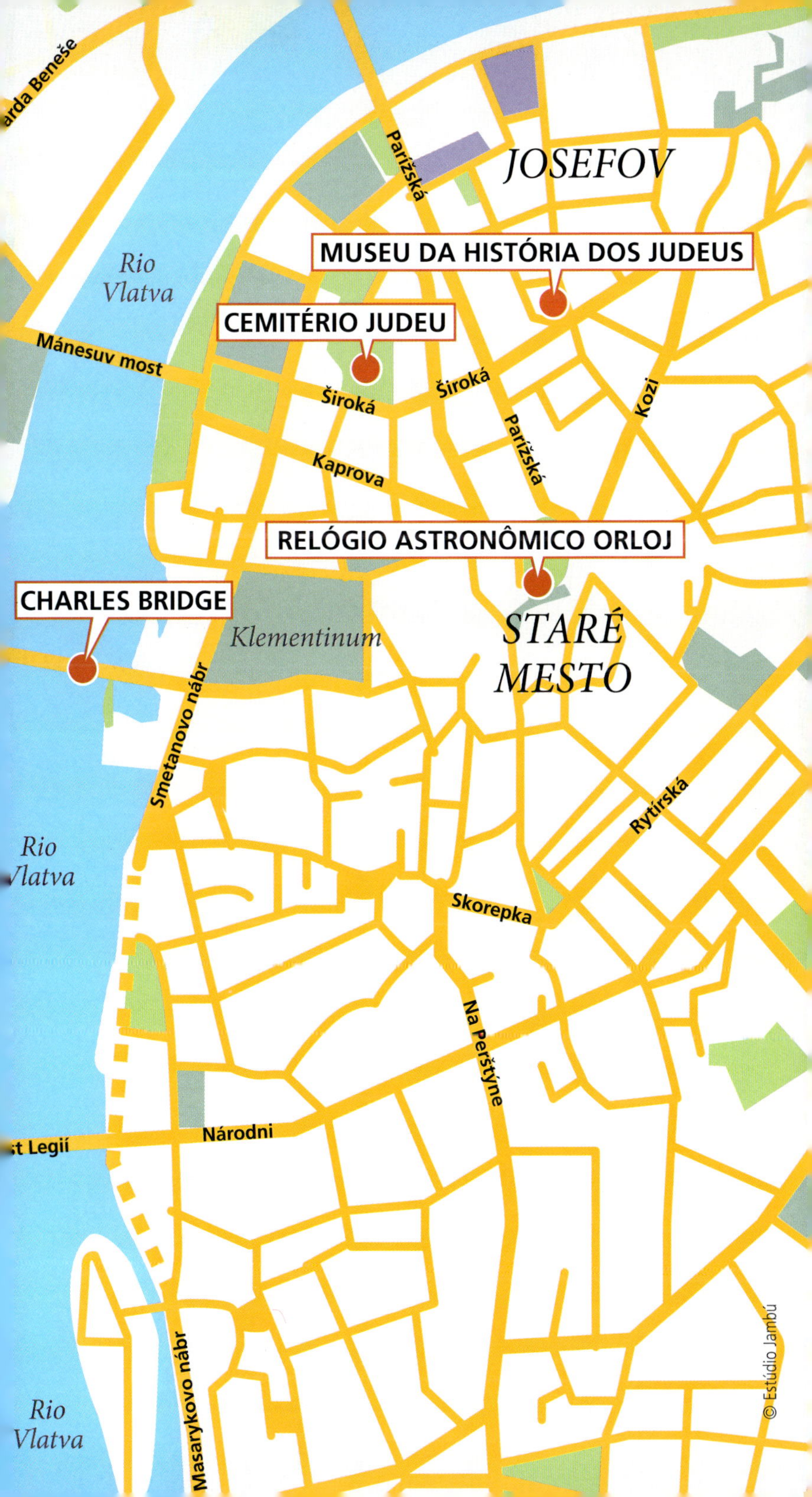

arda Beneše
Pařížská
JOSEFOV
MUSEU DA HISTÓRIA DOS JUDEUS
Rio
Vlatva
CEMITÉRIO JUDEU
Mánesuv most
Široká
Široká
Kozi
Pařížská
Kaprova
RELÓGIO ASTRONÔMICO ORLOJ
CHARLES BRIDGE
Klementinum
STARÉ
MESTO
Smetanovo nábr
Rytířská
Rio
Vlatva
Skorepka
Na Perštýne
st Legií
Národni
Masarykovo nábr
Rio
Vlatva
© Estúdio Jambú

Relógio astronômico Orloj.

***PRAGA** é linda e, como Paris, dá prazer em simplesmente passear e caminhar pela cidade.*

Foi fundada em 200 a.C. pelos celtas e teve destacada atuação histórica em toda sua existência.

Dominada pelo romanos nos séculos I, II e III, tornou-se independente e, após vários reinados, teve seu apogeu com Carlos IV, rei da Boêmia no período de 1346 a 1378.

Praga, nessa época, era a terceira cidade mais importante do mundo, depois de Roma e Constantinopla (Istambul).

A partir de 1526, passou a fazer parte do Império Austro-Húngaro, da Casa de Habsburgo.

Após a Primeira Guerra Mundial, teve o mesmo destino de Budapeste: foi dominada pelos nazistas e, depois, pelos comunistas.

Com a queda do Muro de Berlim, a Tchecoslováquia se dividiu em Eslováquia e Republica Tcheca, sendo Praga a capital.

Os judeus e o Cemitério de Praga

Os judeus tiveram importante contribuição para o seu desenvolvimento.

Apesar de os registros indicarem sua presença no século X, acredita-se que começaram a chegar logo após a última destruição do Templo de Salomão.

O Cemitério Judeu de Praga, do século XIV, é uma das importantes atrações turísticas.

O *Cemitério de Praga* é o título do livro de Umberto Eco que conta a história do falso dossiê **Protocolo dos Sábios do Sião**. Ele foi criado no século XIX e tinha como objetivo atingir a comunidade judaica na Europa. Segundo esse protocolo, lideranças e sábios judeus de toda a Europa, incluindo a Rússia, planejavam tomar o poder por meio da dominação econômica. Os encontros dos líderes judeus eram feitos à noite no Cemitério Judeu de Praga. Durante a Segunda Guerra Mundial, Hitler recuperou esse falso dossiê e utilizou-o como justificativa para o extermínio dos judeus, o Holocausto.

Ao lado do cemitério há um museu com documentos e objetos relacionados à comunida-

© Yahudi Mahallesi/gezente.com

Reprodução da Tábua de Moisés, Museu da História dos Judeus.

de judaica da cidade. Uma das maiores atrações é a réplica das Tábuas dos 10 Mandamentos de Moisés.

Igrejas e concertos

Apesar de ter muitas igrejas belíssimas, 80% da sua população é ateia.

Isso se deve principalmente à dominação cultural dos comunistas russos, depois da Segunda Guerra Mundial.

As igrejas são utilizadas todos os dias para concertos musicais, todas as tardes e início das noites.

Muito conveniente para quem passeia o dia inteiro. No fim da tarde, você pode descansar e relaxar ouvindo Mozart, Vivaldi e outros clássicos, ao som de violinos, violoncelos e órgãos seculares, e ao preço de apenas 5 euros.

Divisão da cidade

Hoje a cidade é dividida em três regiões principais.

Staré Mesto, a cidade velha, onde estão os principais e charmosos hotéis, lojas, calçadão, ruas estreitas cheias de butiques, igrejas seculares, praças, o famoso relógio astronômico *Orloj*, muita agitação e gente bonita. É na *Staré Mesto* que os turistas mais curtem. Se puder, fique em um hotel nessa região.

Perto dali, fica o antigo bairro judeu, conhecido por *Josefov*, com o famoso Cemitério de Praga, o Museu da História dos Judeus e a velha sinagoga.

As lojas de marcas famosas estão também nessa região.

De *Staré Mesto* a *Josefov* são poucos quarteirões. Dá para ir caminhando numa boa.

Do outro lado do Rio Vitava, atravessando a *Charles Bridge*, que é uma atração à parte, fica o bairro novo de *Malá Strana*.

Ali estão o Castelo Real, hotéis tradicionais, embaixadas, os escritórios do governo.

A igreja do Menino Jesus de Praga também fica desse lado.

Ao passar pela *Charles Bridge*, a visão de Praga, do rio, das pontes, todo o cenário, já vale a viagem.

Em Praga e em toda a República Tcheca, não se fala em vinho; o domínio é da cerveja.

© Pilsner Urquell

A verdadeira ORIGINAL, criada em 1842.

Cemitério Judeu de Praga, século XIV.

Cidade da "loira"

A 20 quilômetros de Praga, na cidade de *Pilsen*, já se produzia cerveja desde o ano 1295, mas coube a Josef Groll, em 1842, criar a *Pilsner Urquell*, a famosa cerveja "*LOIRA*", consumida hoje em dois terços do mundo.

A verdadeira "*ORIGINAL*".

Até o fim do século XIX, a cerveja era armazenada para resfriamento em caves subterrâneas. Foi nessa época que o alemão Carl von Linde criou a máquina de refrigeração com o objetivo de resfriar a cerveja.

Essa máquina é a precursora da geladeira.

A geladeira foi criada primordialmente para resfriar cerveja.

Há tours diários de Praga a Pilsen para visitar as instalações e os subterrâneos da Pilsner Urquell Beer, que é fabricada regularmente ainda hoje.

Você também pode ir direto de trem ou ônibus e pegar um tour na própria cervejaria, com direito a degustação.

Músicos de rua sobre a Charles Bridge.

O ideal é passar um dia inteiro em *Pilsen*.

Antes de viajar, programe por meio dos sites específicos, pois há festivais e festas especiais tanto no verão como no inverno.

Praga fica muito perto de Frankfurt, Viena, Budapeste, Nuremberg e Munique. Ou seja, você pode programar uma viagem e incluir diversas cidades importantes no roteiro, inclusive de carro.

ÍNDICE REMISSIVO

D

E

K

L

M

N

Dados de Catalogação da Publicação

Milton Mira de Assumpção Filho.
Viagens, Vinhos, História/ Milton Mira de Assumpção Filho.
2018 – São Paulo – M.Books do Brasil Editora Ltda.
1. Turismo 2. História 3. Vinhos
ISBN: 978-85-7680-297-6

Direção e revisão de textos: Ernesto Yoshida
Direção de arte: Carmen Fukunari
Produção editorial: Lucimara Leal

Design da capa: Isadora Mira
Foto da capa: FreeProd33/Shutterstock
Imagens: fotos sem crédito na lateral
são do acervo pessoal do autor.

Impressão e acabamento: Gráfica Eskenazi
Reimpressão: 01/2022

M.Books do Brasil Editora Ltda.